上海投资蓝皮书

2021 年度

上海投资咨询集团有限公司
上咨经济发展研究院　主编

上海财经大学出版社

图书在版编目(CIP)数据

上海投资蓝皮书.2021年度/上海投资咨询集团有限公司,上咨经济发展研究院主编.—上海:上海财经大学出版社,2021.9
ISBN 978-7-5642-3854-4/F·3854

Ⅰ.①上… Ⅱ.①上…②上… Ⅲ.①投资环境-研究报告-上海—2021 Ⅳ.①F127.51

中国版本图书馆CIP数据核字(2021)第169632号

□ 特约编辑　张　虹
□ 责任编辑　袁　敏
□ 书籍设计　贺加贝

上海投资蓝皮书(2021年度)

上海投资咨询集团有限公司
　　　　　　　　　　　　主编
上咨经济发展研究院

上海财经大学出版社出版发行
(上海市中山北一路369号　邮编200083)
网　　　址:http://www.sufep.com
电子邮箱:webmaster@sufep.com
全国新华书店经销
上海颛辉印刷厂有限公司印刷装订
2021年9月第1版　2021年9月第1次印刷

889mm×1194mm　1/16　18.75印张　400千字
定价:180.00元

《上海投资蓝皮书（2021年度）》编辑委员会

编委会主任：胡宏伟

编　　　委：王　骅　王　昊　焦　民　邹　健

（以下按姓氏笔画为序）

马念君　王　颖　牛　刚　卢以华　包书铭
吕海燕　朱丽蓉　庄立青　刘罗炳　刘　晖
孙　蔚　李　亮　李　桢　李　爽　杨舒涵
张　彬　陈　立　邵　岚　金　扬　周荣生
周鹤群　郑　刚　单　波　赵　超　耿海玉
徐志华　彭　元

《上海投资蓝皮书（2021年度）》

主　　编：胡宏伟　王　骅

副 主 编：马念君　周鹤群　刘　晖　孙　蔚　吕海燕

（以下按姓氏笔画为序）

执行编辑：万　江　王　颖　田　苗　曲海锋　郁　波
　　　　　周　明　黄明祝　彭　元　缪艳萍

编撰人员：于淑敏　王　凡　王梦真　刘　雪　孙鸢英　张　虹
　　　　　张凌毅　陈懋喆　周凌云　姜　敏　唐晓莉　谢慧姣

前 言

站在"两个一百年"的历史交汇点，全面建设社会主义现代化国家新征程即将开启，《上海投资蓝皮书（2021年度）》也如约与广大读者见面。这是一本专注于固定资产投资领域的行业性年度报告，是解读上海固定资产投资发展演变、运行特点、趋势走向的综合性报告，也是上咨新型高端智库系列重要研究成果之一。

全书分为总报告、专题报告、典型项目和政策汇编四个篇章。第一部分为总报告，分析回望全市近年来特别是2020年固定资产投资总体情况，展望研判"十四五"及2021年全市固定资产投资形势、规模、热点和布局。第二部分为专题报告篇，以高端智库和专业咨询双重视野，从政策规划、社会民生、科技创新、城市建设、绿色环保等角度纵论固定资产投资项目应用与所悟所思。第三部分为典型项目篇，遴选社会事业、产业发展、基础设施、节能环保等领域代表性重大项目，生动展现固定资产投资特点和风貌。第四部分为政策汇编篇，精编自临港新片区、乡村振兴、数字化新基建、长三角生态绿色一体化方面的重大政策。

2021年是"十四五"规划开局之年，也是全面建成小康社会、开启全面建设社会主义现代化国家新征程的关键之年。上海正以推进浦东高水平改革开放和三项新的重大任务为战略牵引，强化"四大功能"、深化"五个中心"建设、推动城市数字化转型、提升城市能级和核心竞争力，固定资产投资必将持续支持城市经济和社会高质量发展。希望《上海投资蓝皮书（2021年度）》的出版，能够对政府、企业和社会专业人士有所启示和帮助。

目 录 CONTENTS

前　言

壹　总报告
上海固定资产投资形势分析与趋势展望　　　003

贰　专题报告篇
"一江一河"文化和旅游发展规划　　　025
2020年度上海市减轻企业负担政策综合评估　　　033
推进本市疾控体系现代化建设　筑牢超大城市公共卫生防线　　　039
推进本市养老机构高质量发展的思考与建议　　　044
面向2030打造本市重大科技基础设施集群的若干思考　　　049
深入推进"从0到1"基础研究，提升本市科创中心基础创新策源能力　　　054
国有企业加大科技创新迈向产业链高端的创新思路研究　　　058
加快促进上海临空产业发展对策研究　　　062
5G和AI技术在大型赛事活动的应用研究　　　071
上海存量收费高速公路改建项目建设机制研究　　　077
轨道交通场站周边综合开发模式研究　　　080
"十四五"郊野公园功能定位研究　　　085
临港新片区环评管理细化要求研究　　　089

叁　典型项目篇
社会事业领域　　　095
上海市疾病预防控制中心新建工程　　　095
上海市第一妇婴保健院东院妇科肿瘤临床诊疗中心及科教综合楼项目　　　097

上海外国语大学贤达经济人文学院崇明校区二期工程	099
上海市医药学校新建产教融合教学楼	101
上海市第五社会福利院	103
世界技能博物馆项目	105

产业发展领域 107

基于高精度多传感器融合的L4自主泊车系统研发	107
高集成、低成本国产激光雷达及其核心器件技术攻关	109
复宏汉霖抗体药物研发及松江产业化基地建设项目（一期工程）	111
上海昊海生科国际医药研发及产业化项目（一期）	113
主动脉及外周血管介入医疗器械产业化项目	115

基础设施领域 117

吴淞江工程（上海段）新川沙河段工程	117
上海轨道交通崇明线一期工程	119
沿江通道浦东段（越江段—五洲大道）工程	121
漕宝路快速路新建工程	123
上海生物能源再利用项目二期工程	125
长桥水厂140万立方米/天深度处理二阶段工程	127
竹园白龙港污水连通管工程	129
临港地区试行供水、供电、供气配套工程免费机制研究	131
虹口区北外滩旧区改造（城市更新）项目	133

节能环保领域 135

青浦区再生建材利用中心项目	135
上海软 X 射线自由电子激光用户装置项目	138
奉贤海上风电项目核准申请评估咨询	140

肆　政策汇编篇

临港新片区政策专篇	145
乡村振兴政策专篇	213
数字化新基建政策专篇	230
长三角生态绿色一体化政策专篇	256

壹

总报告

General Report

上海固定资产投资形势分析与趋势展望

一、上海固定资产投资全年回望

2020年,面对突如其来的新冠肺炎疫情冲击和前所未有的严峻复杂形势,上海在以习近平同志为核心的党中央坚强领导下,按照当好改革开放排头兵、创新发展先行者的要求,坚持稳中求进工作总基调,统筹推进疫情防控和经济社会发展工作,在做好常态化疫情防控的同时,推动经济发展质量、效益和经济运行韧性进一步提高。

(一)投资规模再创历史新高

2008年以来,随着国内外整体经济走势的放缓,上海市固定资产投资结束多年的两位数增长,增速降至10%以下。2020年,上海市不断出台并落实各项扩大有效投资、稳定经济发展的政策措施。全市固定资产投资一季度同比下降9.3%,1—5月由降转增,之后逐月回升,全年完成投资比上年增长10.3%,是自2008年金融危机以来首次达到两位数增长,投资规模达到历史新高。

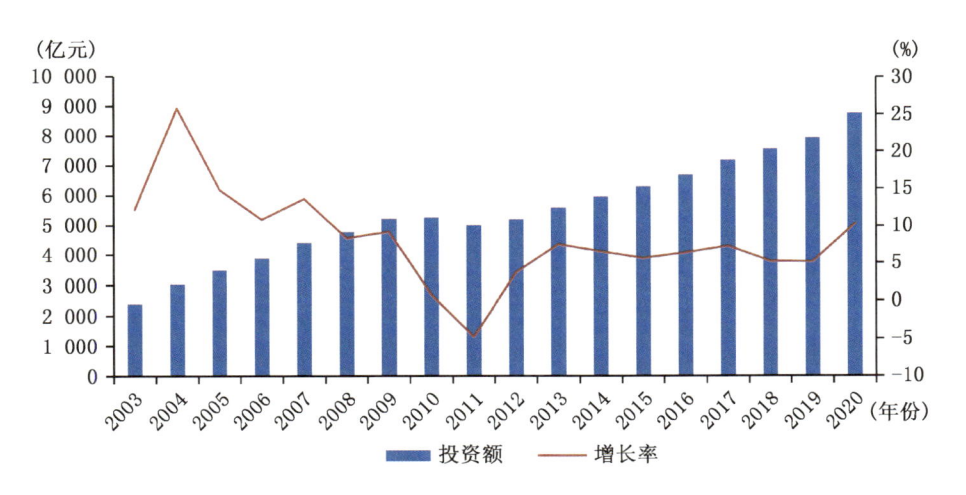

图1 上海市近年来全社会固定资产投资额及增长率

(二)实体经济投资巩固提升

近年来,上海一直以第三产业投资为主导,"十三五"期间,高度重视实体经济的发展,不断加快产业结构调整力度,深度推进技术改造,建设推进一批重大战略项目和科研转化平台,第二产业固定投资规模连续五年增长,占全社会固定资产投资的比重连续三年上升。2020年,上海市第一产业固定投资比上年增长109.8%,第二产业投资增长16.5%,第三产业投资增长9%。

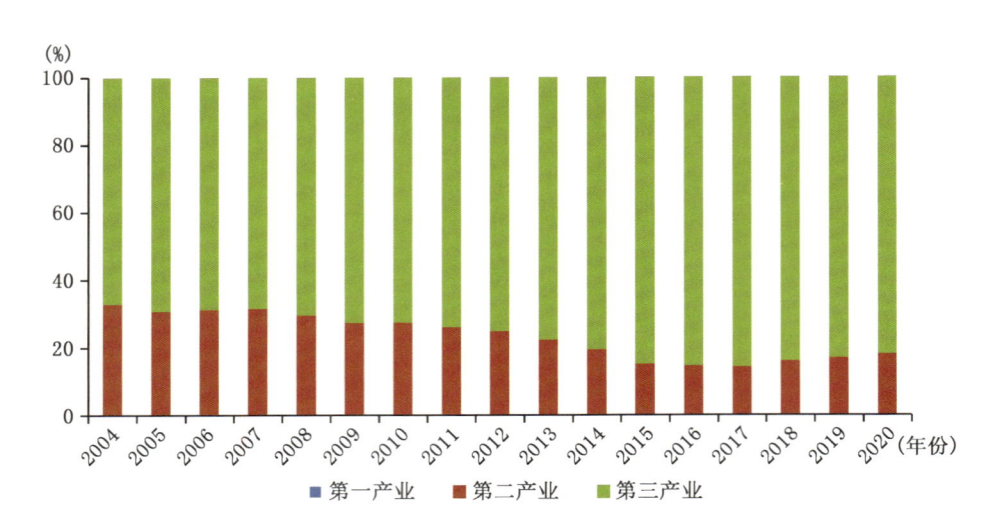

图 2 近年来上海各产业固定资产投资比例

先进制造业投资继续两位数增长,强化高端产业引领。工业投资在2016年扭转下降态势,之后保持良好增长势头。2020年,全市工业投资比上年增长15.9%。其中,制造业聚焦电子信息产品、新能源汽车、生物医药等重点发展领域,增长20.6%。

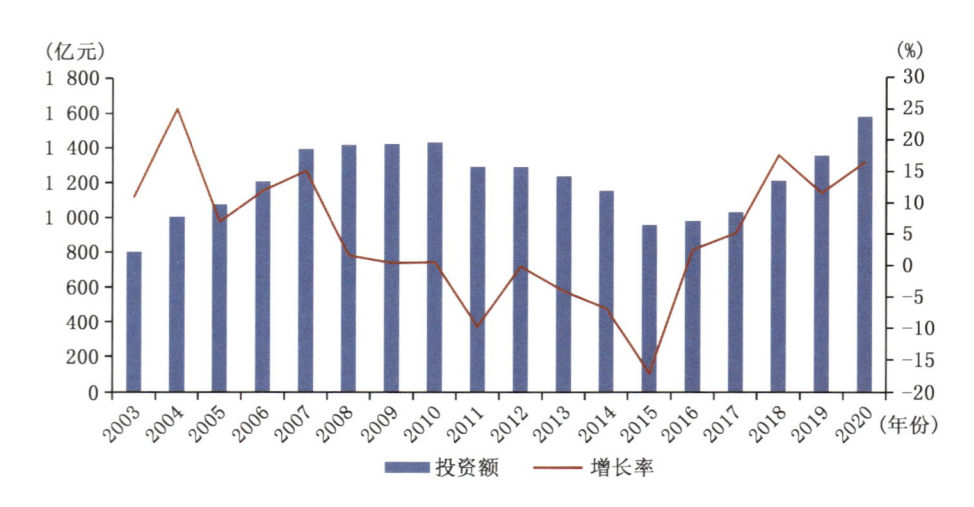

图 3 近年来上海市第二产业固定资产投资情况

（三）房地产投资稳定运行

2020年,上海贯彻落实中央"房住不炒,因城施策"的要求,一方面应对新冠疫情,积极推进房地产领域复工复产复市;另一方面加强房地产市场精准调控,引导市场预期,促进房地产市场平稳健康运行。2020年,全市工业投资比上年增长15.9%,城市基础设施投资下降3.6%,房地产开发投资增长11.0%。

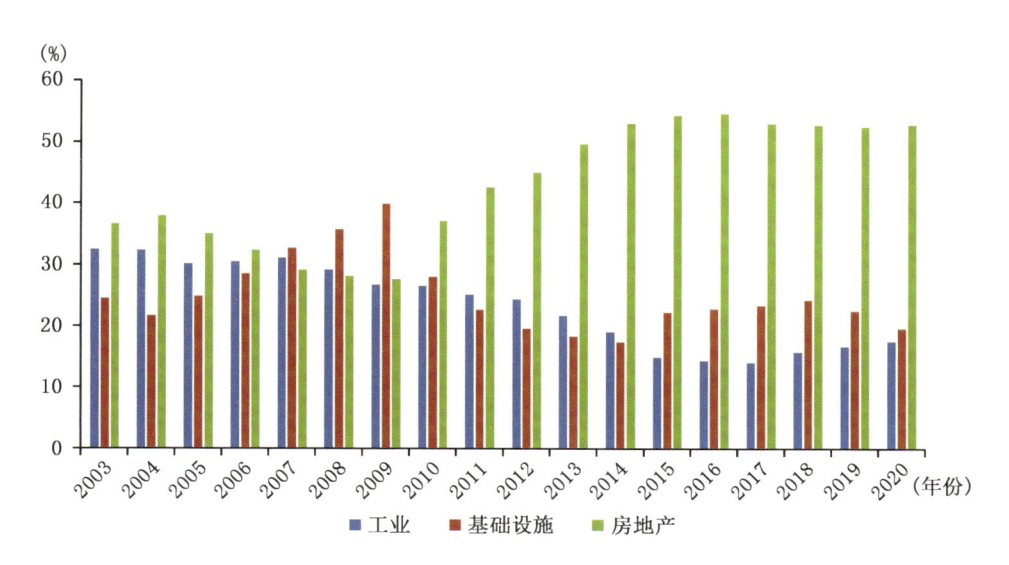

图 4　近年来上海市三大领域固定资产投资占比情况

2020年,全市房地产开发投资稳步增长,完成投资4 698.75亿元,比上年增长11.0%。从全年走势看,房地产开发投资呈现短暂下降后回升的态势。一季度,受疫情影响投资增速同比下降8.2%,为全年最低点。此后随着全市复工复产全面推进和开工建设持续加快,房地产开发投资增速回升。

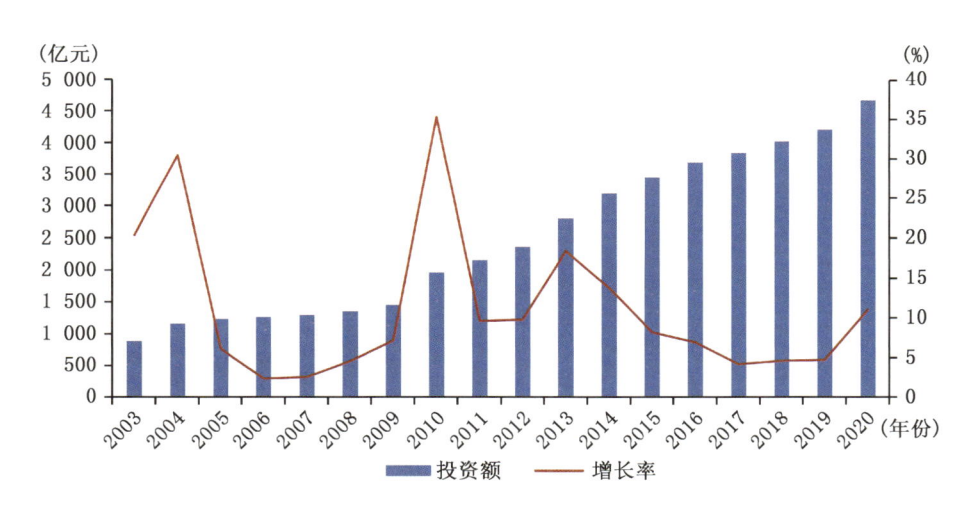

图 5　近年来上海市房地产领域投资规模及增速

世博会后,上海基础设施投资呈现一定回调趋势。近年来,基础设施投资作为稳增长的主要力量,成为上海固定资产投资的重要组成部分,其中,市政建设投资占基础设施投资的四成以上,其次是交通运输投资,占1/3左右。

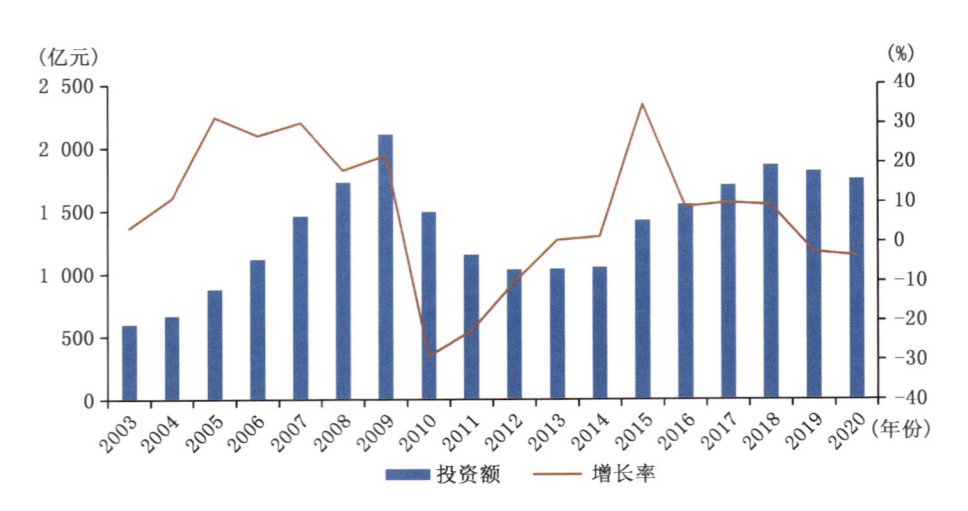

图 6　近年来上海市基础设施领域投资规模及增速

(四)各类投资主体协调发展

近年来,上海国有经济和非国有经济投资基本稳定在3∶7左右,2020年,非国有经济投资增速进一步超越国有经济,全年国有经济固定资产投资比上年增长3.7%,非国有经济投资增长13.1%,在各类非国有经济投资中,私营经济投资增长2.3%,股份制经济投资增长17.3%,外商及港澳台经济投资增长11.5%。

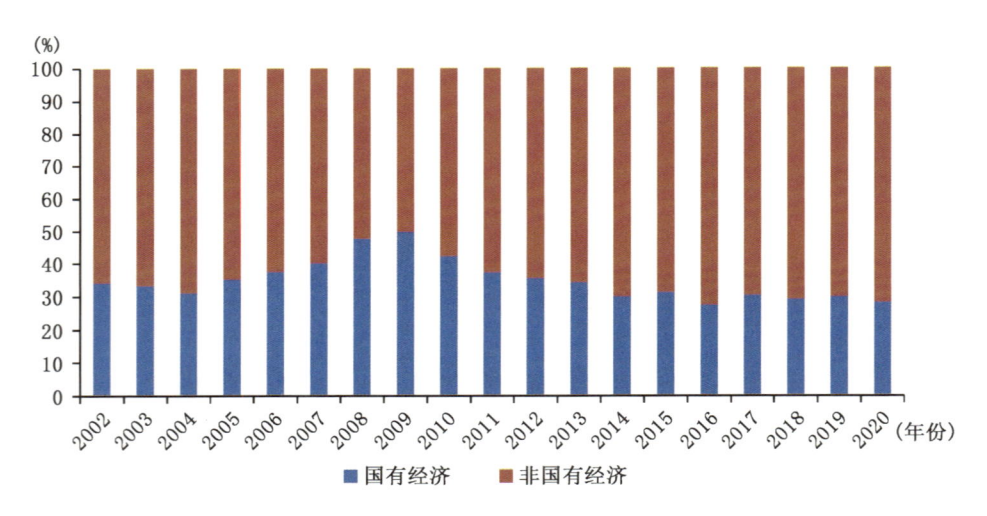

图 7　近年来上海市各种经济类型固定资产投资结构变化

图 8　近年来上海市各类非国有经济固定资产投资增速

(五) 重大项目拉动作用显著

2020年，上海继续坚持改革开放，推进创新发展，统筹推进疫情防控和经济社会发展工作，扎实做好"六稳"工作，全面落实"六保"任务，制定出台抗疫惠企"28条"等一系列政策措施精准施策帮扶企业共渡难关，制定实施自贸试验区临港新片区"五个重要"行动方案，发布"工赋上海"三年行动计划，制定实施扩大投资"20条"和新基建"35条"，制定出台《上海市优化营商环境条例》，全面落实优化营商环境，实施重大审批制度改革"23条"，持续深化行政审批制度改革，投资环境持续改善。

2020年，上海市重大工程共安排正式项目152项，预备项目60项，新开工40项，基本建成项目19项。2020年，全市重大工程项目完成投资1 708亿元，完成年初计划的113.9%，投资额创下历史新高，实施了包括CR929宽体客机研发保障建设项目、上药生物医药生产基地、张江"科学之门"等科技产业类项目，建设了上海市公卫中心应急救治临时病房等基础设施项目，完成了城市管理精细化、架空线入地和杆箱整治、美丽家园建设等三年行动计划重大工程项目，实施了上海图书馆东馆、上海大歌剧院等民生类项目，较好发挥了"稳增长、调结构、促发展"作用，在重大项目建设的推动下，为上海市创新发展、转型升级提供了有力支撑，为生态城市建设提供了环保和节能减排支持，为城市运行安全提供了基础设施保障，为民生改善提供了条件，为城乡一体化发展提供了基础，有力带动和支撑了全社会固定资产投资的健康发展。

二、2021年上海固定资产投资环境分析

(一) 促进固定资产投资的有利因素

世界经济启动恢复性增长。在经历新冠肺炎疫情冲击的经济下挫之后，全球经济有望迎来普遍的恢复性增长。国际货币基金组织（IMF）预计，2021年世界经济实际GDP增长率将达到5.5%，较

上年增长回升 9 个百分点。新兴和发展中经济体经济年增速高于发达经济体 2 个百分点以上的增长态势在世界经济复苏阶段仍将延续。同时,2020 年疫情加速了国际经济格局调整变革的进程,中国成功地控制住了疫情,在全球经济负增长的情况下经济率先恢复增长,不仅为全球经济复苏提供了动力和支撑,也为国内消费市场加快恢复和实现增长、引领和带动国际消费提供了坚实的基础。世界经济企稳回升,将为上海固定资产投资稳步增长提供良好的外部环境。

国家开启全面建设社会主义现代化国家新征程。 中国经济稳中向好、长期向好的基本趋势没有改变。2021 年是实施"十四五"规划、落实新发展理念、促进高质量发展的开局之年,也是第二个百年奋斗目标新征程的开启之年。我国已转入高质量发展阶段,处在中华民族伟大复兴的关键时期,我国制度优势明显,治理效能提升,经济稳中向好、长期向好,为"十四五"投资稳步发展提供良好的宏观环境。"十四五"时期,我国将坚持深化供给侧结构性改革,以创新驱动、高质量供给引领和创造新需求,坚定不移推进改革,破除制约经济循环的制度障碍,推动生产要素循环流转和生产、分配、流通、消费各环节有机衔接,持续深化要素流动型开放,实现国内国际双循环互促共进。国家战略稳步推进,成为上海固定资产投资建设的有力保障。

上海打造国内国际双循环链接点。 目前,上海国际经济、金融、贸易、航运中心基本建成,具有全球影响力的科技创新中心形成基本框架,城市能级和核心竞争力持续提升。未来,上海市将坚决贯彻落实党中央、国务院和市委、市政府的决策部署,巩固拓展疫情防控和经济社会发展成果,着力强化"四大功能",深入建设"五个中心",推动浦东更高水平改革开放,加快实施"三大任务、一大平台",大力发展"五型经济"等,努力保持经济运行在合理区间。2021 年,上海将加快自贸试验区临港新片区建设,实施外贸转型行动计划,推进外贸创新发展,推动长三角一体化发展实现新突破,建设虹桥国际开放枢纽,举办第四届进口博览会,推进新一轮高水平对外开放,打造服务"一带一路"建设的桥头堡。4 月 7 日上海全球投资促进大会上,"五个新城"和一批特色产业园区、民营企业总部集聚区面向全球招商,总投资 4 898 亿元的 216 个重大产业项目集中签约。上海建设国内大循环的中心节点、国内国际双循环的链接要点,为上海 2021 年固定资产投资增长提供了有力支撑。

五个新城成为新的投资发力点。 上海"十四五"规划提出"新城发力"的新空间格局,即嘉定、青浦、松江、奉贤、南汇 5 个新城要按照"产城融合、功能完备、职住平衡、生态宜居、交通便利"的要求和独立的综合性节点城市定位,运用最现代的理念,集聚配置更多教育、医疗、文化等优质资源,建设优质一流的综合环境,着力打造上海未来发展战略空间和重要增长极,在长三角城市群中更好发挥辐射带动作用。2021 年 2 月 23 日,上海市人民政府印发《关于本市"十四五"加快推进新城规划建设工作的实施意见》及 6 个重点领域专项工作文件,明确了"十四五"加快推进新城规划建设工作的总体要求、实施策略和实施保障。五个新城将按照产城融合、功能完备、职住平衡、生态宜居、交通便利的要求,高质量规划建设,聚焦特色功能和政策、综合交通、产业发展、空间品质、公共服务、环境品质和新基建 6 个重点领域,构建形成新城高端产业发展带,促进新城与长三角城市群中的其他城市相互赋能、辐射带动,推动产业协同分工,共建高端产业集群。可以预见,五个新城将带来巨大的投资需求。

数字化转型加速新基建推进。2020 年 4 月,上海市发布《上海市推进新型基础设施建设行动方案(2020—2022 年)》,2021 年,上海将全力落实好"新基建"35 条,抢抓新型基础设施建设为产业复苏升级带来的重要机遇,高水平推进 5G 等"新网络"建设,持续保持"新设施"国际竞争力,加快建设人工智能等"新平台",完善社会治理和民生服务"新终端"布局,着力创造新供给、激发新需求、培育新动能,打造经济高质量发展新引擎,带来新的投资热点。中共中央十九届四中全会明确提出将数据作为生产要素,国家"十四五"规划明确要加快数字化发展,上海提出全面推进城市数字化转型,努力打造具有世界影响力的国际数字之都。2020 年底,上海市公布《关于全面推进上海城市数字化转型的意见》,要求统筹推进城市经济、生活、治理全面数字化转型。2021 年 3 月,上海市城市数字化转型工作领导小组办公室发布《2021 年上海市城市数字化转型重点工作安排》,明确推动今年数字经济核心产业增加值实现超 5 000 亿元,打造 11 个老百姓最关心、最直接、最受用的标杆应用,实现"一网通办"网办比例不低于 70%,实现 5G SA 全面商用,高端绿色 IDC 机架数量超 20 万,重点支持 100 个基础研究和应用研究项目,重点打造 20 家具有国际影响力的新生代互联网领军企业等,推动城市数字化转型工作全面起步。

城市更新迎来政策机遇期。资源环境紧约束发展的背景下,城市存量土地更新是城市从"增量扩张"向"存量挖潜"转型的重要路径,是推进和促进城市功能与活力再生的重要手段。坚持把城市更新作为推动转型发展、提升城区能级和核心竞争力的重要战略举措,历来是上海市委、市政府高度重视的重点工作。根据上海 2035 城市总体规划,到 2035 年上海建设用地总规模控制在 3 200 平方公里,意味着上海由"城市扩张"转向"城市更新",城市未来发展空间将从改造和盘活已建成的区域产生。目前上海市已出台《关于本市开展"城中村"地块改造的实施意见》(沪府〔2014〕24 号)、《上海市城市更新实施办法》(沪府发〔2015〕20 号)等政策,但由于体制机制尚未完全理顺,投资改造进度缓慢。上海"十四五"规划明确提出要"加强政策有效供给推动城市有机更新,加大政策支持力度,扩大更新政策覆盖范围至居住、产业、风貌区等各类用地……做实城市更新中心平台,优化城市更新项目审批流程"。这意味着,"十四五"时期将迎来城市更新的政策机遇期。

(二)影响固定资产投资的不利因素

中美贸易关系调整任重道远。2021 年全球经济有望迎来普遍的恢复性增长,但疫情影响广泛深远,外部环境依然复杂多变。美国经济社会发展面临疫情失控、大选洗牌、贸易摩擦等因素影响,中美两国在众多领域博弈进一步加剧。美国对中国的制裁手段向多领域延伸,除"实体清单"外,近期美国商务部宣布正式对中国、俄罗斯、委内瑞拉三国实施新的出口限制政策,并推动实施资产管制和投融资禁令,同时美国增加对"一带一路"倡议的干扰,持续以技术封锁、金融制裁为由,阻挠一些中小国家与中国合作,并利用一些国家政权交替之际否定与中国"一带一路"相关的各项合作协议。

经济复苏基础尚不稳固。当前我国经济全面恢复的基础尚不牢固,经济运行中仍存在诸多问题与风险。一是消费恢复滞后,因疫情冲击,居民收入增长放缓,消费倾向明显下降,2020年全国社会消费品零售总额同比下降3.9%,上海市社会消费品零售总额比上年增长0.5%,消费恢复远慢于投资恢复。二是财政资金紧张,受疫情冲击、经济减速以及大规模减税降费等因素影响,财政收入增长明显放缓,2020年我国财政收入增速-3.9%,上海市地方一般公共预算收入7 046.30亿元,比上年下降1.7%,但疫情防控、民生保障等刚性支出仍在增长,财政运行压力较大,将对政府投资项目造成影响。三是金融领域风险加大。在新冠疫情冲击下,逆周期调控政策推动宏观杠杆率快速攀升,2020年末我国宏观杠杆率达到285%左右,M2/GDP比例上升到215.23%,企业部门杠杆率整体偏高,债务风险积累加剧。同时以美国为首的主要经济体推出空前规模的财政政策和货币政策,全球流动性泛滥,上海作为我国改革开放的前沿窗口和对外依存度较高的国际大都市,受到严峻冲击。

碳达峰短期内对投资增长形成挑战。2020年9月,习近平主席在第七十五届联合国大会一般性辩论上郑重宣布中国二氧化碳排放力争于2030年前达到峰值,努力争取2060年前实现碳中和。中央经济工作会议明确提出要做好碳达峰、碳中和工作。上海市则提出2025年碳排放总量力争达峰。然而从现实情况看,我国的能源需求还在不断增加,碳排放仍处于上升阶段,目前我国能源消费总量世界第一,占比高达全球1/4左右,能源消费结构仍以化石能源消费为主,占比高达85%左右,节能减排工作任重道远。虽然从长期看,碳达峰、碳中和可以发展可再生能源,增加固定资产投资,降低能源成本,改善能源安全,与高质量发展目标一致,但短期内在全社会能源管理配套体系尚未成熟、节能减排成本依然较高的情况下,将对投资增长形成一定制约。

传统房地产投资增长空间受限。近年来,国家多次强调房住不炒,房地产监管政策不断升级,2021年3月27日,银保监会、住建部、人民银行联合发布《关于防止经营用途贷款违规流入房地产领域的通知》,督促银行业金融机构进一步强化审慎合规经营,严防经营用途贷款违规流入房地产领域,房地产企业融资持续收紧。2021年1月21日,上海市出台《关于促进本市房地产市场平稳健康发展的意见》,提出构建完善房地产长效机制,着力稳地价、稳房价、稳预期,内容涵盖增加住房供给、调节住房需求、强化市场监管等多个方面,并从增加土地供给、打击"假离婚"购房、调整增值税征免年限、优先满足"无房家庭"购房等多个方面加强市场调控,1月25日,上海楼市调控政策首次将法拍房纳入限购范围。预计2021年房地产投资增长存在较大压力。

用地规模接近规划极限。尽管近年来不断加大建设用地对重大项目的支持力度,但目前上海建设用地规模接近规划极限。《上海市城市总体规划(2017—2035年)》要求坚持"底线约束、内涵发展、弹性适应",积极探索高密度超大城市可持续发展的新模式,按照规划建设用地总规模负增长要求,锁定建设用地总量,控制在3 200平方公里以内。目前建设用地规模已近"天花板",新增用地空间非常狭小；同时随着土地成本的不断提高，存量土地二次开发的难度剧增。新建项目落地越来越受土地资源制约，技术改造投资占上海市工业投资的比例不断上升，由2008年的47%上升至2020年的65%。土地空间成为上海市固定资产投资增长的刚性制约。

三、"十四五"及2020年上海固定资产投资规模预测与前景展望

（一）"十四五"全市固定资产投资规模预测

从投资增长情况来看，上海市固定资产投资高速增长阶段已经结束，目前呈现缓中趋稳的增长态势。从全国范围看，保持合理的固定资产投资规模仍是促进经济持续增长的重要保障。随着疫情后稳增长措施的出台和新基建等投资热点的涌现，建议"十四五"上海市固定资产投资年增速按稳增长的目标推进，年均增速保持在5%—7%，即"十四五"上海市固定资产投资规模在5.3万亿—5.6万亿元。

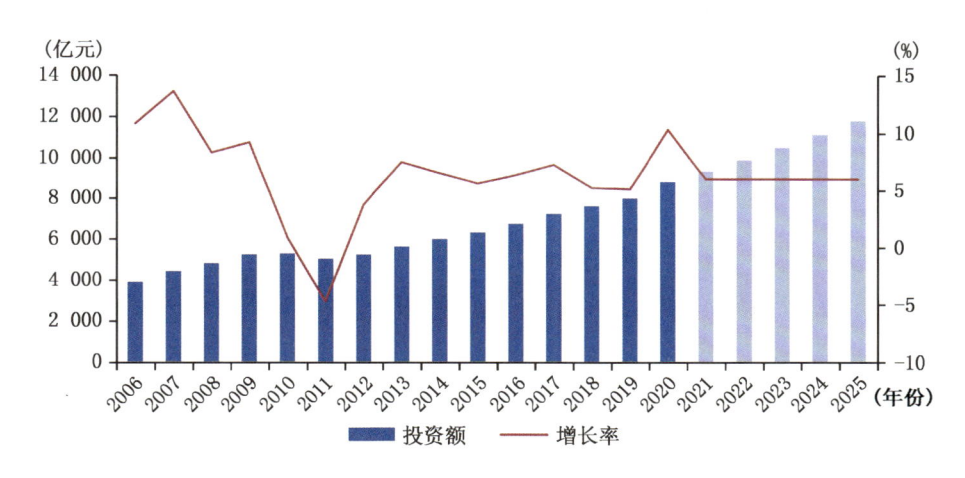

图9　上海市历年全社会固定资产投资及增速

从投资与GDP的关系来看，上海目前经济发展进入新常态，GDP年增长率基本在6%—7%的合理区间内，2020年因新冠疫情影响而出现短期波动。随着经济社会的不断转型，经济发展对投资的依赖性有所下降，近年来固定资产投资占GDP的比重逐年下降至20%—25%。"十四五"时期是我国全面建成小康社会、实现第一个百年奋斗目标之后，乘势而上开启全面建设社会主义现代化国家新征程、向第二个百年奋斗目标进军的第一个五年。假设未来一段时期内，上海GDP仍以年均6%左右的速度增长，即"十四五"五年GDP总量将达到23万亿—24万亿元。同时，考虑到投资在稳增长中的重要作用，我们认为"十四五"时期固定资产投资占GDP的比重将维持在23%—24%，则"十四五"时期固定资产投资将达到5.3万亿—5.7万亿元。

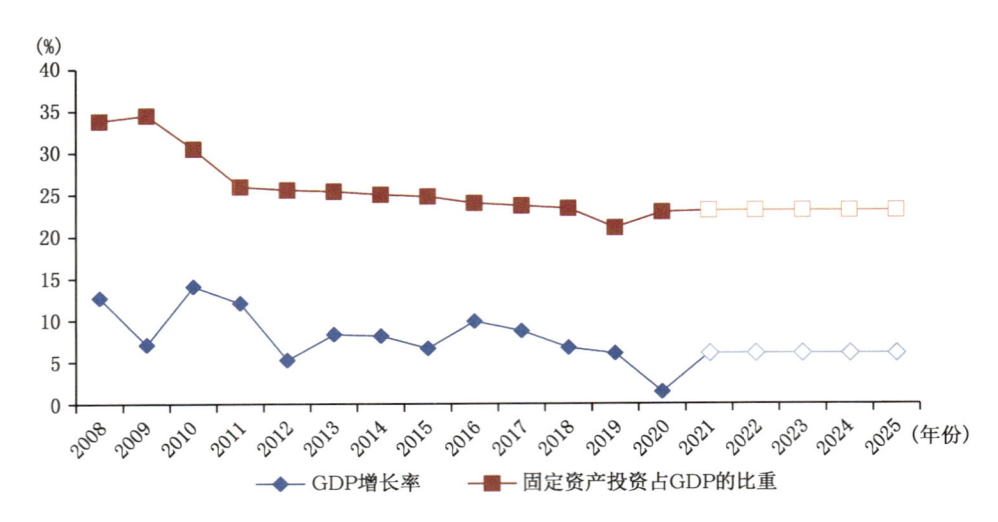

图 10 上海市历年 GDP 增速及固定资产投资占 GDP 的比重

综合以上增量预测法、增长率预测法、固定资产投资率 3 种方法对"十四五"固定资产投资项目规模的预测结果,从尊重全市固定资产投资的一般规律,落实"稳增长"发展要求,同时发挥好固定资产投资对城市高质量发展的促进作用,初步判断"十四五"期间全市固定资产投资规模可达到 5.3 万亿—5.6 万亿元。

(二)2021 年全市固定资产投资规模预测

根据前述未来固定资产投资增速趋向平稳增长的发展趋势,我们初步判断上海市固定资产投资年增速按稳增长的目标推进。预计 2021 年上海市固定资产投资年增速约为 6%—8%,即 2021 年固定资产投资规模约为 9 400 万亿—9 500 亿元。

从五年规划的投资规律来看,上海市固定资产投资从"八五"到"十三五"呈现各年投资规模不均、各年投资规模递增、各年投资规模趋于平均的特征更加显著。然而由于物价变动的原因,即使各年投资量相等的情况下投资金额也会不同,投资规模很难做到完全相等,"十二五""十三五"第一年固定资产投资占五年固定资产投资比例均为 17.6%—17.9% 左右。2021 年是中国共产党成立 100 周年,是"十四五"规划开局之年,也是全面建成小康社会、开启全面建设社会主义现代化国家新征程的关键之年,总体来看发展形势依然稳中向好,我们预测 2021 年固定资产投资占"十四五"比例在 18% 左右,即 2021 年固定资产投资规模约 9 500 亿—10 000 亿元。

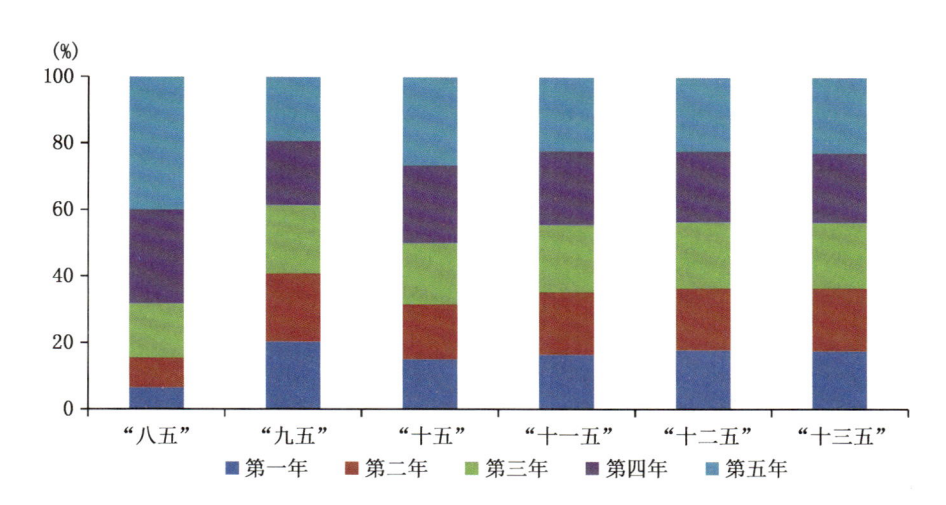

图 11　上海市五年规划期间各年投资占比情况

综合以上分析，我们初步预测2021年上海市固定资产投资规模约9 500亿元，乐观情况下有望达到1万亿元。

(三)全市固定资产投资前景展望

展望一:对全市固定资产投资热点领域的判断

——**聚焦科创中心战略,推进科技产业项目建设**。建设国际科技创新中心,强化国家战略科技力量,推进建设一批国家大科学装置。推动先进制造业集群发展,提升产业链供应链自主可控能力,针对产业薄弱环节,实施好关键核心技术攻关。打造高品质上海服务,围绕国际经济中心、金融中心、贸易中心等建设目标,以及"上海服务""上海购物""上海文化"等品牌建设,大力发展总部经济、楼宇经济,优化营商环境。2021年,上海将推动上海光源二期、上海集成电路产业研发与转化功能型平台、中芯国际12英寸芯片SN1项目、特斯拉超级工厂一期、西岸传媒港、西岸智慧谷等重大项目建设。

表 1　　　　　　　　　　　　　　2021年上海市重大建设项目(科技产业类)

序号	项目名称	备注
(一)	科创中心(10项)	
1	上海光源二期	在建
2	上海集成电路产业研发与转化功能型平台	建成
3	上海硬X线自由电子激光装置项目	在建
4	高效低碳燃气轮机试验装置国家重大科技基础设施	在建
5	国家海底长期科学观测系统	在建
6	张江复旦国际创新中心	在建
7	上海交通大学张江科学园	建成

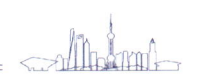

续表

序号	项目名称	备注
8	张江实验室研发大楼	在建
9	同济大学上海自主智能无人系统科学中心	在建
10	李政道研究所	在建
(二)	先进制造业(40项)	
11	中航商用航空发动机公司产业基地建设项目	在建
12	中国商用飞机公司民用飞机试飞中心	在建
13	中国商用飞机公司总装制造中心浦东基地建设项目	在建
14	CR929宽体客机研发保障建设项目	在建
15	民用飞机航电系统集成平台	新开工
16	上海外高桥造船有限公司邮轮总装建造总体规划项目	在建
17	中船长兴造船基地二期	在建
18	上汽大众MEB工厂	建成
19	华域汽车技术研发中心	在建
20	特斯拉超级工厂一期	建成
21	国能新能源汽车	在建
22	和辉光电第六代AMOLED生产线建设	建成
23	华力微电子12英寸先进生产线建设	在建
24	中芯国际12英寸芯片SN1项目	在建
25	积塔半导体特色工艺生产线项目	在建
26	超硅半导体300mm集成电路硅片全自动智能化生产线	在建
27	顺络电子高端电子元器件与精密陶瓷研发及先进制造配套基地	在建
28	格科半导体12英寸CIS集成电路研发与产业化项目	新开工
29	鼎泰半导体12英寸自动化晶圆制造中心项目	新开工
30	新昇半导体300mm集成电路硅片研发与先进制造新建项目	新开工
31	上海临港化合物半导体4英寸、6英寸量产线项目	在建
32	上海天岳碳化硅半导体材料项目	新开工
33	精测半导体全球研发总部和装备制造基地	在建
34	修正生物制药医药产业园	在建
35	药明生物全球创新生物药研发制药一体化中心	在建
36	复宏汉霖生物医药产业基地	在建
37	上海医药集团生物医药生产基地	在建

续表

序号	项目名称	备注
38	昊海生物科技国际医药研发及产业化基地	在建
39	信达生物上海总部暨全球研发中心	新开工
40	中国生物抗体产业化基地建设项目一期	新开工
41	国盛生物医药产业园	新开工
42	商汤科技上海新一代人工智能计算与赋能平台项目	在建
43	上海发那科智能三期	在建
44	ABB机器人超级工厂	在建
45	金闳科技智能机器人产业基地	在建
46	英威达尼龙化工项目	在建
47	中电科32所松江信息技术创新产业园	在建
48	海尔卡萨帝洗涤设备制造	在建
49	中国石化国产万吨级大丝束产业化装置项目	在建
50	华为上海研发基地（青浦）	在建
（三）	现代服务业（9项）	
51	西岸传媒港、西岸智慧谷	在建
52	大型绿色数据中心	在建
53	虹桥商务区核心区基础设施配套项目二期	在建
54	中国核建上海科创园	在建
55	中核集团上海总部园	在建
56	中交集团上海总部基地	在建
57	网易上海国际文创科技园（青浦）	在建
58	美的集团第二总部项目	在建
59	张江"科学之门"项目	在建

资料来源：上海市发展和改革委员会。

——**聚焦补短板惠民生，推进社会事业项目建设**。提升教育发展水平，支持高校面向世界科技前沿和国家、上海战略发展需求，强化基础研究和应用研究，深化产教融合创新，同时推动基础教育优质均衡发展，加大资源投入力度。推进健康上海建设，一方面通过下沉优质医疗资源，支持区域医疗中心建设为医联体，提升郊区医疗服务水平；另一方面通过提升高精尖的医疗技术和危急重症的诊治水平，带动医疗服务区域发展和整体水平提升。增强城市文化软实力，继续围绕建设国际文化大都市的目标，打造一批具有全球影响力和辨识度的文化、体育、旅游融合项目，同时补足郊区新城文体设施短板，优化郊区新城文化氛围。2021年，上海将推动复旦大学内涵能力提升项目、上海交通大学医学院

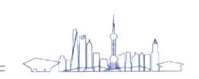

浦东校区、上海市疾病预防控制中心新建工程、新虹桥国际医学中心、上海图书馆东馆、上海博物馆东馆等重大项目建设。

表2　　　　　　　　　　　2021年上海市重大建设项目（社会民生类）

序号	项目名称	备注
（一）	教育（8项）	
1	复旦大学内涵能力提升项目	建成
2	立信会计金融学院新校区一期	在建
3	上海出版印刷高等专科学校奉贤校区一期	新开工
4	上海大学延长校区建设改造工程	建成
5	上海交通大学医学院浦东校区	在建
6	上海理工大学军工路516号校区改扩建工程	在建
7	上海第二工业大学三期工程	在建
8	上海第二工业大学金海路校区拓展工程	在建
（二）	医疗卫生（14项）	
9	上海市疾病预防控制中心新建工程	在建
10	新虹桥国际医学中心	建成
11	上海老年医学中心	建成
12	国家儿童医学中心（上海）	新开工
13	上海市第一人民医院眼科临床诊疗中心	在建
14	仁济医院肝脏泌尿外科临床诊疗中心	在建
15	瑞金医院消化道肿瘤临床诊疗中心	在建
16	上海市第六人民医院骨科临床诊疗中心	在建
17	复旦大学附属中山医院医疗科研综合楼	在建
18	中国福利会国际和平妇幼保健院奉贤院区	建成
19	上海市中医医院嘉定院区	在建
20	岳阳医院门诊综合楼改扩建工程	在建
21	龙华医院浦东分院	在建
22	上海养志康复医院	在建
（三）	文化体育（7项）	
23	上海图书馆东馆	建成
24	上海博物馆东馆	在建
25	上海传统戏剧院团设施提升（宛平剧场、上海越剧演艺传习中心）	在建
26	上海大歌剧院	在建

续表

序号	项目名称	备注
27	徐家汇体育公园（上体馆、上游馆综合改造及新建综合体）	在建
28	上海城市规划展示馆升级改造	建成
29	上海浦东足球场	建成

资料来源：上海市发展和改革委员会。

——**聚焦生态文明，推进生态环境项目建设**。大力发展循环经济，推动生态治理向资源化、无害化、减量化并重转变，完成全市在"东南西北"各区域的再生资源综合利用基地布局。提升水环境质量，系统推进水生态治理与修复，补齐雨水调蓄短板，完善生活污水收集处理设施体系。增加绿色生态空间，持续为市民提供多样化的高品质生态游憩空间，精心规划建设"一江一河"沿岸公共空间，推进"千座公园"计划。2021年，上海将推动竹园污水处理厂四期、污水南干线改造工程、竹园—白龙港污水连通管工程、太湖流域水环境综合治理工程等重大项目建设。

表3　　　　　　　　　　　　　　2021年上海市重大建设项目（生态文明类）

序号	项目名称	备注
1	竹园污水处理厂四期（竹园第一、第二污水处理厂提标改造、四期污水厂工程）	在建
2	污水南干线改造工程	在建
3	竹园—白龙港污水连通管工程	新开工
4	上海市太湖流域水环境综合治理工程（新谊河、新塘港、大莲湖泵闸、金泽塘、泖港泵站、西塘江、北庄泵站、富阳港）	在建
5	老港生物能源再利用项目二期	建成
6	苏州河环境综合整治四期工程（苏州河深层排水调蓄管道工程试验段、桃浦、曲阳等6个初期雨水调蓄工程）	在建
7	世博文化公园	在建
8	桃浦中央绿地	在建
9	三林楔形绿地	在建
10	上海市固体废物处置中心项目二期	新开工
11	上海植物园北区改扩建工程	在建
12	黄浦江、苏州河两岸地区公共空间建设（黄浦董家渡花桥、徐汇滨江罗秀东路—徐浦大桥段、杨浦滨江杨浦大桥段、黄浦苏州河河南路桥乌镇路桥段、普陀岸线公园、安远路桥、真光路桥等）	在建

资料来源：上海市发展和改革委员会。

——**聚焦全球城市，推进重大基础设施建设**。加强能源保障，提升电网稳定性，加大气源保障和应急储备能力，积极发展新能源。提升对外交通服务能级，围绕长三角一体化，加大省际交通设施的互联互通，同时围绕国际航运中心建设，开展航空枢纽建设和航道整治工作。提高市域交通运行效率,围绕提升交通通达性,开展中心城区道路快速化改造、快速通道建设,以及郊区快速线、环线、断头路、区区对接道路建设。优化轨道交通体系格局,继续坚持公交优先的发展战略,推进城市轨道交通项目建设。加大市域铁路建设力度,根据城际线、市区线、局域线"三个1 000公里"部署,加大市域铁路建设力度。筑牢供水设施屏障,加大原水工程建设,推进水厂深度处理,筑牢供水设施屏障。加密排水设施网络,改善流域行洪、区域除涝、航运交通能力,缓解除涝压力,改善区域河网水动力条件。2021年,上海将推动上海LNG储罐扩建工程、浦东国际机场三期扩建工程、机场联络线、北横通道新建工程、重点河道和泵闸工程等重大项目建设。

表4　　　　　　　　　　　2021年上海市重大建设项目(基础设施类)

序号	项目名称	备注
(一)	能源保障(7项)	
1	上海LNG储罐扩建工程	在建
2	上海闵行燃气电厂项目	在建
3	华能石洞口第一电厂2×65万千瓦等容量煤电替代项目	在建
4	上海油气主干管网工程(崇明—五号沟天然气管道、五号沟—临港天然气管道、上海石化—闵行油库成品油管道、金虹航油管道、沪浙天然气联络线)	在建
5	奉贤海上风电项目	新开工
6	500千伏输变电工程(新余扩建、三林扩建、静安扩建、黄渡主变增容、崇明输变电、杨行主变增容6项)	在建
7	220千伏输变电工程[妙香(重一)输变电、新泽(崧泽)输变电、申瑞(周浦)输变电、胜辛输变电、森林输变电、锦绣主变增容改造、亭大主变增容改造、闵行燃机电厂送出等22项]	在建
(二)	对外交通(12项)	
8	浦东国际机场三期扩建工程	在建
9	虹桥商务区东片区综合改造市政配套二期	在建
10	沪通铁路(太仓—四团)上海段	在建
11	沪苏湖铁路上海段	在建
12	沪杭客专上海南联络线	新开工
13	G15公路嘉浏段扩建工程	在建
14	G320公路(上海浙江省界—北松公路)	在建
15	G228公路(上海浙江省界—南芦公路)	在建
16	省界断头路项目(复兴路、外青松公路、胜利路、朱吕公路、兴豪路)	在建
17	平申线航道整治工程	在建
18	大芦线航道整治二期工程	在建
19	吴淞江工程(省界—油墩港航道工程、新川沙河段)	在建

续表

序号	项目名称	备注
(三)	轨道交通(6项)	
20	机场联络线	在建
21	轨道交通13号线西延伸(金运路站—诸光路站)	新开工
22	轨道交通14号线工程(封浜路站—桂桥路站)	建成
23	轨道交通18号线一期工程(长江南路站—航头站)	在建
24	轨道交通崇明线工程(金吉路站—裕安站)	在建
25	轨道交通补短板项目(增购车辆)	在建
(四)	市域交通(21项)	
26	北横通道新建工程	在建
27	东西通道(浦东段)扩建工程	在建
28	漕宝路快速化改造工程	新开工
29	军工路快速化改造工程	在建
30	武宁路快速化改造工程	在建
31	济阳路(卢浦大桥—闵行区界)快速化改建工程	建成
32	浦业路新建工程	在建
33	杨高路改建工程	新开工
34	杨树浦路改建工程	在建
35	交通路—金昌路新建改建工程	在建
36	龙东大道(罗山路—G1503公路)改建工程	建成
37	浦星公路(南行港路—人民塘路)改建工程	新开工
38	江浦路越江隧道	建成
39	银都路越江隧道	在建
40	龙水南路越江隧道	在建
41	G1503公路贯通工程(宝山段、浦东段)	在建
42	S7公路(月罗公路—宝钱公路)	建成
43	S4公路(奉浦东桥和接线工程)	在建
44	S3公路(周邓公路—G1503两港大道立交)	在建
45	市属重点道路节点改造项目(海港大道立交、S4公路闵行段抬升、浦星公路芦恒路节点、S32公路昆阳路匝道)	在建
46	区区对接道路、打通断头路(陆翔路、临洮路、金玉路、景洪路、景东路、昆港公路、乐都西路、金玉东路、剑川路、民乐路、申北四路、明华路、新松江路、玉阳大道、于塘路、百安公路、春浓路17项)	在建

续表

序号	项目名称	备注
（五）	城市安全(7项)	
47	重点河道和泵闸工程（崇明堡镇港北等四闸外移工程、张泾河、航塘港、南新泾4项）	在建
48	排水系统改造工程（汉阳二期、桃浦科技智慧城核心区、龙水南路泵站3项）	在建
49	长江水源水厂深度处理（杨树浦、南汇北、崇西、长桥、永胜、凌桥等25项）	在建
50	临港新片区水务工程［渤马河（老里塘河—出海闸）及出海闸、临港自来水厂及出厂管一期等10项］	在建
51	公共消防站建设（中新泾、川南、浦江工、紫竹、鲁汇、五四、新寺、东平、岱山、唐行、淞沪、双阳、同三、龙华机场、庙行、友谊、南大、石泉、头桥、重固、金都等24项）	在建
52	中心城区架空线入地	在建
53	地下综合管廊项目（松江南站大型居住区地下综合管廊）	在建

资料来源：上海市发展和改革委员会。

展望二：对全市固定资产投资空间布局重点的判断

——**推动战略承载区高品质建设**。自贸区临港新片区要建立比较成熟的投资贸易自由化便利化制度体系，打造一批更高开放度的功能型平台，集聚一批世界一流企业，使区域创造力和竞争力显著增强，经济实力和经济总量大幅跃升。张江科学城目标建设成为"上海具有全球影响力科技创新中心的核心承载区"和"上海张江综合性国家科学中心"，目前正在滚动推进"五个一批"重点项目，朝着"科学特征明显、科技要素集聚、环境人文生态、充满创新活力"的世界一流科学城迈进。虹桥商务区规划建设具有世界水准的国际大型会展目的地，成为总部企业、国际组织和专业机构首选地，成为国际商务资源集聚、贸易平台功能凸显、各类总部企业活跃的经济增长极，基本建成虹桥国际开放枢纽。长三角一体化示范区将推进一批生态环保、基础设施、科技创新、公共服务等重大项目，先行启动区力争在生态环境保护和建设、生态友好型产业创新发展、人与自然和谐宜居等方面的显示度明显提升。一江一河沿岸地区目标建设世界级滨水区，其中黄浦江沿岸建设国际大都市发展能级的集中展示区，苏州河沿岸建设特大城市宜居生活的典型示范区。

——**推动五大新城高质量发展**。嘉定新城强化沪宁发展轴上的枢纽节点作用，建设国家智慧交通先导试验区，打造新能源和智能网联汽车、智能传感器、高性能医疗设备等产业集群，构筑科技创新高地。青浦新城承接支撑虹桥国际开放枢纽和长三角生态绿色一体化发展示范区重大功能，积极发展数字经济，形成创新研发、会展商贸、旅游休闲等具有竞争力的绿色产业体系。松江新城加强G60科创走廊战略引领作用，强化创新策源能力，做大做强智能制造装备、电子信息等产业集群，发展文创旅游、影视传媒等特色功能。奉贤新城发挥上海南部滨江沿海发展走廊上的综合节点作用，打响"东方美谷"品牌,打造国际美丽健康产业策源地。南汇新城以"五个重要"为统领,构建集成电路、人工智能、生物医药、航空航天等"7+5+4"面向未来的创新产业体系,建设国际人才服务港、顶尖科学家社区等载体平台,加快打造更具国际市场影响力和竞争力的特殊经济功能区。

——**全面推进乡村振兴战略**。坚持城乡发展一体化,推动城乡全面融合、共同繁荣。强化城乡整体统筹,深入推进新型城镇化和乡村振兴战略,促进城乡要素平等交换、双向流动。持续推进公共服务均衡分布,抓紧补齐基本公共服务短板,完善基本公共服务项目清单和标准,不断提高城乡基本公共服务质量和水平。进一步增强郊区保障供给、生态涵养、文化传承功能,努力成为高科技农业的领军者、优质产业发展的重要承载地、城乡融合和生态宜居的示范区。推进美丽家园、绿色田园、幸福乐园工程建设,抓好乡村振兴示范村建设,推动农民相对集中居住,鼓励支持农村产业融合发展,持续提升乡村人居环境。

表5　　　　　　　　　　　2021年上海市重大建设项目(城乡融合与乡村振兴类)

序号	项目名称	备注
1	保障房和租赁房建设	在建
2	大型居住社区外围市政配套项目	在建
3	郊区污水处理污泥处置工程(海滨、临港二期、安亭、松江、松江西部污水处理、嘉定污泥处理处置)	在建
4	郊区垃圾资源化利用项目(宝山再生能源利用中心、天马二期、浦东海滨、金山二期、奉贤二期、崇明二期、闵行马桥建筑垃圾、闵行华漕建筑垃圾8项)	在建
5	崇明世界级生态岛建设(北沿公路、建设公路、生态大道、环岛景观道、公共码头、东平森林公园改造、反帝圩泵闸、长兴污水处理厂二期、上实东滩基础设施开发等)	在建
6	中国第十届花卉博览会花博园及配套项目	建成
7	墨玉路—山周公路—千新公路	在建
8	崧泽高架西延伸(青浦)	在建
9	嘉松公路	在建
10	嘉松公路越江新建工程	在建
11	两港大道快速化改造工程	在建
12	沪南公路(G1503—康花路)改建工程	在建
13	大叶公路—叶新公路	在建

资料来源:上海市发展和改革委员会。

展望三:对全市涉外固定资产投资热点的判断

上海致力于打造国内大循环的中心节点和国内国际双循环的战略链接,主动服务和融入新发展格局。未来将坚持引进来和走出去并重、优进和优出并重、货物贸易和服务贸易并重,进一步巩固对内对外开放两个扇面枢纽地位,扩大与"一带一路"沿线地区的经贸往来,深入推进长三角一体化,深化同京津冀协同发展、粤港澳大湾区建设等战略协作,加大对西藏、新疆、青海、云南等对口地区帮扶和合作力度。

作为上海企业对外投资的重要窗口、"一带一路"桥头堡建设的制度创新载体,上海自贸区在"走出去"战略中发挥着越来越重要的作用。将依托自贸试验区临港新片区建设,推动78项制度创新任务落实落地,对标高标准国际经贸规则,实行更大程度的压力测试,在投资、贸易、资金、运输、人员创业和数据跨境流动等重点领域率先实现突破,探索具有较强国际市场竞争力的开放政策和制度,进一步完善涉外商事纠纷解决机制。自贸区正向自由化、便利化加快迈进,有望发挥对内对外的辐射带动作用,促进对外投资合作持续发展。

进口博览会成为上海服务"一带一路"建设的核心平台,在一定程度上促进了上海与参与国家的相互交流,加速了上海企业对"一带一路"沿线国家的投资合作。未来将继续创新开展投资促进服务和宣传推介活动,推动更多展品变商品、展商变投资商,打造进出口商品集散地,推进虹桥商务区国家进口贸易促进创新示范区建设。

长三角一体化是上海承载又一重大国家战略,对上海固定资产投资"走出去"提供了良好平台和重要机遇。未来将以联动畅通为切入点,着力打造联通国际市场和国内市场的新平台,深入实施虹桥国际开放枢纽建设总体方案。增强国内大循环内生动力,高水平建设长三角国家技术创新中心,做强长三角资本市场服务基地,更好发挥G60科创走廊和药品、医疗器械技术审评检查长三角分中心等跨区域合作平台作用。打造一体化市场体系,推动各类要素在更大范围畅通流动,推进长三角世界级港口群一体化治理,加快长三角国际贸易单一窗口建设,促进更高水平区域分工协作。推动生态环境保护、异地康养、政务服务跨省通办等一批重大项目和重点协同事项。

(于淑敏)

贰
专题报告篇
———————
Monographic Study

"一江一河"文化和旅游发展规划

上海因水而生、依水而兴,黄浦江和苏州河目睹了上海的沧桑巨变,见证了"全球城市"的前世今生。"十三五"以来,"一江一河"坚持沿线贯通、链接腹地、多元空间、活力界面的基本标准和要求,有序推进两岸地区综合开发,提升公共开放空间品质,完善基础配套设施,不断优化产业结构,开发建设成效显著。为充分释放"一江一河"两岸文化和旅游产业发展动能,助力世界级滨水区建设,受上海市住房和城乡建设管理委员会委托,我司开展"一江一河"文化和旅游发展规划编制工作。

一、发展现状

(一)资源情况

总体概况。经梳理,"一江一河"两岸现有文化和旅游资源共12类,包括文化场馆、特色旅游景区、休闲商业、历史保护建筑、宗教旅游点、特色文创园区、中高端酒店、游船/游艇/轮渡码头、公园绿地、体育休闲公园、休闲驿站、桥梁;涉及488项单体资源,包括黄浦江两岸资源305项、苏州河两岸资源183项。综合来看,资源总体呈现"多、强、特"等特征,开发尚停留在"贯通为先、观光为主、单点开发"的阶段。

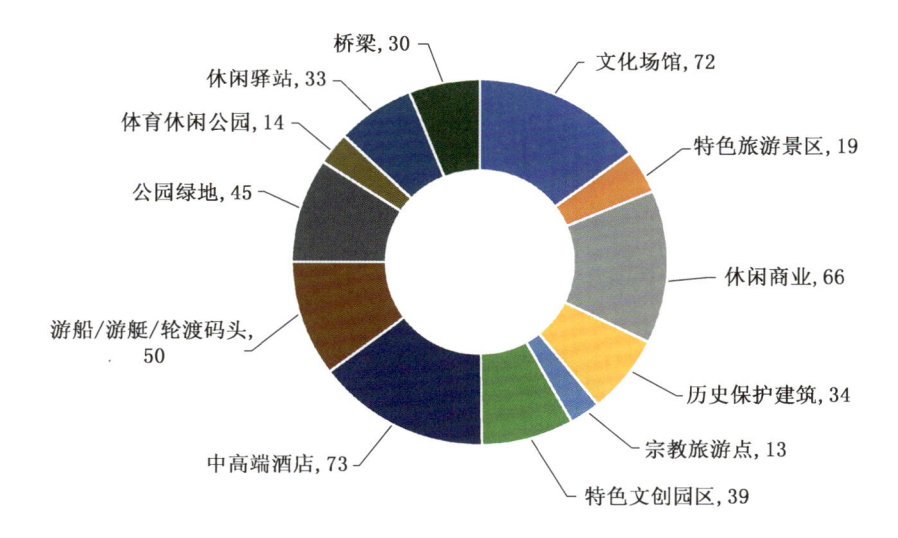

图1 "一江一河"两岸文化和旅游资源类型

分段情况。黄浦江和苏州河两岸结合资源布局和行政区划情况分别划分为16段和5段,各段根据文化和旅游资源开发利用及发展现状情况,基本可以分为深度开发、全面开发、基础开发和保护开发四种发展类型。各段资源评价情况见表1和表2。

表1　　　　　　　　　　　　　　黄浦江两岸各段资源开发利用情况

序号	区段	评价	规模丰度	资源能级	核心吸引力	市场成熟度	配套完善度	综合评价
1	黄浦滨江外滩段	基本情况	8类36项资源	文化场馆、酒店、历史建筑能级高	景观特色鲜明，具有独一无二的外滩万国建筑博览群	国内外游客必游之地，好评度高	配套设施完善，设置有旅游综合服务中心提供多元服务	深度开发
		分项评价	★★★★☆	★★★★★	★★★★★	★★★★★	★★★★	
2	浦东滨江陆家嘴段	基本情况	9类65项资源	高能级A级景区和会展场馆集聚	现代建筑景观特色鲜明，陆家嘴"四件套"成为网红打卡地标	国内外游客必游之地，市场知名度高	交通便捷，咨询服务设施布局密集	深度开发
		分项评价	★★★★★	★★★★★	★★★★★	★★★★★	★★★★☆	
3	虹口滨江北外滩段	基本情况	8类24项资源	高端酒店集聚，邮轮城景区能级高	区位优势得天独厚	市民休闲为主，文旅知名度有待提高	设有上港邮轮城旅游公共服务中心	全面开发
		分项评价	★★★★	★★★★	★★★★	★★★☆	★★★☆	
4	杨浦滨江南段	基本情况	10类39项资源	历史保护建筑能级高，中国近代工业最重要的发源地之一	世界仅存的最大滨江工业带	市民休闲为主，文旅产品开放和市场挖掘刚起步	交通便捷度有待提高	全面开发
		分项评价	★★★★☆	★★★★	★★★★☆	★★★	★★☆	
5	徐汇滨江西岸段	基本情况	8类28项资源	美术馆全球综合排名位居前列，顶尖品牌活动云集	文化艺术空间广，展览活动丰富	细分市场成熟度较高，资源开发利用有待深化	绿地休闲面积大，设有商业服务设施	全面开发
		分项评价	★★★★	★★★★	★★★★	★★★☆	★★★☆	
6	浦东滨江世博段	基本情况	7类25项资源	梅奔、世博文化公园、世博大舞台等重大文化场馆集聚	世博印记鲜明，文化活动规格高	较多场馆处于在建状态，区域文旅发展步伐有待加快	绿地休闲面积大，休憩服务设施较为完善	全面开发
		分项评价	★★★	★★★★★	★★★★★	★★★	★★★☆	
7	黄浦滨江南段	基本情况	9类20项资源	文化场馆能级一般，主要为世博浦西场馆	电竞逐渐成为区域发展特色产业	原世博场馆的利用率偏低	商业成熟，交通较为便捷	基础开发
		分项评价	★★★☆	★★★	★★★	★★	★★★☆	
8	宝山滨江段	基本情况	7类13项资源	整体能级较弱	吴淞口国际邮轮码头，亚洲第一的邮轮门户港	区域形象停留在工业风，文旅资源功能尚未充分释放	受限于片区工业发展，区域商业、休闲等配套不足	基础开发
		分项评价	★★★	★★★	★★★★	★	★★	

续表

序号	区段	评价	规模丰度	资源能级	核心吸引力	市场成熟度	配套完善度	综合评价
9	杨浦滨江中北段	基本情况	6类9项资源	资源能级一般	共青国家森林公园，以及人造岛屿复兴岛	产品主要面向周边居民，资源开发利用有待提升	受限于片区工业发展，区域商业、休闲等配套不足	基础开发
		分项评价	★★☆	★★★	★★★☆	★★★	★★	
10	浦东滨江前滩—三林段	基本情况	4类16项资源	东方体育中心较为突出，其他项目基本满足市民需求，整体缺乏高能级资源	市民休闲公园特色突出	生态休闲为主，市场化开发程度偏弱	商业配套不足，交通条件有待改善	基础开发
		分项评价	★★☆	★★★	★★★	★★	★★☆	
11	闵行滨江浦江段	基本情况	8类11项资源	项目基本满足市民需求，整体能级不高	浦江郊野公园成为片区最大核心吸引力	总体市场开发程度不高，郊野公园一枝独秀	周边酒店、商业等配套在数量和品质上均有待提升	基础开发
		分项评价	★★☆	★★★	★★★☆	★★★	★★☆	
12	闵行滨江紫竹段	基本情况	3类5项资源	拥有国家级网络视听基地，其他资源能级偏弱	文创园区成为片区产业发展的重要依托	资源数量有限，市场发展程度和知名度偏低。综合配套缺失		基础开发
		分项评价	★★	★★★	★★★	★★★	★	
13	徐汇滨江华泾段	基本情况	5类5项资源	资源能级较弱	片区以生态、居民为核心功能	尚未开展市场化开发利用	尚未形成产业发展配套	保护开发
		分项评价	★★	★	★	★	★	
14	闵行滨江吴泾段	基本情况	2类3项资源	资源能级较弱	吴泾热电厂，具有一定的建筑标识度	尚未开展市场化开发利用	尚未形成产业发展配套	保护开发
		分项评价	★	★	★★	★	★	
15	浦东滨江外高桥段	基本情况	3类6项资源	资源能级较弱	滨江森林公园是区域内相对知名的景点	滨江可达性较差，文旅产业发展滞后	因众多港口、工厂、物流的存在，货运交通较多，影响文旅服务设施建设	保护开发
		分项评价	★	★	★	★	★	
16	奉贤滨江段	基本情况	暂无文化和旅游资源					保护开发

表 2　　　　　　　　　　　　苏州河两岸各段资源开发利用情况

序号	区段	评价	规模丰度	资源能级	核心吸引力	市场成熟度	配套完善度	综合评价
1	黄浦段	基本情况	5类9项资源	文化场馆、酒店、历史建筑能级高	外滩源、外滩美术馆等知名景点	产品丰富、内容多元,市场知名度大	配套设施完善,可达性强	全面开发
		分项评价	★★★☆	★★★★☆	★★★★★	★★★★☆	★★★★☆	
2	虹口段	基本情况	7类9项资源	资源能级一般,缺乏标志性项目	景观区位特色鲜明	发展起步早,文旅产品较为成熟	配套设施完善,可达性强	全面开发
		分项评价	★★★☆	★★★☆	★★★★	★★★★	★★★★☆	
3	普陀段	基本情况	10类52项资源	苏州河工业遗存集聚,资源能级较高	滨河岸线长,长风公园、长风海洋世界等资源知名度高	产品丰富,市场知名度大	休闲商业、中高端酒店等配套设施完善,可达性强	全面开发
		分项评价	★★★★☆	★★★★	★★★★★	★★★★☆	★★★★☆	
4	静安段	基本情况	8类43项资源	红色地标集聚,资源能级较高	四行仓库等红色地标式历史建筑	资源产品主要处于传统观光阶段,挖掘深度有待加强	沿岸文旅休闲服务设施有待完善	基础开发
		分项评价	★★★★☆	★★★★	★★★★☆	★★★☆	★★☆	
5	长宁段	基本情况	8类40项资源	综合能级偏弱,主要为市民休闲空间	滨河休闲绿地	区域主要呈现休闲宜居的特色	绿地休闲面积大,设有商业服务设施	基础开发
		分项评价	★★★★	★★	★★★★	★★	★★★☆	

(二)发展瓶颈

空间跨度大,资源分布失衡。"一江一河"两岸开发利用涉及的空间范围广,各段资源禀赋存在差异,如黄浦江核心段整体呈现"两头分散、中部集聚"的资源布局态势,苏州河核心段整体呈现"总体均衡、江口集聚"的资源布局态势,为后续的整合开发、协同联动带来一定的挑战。

挖掘深度浅,发展程度不一。因资源禀赋、开发规划、建设时序、政策条件等诸多因素影响,"一江一河"在功能定位、资源挖掘和开发利用程度上存在较大差异,因此在后续发展中对因地制宜、分类施策提出更高要求。

机制交错多,联动效应不强。目前"一江一河"沿线各区之间、资源与资源之间基本仍处于各自为政、单打独斗的状态,在建设和景观等方面存在邻近区域差别较大的现象,区域和资源之间的协同联动、整合营销有待加强和深化。同时,文化和旅游发展缺乏陆域土地与水上岸线一体化的战略考虑和规划布局。

二、总体思路

（一）指导思想

以习近平新时代中国特色社会主义思想为指导，锚定《黄浦江、苏州河沿岸地区建设规划（2018—2035年）》确立的"世界级滨水区"愿景定位，深入践行"人民城市人民建，人民城市为人民"重要理念，按照"发展为要、人民为本、生态为基、文化为魂"的总体要求，坚持贯彻新发展理念，加快构建新发展格局，全面谋划黄浦江、苏州河的美好蓝图，实现文化和旅游资源的特色开发与高效利用，促进文化、旅游、体育、商业等深度融合，将黄浦江、苏州河沿岸打造成为城市的项链、发展的名片和游憩的宝地。

（二）基本原则

以人为本、共建共享。坚持以人民为中心，紧紧围绕人民对美好生活的向往，不断提升广大市民游客的获得感和幸福感，共建共享"一江一河"文化和旅游发展成果。

统一规划、分步推进。坚持问题导向、需求导向、操作导向，在整体谋划、综合研究基础上，做好顶层设计，形成全市统一提升方案。适度把握资源开发建设节奏，按照成熟一段推进一段，近期力求在重大项目和核心板块上有所突破，"串珠成链""由线及面"；远期向上下游及城市纵深拓展，辐射带动全市文化和旅游产业繁荣发展。

软硬兼施、开放创新。面向全球、面向未来，对标国际最高标准、最好水平，统筹推进两岸功能项目建设、优质服务提供、重大活动举办，创新体制机制和发展模式，探索实施有利于提高文旅资源配置效率、有利于调动全社会积极性的重大举措，促进"一江一河"文旅和软实力融合提升。

（三）总体目标

高起点规划、高标准建设、高活力创新、高能级产业、高品质生态、高水平治理，将"一江一河"沿岸的文化和旅游资源打造成为讲述上海城市文化、彰显上海城市形象、弘扬上海城市精神的著名地标，助力"一江一河"成为国内外游客体验海派文化的首选地、市民都市休闲的漫游地、全市优质文化和旅游资源的串联地，成为国内大循环的文旅中心节点和国内国际双循环的文旅战略链接点。

三、空间发展战略

（一）布局原则

向"点"要深度，打造爆款。通过核心资源的功能导入、提升建设，塑造个性多元、体验丰富、层次鲜明的文化和旅游系列爆款产品。

向"线"要长度，串联资源。加强区段内、区段间以及与全市文化和旅游资源的联动合作，串联形成本市优质文化和旅游产品，释放"一江一河"辐射带动作用。

向"面"要广度，服务配套。通过咨询服务、导览标识、景观道路等软硬件配套建设与完善，实现

"一江一河"文化和旅游功能的全面提升。

(二)发展策略

围绕出形象、强功能、筑基础,分段施策,构建黄浦江两岸"中心绽放、两翼齐飞、全域发展"的空间格局,将黄浦江打造成为有高度、有深度、有温度的世界级城市会客厅;推动苏州河形成"一区一亮点"的发展格局,将苏州河打造成为有记忆、有内容、有活力的上海生活秀带。

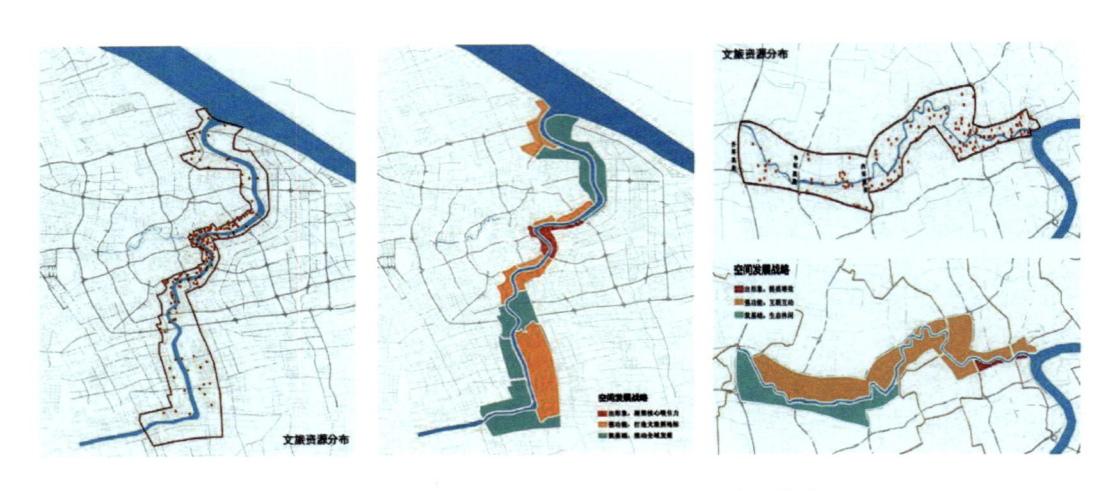

图 2 "一江一河"的文旅资源分布及空间发展战略

四、重点举措

(一)点上引爆,打造顶级文旅拳头项目

大项目引领。聚焦黄浦江上下游、苏州河等区域,通过综合性文旅项目、跨江标志性项目等重大功能性项目的建设和导入,重塑空间格局,实现区段的功能提升,提高"一江一河"两岸文化和旅游产品的层次感和多元性。

重启苏州河游览。启动苏州河水上游览项目,结合苏州河河面特点、桥梁资源,聚焦体验型产品打造,以游艇为载体提供社交商务、会议会展、品牌发布、展演活动等个性化、定制化休闲体验。

创建"一江一河"节。每年定期举办"一江一河"文化和旅游节,联合沿线各区开展水上花车巡游,开展文化、观光、休闲、娱乐、体育、会展、美食、购物等主题休闲体验活动,向海内外集中展现"一江一河"魅力。

(二)同频共振,释放文旅资源发展潜能

空间联动。通过构建休闲交通体系、创新游船航线设计、丰富产品体系等方式,加强跨区域文旅资源的联动。

内容联动。将上海的特色文化、非遗产品等内容嫁接转化,实现"+非遗""+演艺""+展览""+

电竞""＋红色记忆""＋工业印记"等,丰富水上游船体验。鼓励线上线下联合举办主题活动,加强沿线的整体感。

消费联动。推动"一江一河"文化和旅游产品接入都市旅游卡、长三角 PASS,为长三角市民提供更优惠、更便捷的文体旅消费服务。鼓励发行涵盖食、住、行、游、购、娱等产品的特惠套票。与携程、驴妈妈、大众点评、抖音等线上平台合作,推动沿线产品在票务经营、产品设计、市场营销、品牌推广等多元合作。

(三)创新驱动,激发"一江一河"发展活动

产品创新。坚持"一船一特色",推出游船、游艇、小型邮轮、水上快艇、玻璃游船、半固定式船舫等多种船型,加快构建观光型、商务型、定制型、主题型等产品体系,创新推出符合本地市民需求和偏好的游览产品和游览航线。

主体创新。依托本市国资国企,选择有资源、有经验、有实力的企业作为"一江一河"文化和旅游资源开发建设的统一主体,开展沿线各区对接,推动沿线资源合作。

服务创新。搭建"一江一河"智慧服务平台,提供沿岸优质文化、旅游、体育、商务、工业、会展、节庆等产品信息发布展示、线上票务、验票、客流监测、智慧导览等功能,实现资源空间全覆盖、游览过程全覆盖。

机制创新。建议以苏州河为试点,探索港航一体的建设发展模式,授权本市国企作为统一的建设运营主体,实现游船、码头、岸线资源的规划、建设、服务一体化,强化港航、区企发展合力。

(四)精细管理,提升文旅综合服务品质

加强码头运营保障。加快推进黄浦江游船码头建设和运营,推动有条件的轮渡码头探索推广游渡结合。探索开展苏州河游船码头分类建设,根据功能级别规划建设综合型、产品型、简易型 3 类码头,优先启动丹巴路、长风公园、北外滩等 8 个码头的建设与运营。

完善文旅公共服务。构建系统化、规范化和一体化的"一江一河"导览标识系统,将沿线道路交通、景区景点、码头、游客服务点、厕所、停车场等设施信息纳入导览系统。设置合理的大巴停车场和上下客区域,做好码头交通集散。通过观光巴士、共享单车等方式,做好公共交通衔接。

(五)品牌营销,擦亮上海城乡形象窗口

构建"一江一河"文化和旅游品牌,推出统一的品牌形象、宣传资料、营销体系。依托上海已有重大节庆品牌优势如上海国际电影节、上海国际艺术节等,通过明星效应提升"一江一河"国际知名度。吸引影视明星、电视电影将"一江一河"作为拍摄地点和活动发布地点,推动"一江一河"影视营销、明星营销。借势热点话题、平台、KOL,实现精准营销,拓展目标市场,使"一江一河"成为年轻人"种草"、打卡的网红地标。

五、保障建议

(一) 机制保障

依托上海市"一江一河"工作领导小组,完善市区合作、政企合作机制,合力推进"一江一河"文化和旅游资源开发、滨水地块及岸线码头开发利用、区域交通组织等综合性问题。

(二) 用地保障

鼓励各区在区域整体建设规划基础上,优先保证沿江沿河文化和旅游产业发展用地,落实码头后方交通服务配套。支持各类市场主体合作利用工业厂房、仓储用房、传统商业街等存量房产、土地兴办文化创意服务、旅游休闲服务等,对此类工业厂房改建或城市更新项目,放宽或丰富供地用地方式。

(三) 政策保障

参考借鉴国内外水上旅游发展优秀经验,联合市交通委开展苏州河游船码头、游船游艇建设和运营标准研究,允许苏州河部分码头按简易标准建设。依托黄浦江理事会制度,探索黄浦江游览实施错时航行政策。

(四) 资金保障

加大市、区两级财力对"一江一河"旅游基础设施、公共服务设施、交通配套设施、信息化服务载体、专业服务人才培训等方面的投入力度。加大市服务业引导资金、旅游发展专项资金等政策对"一江一河"世界会客厅建设的倾斜力度,发挥好上海文化产业母基金的杠杆作用,引导社会资本投资向"一江一河"文化和旅游产业集中。

(吕海燕、缪艳萍、唐晓莉、王凡)

2020 年度上海市减轻企业负担政策综合评估

减税降费是深化供给侧结构性改革、优化营商环境、促进经济高质量发展的重要内容,是激发市场活力的重大举措,是宏观政策支持稳增长、保就业、调结构的重大抉择。尤其是 2020 年以来,在新冠肺炎疫情、经济下行、中美经贸摩擦"三叠加"的背景下,上海贯彻中央部署,扎实做好"六稳"工作、全面落实"六保"任务,分期分步实施了系列减轻企业负担政策措施。为全面系统评估减轻企业负担政策实施成效,受上海市发展和改革委员会委托,我司开展 2020 年度上海市减轻企业负担政策综合评估工作。

一、政策实施情况

2020 年本市不折不扣推动政策落地,采取减、免、缓、退等各种综合手段,积极服务"六稳""六保"大局,支持市场主体纾困和发展,全年新增减税降费总额超过 2 300 亿元。

(一)税费减免全面落实

2020 年以来继续执行去年出台的下调增值税税率、小微企业普惠性减税,减免行政事业性收费和政府性基金。同时对受疫情影响较大的公共交通运输、餐饮住宿、旅游娱乐、文化体育等服务行业免征增值税;实施疫情防控重点保障物资生产企业增值税留抵退税等。

(二)用工成本显著降低

为支持企业应对疫情、助力经济复苏,2020 年减负政策在企业用工成本方面加大了减负力度,阶段性减免和分类减免政策相结合,实施了包括对中小微企业及个体工商户免征三项社会保险单位缴费、大型企业等其他参保单位减半征收三项社会保险单位缴费部分延续至 6 月、减半征收职工基本医疗保险费、继续阶段性降低失业保险和工伤保险费率、实施失业保险稳岗返还、调整社保年度、延长社会保险缴费期、推迟调整社保缴费基数下限等政策。

(三)经营负担持续减小

用能成本方面,重点通过降低工商业电价 5%、阶段性降低非居民用户天然气价格,减轻企业用能成本超 40 亿元。此外,10 月出台并实施的自贸区临港新片区供水、供电、供气配套工程免费政策,预计政策将在明年为临港新片区企业带来较大的减负效应。场地成本方面,为中小微企业和个体工商户减免承租本市国有企业房产租金 65 亿元,惠及企业 7.7 万户。

(四)金融纾困不断加强

2020 年上海发布"金融支持中小微 26 条""上海稳保金融 18 条"等一系列金融举措,多途径为企业提供资金支持,加大对流动资金困难企业的支持力度。全市金融机构向 206 家抗疫重点企业提供

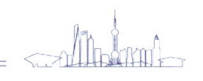

贷款 82 亿元,加权平均利率 2.38%。发放各类再贷款 204.5 亿元,累计惠及经营主体超 1.4 万户。政策性融资担保费率下调至 0.5%/年,达全国最低,政策性融资担保贷款额扩大至 333.7 亿元,比上年增长 52%。小微企业融资实现"增量扩面、提质降价"。小微贷款保持大幅增长,全市单户授信 1 000 万元以下普惠小微贷款余额约 5 100 亿元,较年初增长近 44%。首贷投小投微效果显著,上海金融机构新发放首次贷款户数近 8 万户,其中,普惠小微首贷企业占比达 97%。小微企业融资成本大幅下降,辖内中资银行单户授信总额 1 000 万元以下(含)小微企业贷款加权平均利率 5.15%,较年初下降 1.53 个百分点,在全国处于较低水平。

(五)复工复产有序推进

上海加强部门协同、市区联动,建立复工复产复市工作协调机制,实行"一行一策""一企一策",出台 147 个行业复工复产规范指引,建立 24 小时重点企业用工调度保障机制、农民工返岗复工"点对点"服务保障机制。在长三角区域内建立健康码互认通用、产业链复工复产协同互助、复工复产就业招工协调合作、跨区域交通等基础设施加快落地协同会商、区域经济政策协调通报 5 项工作机制,为长三角协调 300 家本市配套企业复工复产,为本地企业协调长三角 244 家配套企业复工复产。

(六)营商环境持续优化

疫情之下,上海服务营商环境不停步,相继出台《上海市全面深化国际一流营商环境建设实施方案》《上海市优化营商环境条例》,围绕市场环境、政务服务、公共服务、监督执法、法制保障等方面深化"放管服"改革,逐条逐款落实条例规定。

二、特色与成效

(一)特色做法

援企纾困有担当。年度系列减税降费政策,具有着力点准、覆盖面广、时效性强、层次清晰等特点。发布有速度:2 月 7 日本市在疫情暴发的第一时间出台公布"沪 28 条";3 月落实国家阶段性减免企业社保费等政策,助力复工复产按下"快进键";6 月全面贯彻全国两会政府工作报告部署。减免有力度:本年度减负力度为本市历年之最,企业获得感强,尤其是社保减负,其中以人力成本为主的轻资产企业感受最强。纾困有精度:受疫情影响显著的交通运输、餐饮、旅游等服务业,政策明确准予其将企业所得税的亏损结转期限由 5 年延长至 8 年;在此基础上,进一步扩大增值税免税范围,公共交通运输行业、生活服务业以及居民收派服务的增值税全部予以免征,帮助企业降低成本。

政策实施有章法。及时出台细则,明确操作路径。"沪 28 条"出台后,从 2 月 8 日至 11 日三天内,各相关部门出台 20 项政策配套细则,明确实施主体、适用对象和政策口径,同时在中国上海门户网站、"一网通办"总门户、市"企业服务云"和市发改委官网四大平台建立了"沪 28 条"政策专栏。推行"非接触式"服务,兼顾防疫安全和操作便捷。按照"尽可能网上办"的原则,大力推行"非接触式"办税缴费、材料提交、专业配送等灵活方式,广泛收集企业问题整理编制发布政策问答、举办"云课堂",着力推进政策享受的便捷性和安全性。

政策支持有创新。上海在贯彻落实国家决策部署基础上,结合实际探索,推出创新举措。如在金融支持领域,通过市区联动、部门协同,持续加大融资担保产品开发创新力度,创新实行"批次担保"合作模式、"大数据普惠金融担保合作方案"、"海关保函担保"业务模式等,创新推出"专精特新贷""创园贷""起航贷""无还本续贷"等政策性担保专项性产品,建立"白名单"制度提供绿色通道,全力扩大融资担保规模,为中小微企业引来更多金融"活水"。

各区做法有亮点。2020年全市16个区贯彻国家及本市部署,全力以赴抓"六保"促"六稳",结合自身实际,全部出台了区级层面的政策措施,以取得政策叠加效果。同时,各区结合实际各出实招,自选动作各具特色,如浦东新区、闵行区、青浦区、奉贤区、徐汇区、黄浦区等区在融资服务、大数据运用、财政支持、就业服务、促进消费和营商环境等方面均有创新做法。

(二)实施成效

1. 暖企心——雪中送炭,携手企业共克时艰

2020年以来,上海落实各项减税降费政策,覆盖了多行业、多类型市场主体,企业税收、经营、用工等成本明显下降,有效减轻市场主体负担,增强了应对疫情、维持运营的能力。从受益对象看,受疫情影响较大的困难行业中小微企业政策感受度最深刻。疫情扰动下,稳定经济的基本盘就在于发挥中小微企业、个体工商户毛细血管的作用,本年度政策中突出对中小企业的纾困帮扶,量身定制相关政策,包括中小微企业及个体工商户免征三项社会保险单位缴费政策、中小企业房屋租金减免、免除定期定额个体工商户税收负担、加大中小微企业融资担保支持等,极大缓解了中小微企业的经营压力,帮助企业渡过疫情难关。从政策力度来看,社保领域减负力度感受最强。企业认为减负力度最大的前三项政策分别为免征中小微企业三项社保单位缴费、推迟调整社保缴费基数时间、延期申报纳税,尤其是对于以人力成本为主的轻资产企业来说,社保减负感受度最强。

2. 提信心——群策群力,市场活力稳步增强

减负红利化为发展动力。减负政策有效降低了企业运营成本、缓解了企业现金流,企业实实在在享受到了政策红利,为下一步加大投资和加速生产提振了信心、注入了资金活力。

多元政策激发市场活力。疫情发生以来,国家和本市积极出台了系列减负政策,同时为餐饮、住宿等受疫情影响较大的企业创造消费机会,首创大规模消费节庆活动"五五购物节",举办金秋购物旅游季、拥抱进博首发季、网络购物狂欢季、跨年迎新购物季等消费"四季",为市场复苏加油打气,助力企业"危"中求"机"。在组合政策的叠加效应下,上海线下实体商家全面回暖。2020年全年,全市社会消费品零售总额比上年增长0.5%。其中,11月份社会消费品零售总额突破1 700亿元,创月度零售额新高,当月同比增速为17.1%,增速创"十三五"时期以来的新高。

创业投资温度不减。经历疫情冲击，各类新设市场主体和重大项目仍如雨后春笋，这是对上海营商环境的充分肯定。2020年全年，全市固定资产投资比上年增长10.3%，是2008年以来首次达到年度两位数增长；新设企业41.79万户，数量比创下新高的2019年增长了13.7%，日均诞生企业1 665户；新设企业注册资本达2.76万亿元，对外标榜的"身价"同比增长了34%。

3. 稳民心——多点发力，就业稳岗成效显著

复工复产及时有序。上海市坚持减负、稳岗、扩就业并举，实施系列看得见、实打实的稳企业保就业政策，助力企业加速复工复产复业。截至2020年4月，全市37个主要行业领域中，规模以上工业企业、重大工程、外资行业、外贸行业等16个领域基本全部复工；在建的重大工程项目复工率超过95%。

就业形势总体稳定。全年新增就业岗位57万个，超额完成50万的预期目标。全市就业人数为1 046.63万人，已基本恢复到疫情前的增长水平；城镇登记失业率为3.75%。同时，上海对毕业生就业的服务方式进一步创新，推出"毕业生就业随申码"，打通就业服务与管理。

三、面临形势分析

（一）现行政策有待优化

政策流程设计有待优化。政企之间信息不对称问题依然存在，少数小微企业如文化创意类企业反映失业保险稳岗返还政策需要提交的材料和手续较为繁杂，办理周期较长，小微企业人员配备相对薄弱，在政策了解、理解和材料准备方面存在一定的弱势。

非接触式服务模式有待完善。疫情下推出的"非接触式"服务尽管有效节约了往返的时间成本，但业务办理过程中可能出现企业理解不到位、反馈信息不充分、咨询电话忙碌无法接通等情况，给企业造成一定的沟通成本。

各行业企业发展需求不同。目前已有部分政策针对受疫情影响较大的行业开展阶段性扶持，但总体而言，减负政策的灵活性和针对性有待提升，亟须从"一视同仁"转向"一行一策"，实质性改进企业生存发展环境。

（二）持续减负面临压力

随着产业发展转向中高速与高质量，上海面临经济发展高基数与经济下行的压力更加突出，劳动力、租金等刚性成本挖潜空间很小、上涨压力增大，企业融资难、融资成本高等问题依然存在一定困难，企业实质性生存状况改善不明显，企业减负呼声居高不下，但减负政策可持续性面临底线考验。一方面，政府减负空间越来越小。2020年实施的系列减负政策具有较强的特殊性和阶段性，成为年度财政收入出现负增长的重要原因之一。因此，在外部形势和财政收入均不容乐观的情况下，新一轮减负规模若要在2020年度基础上实现新增，可操作空间极小。另一方面，政府减负手段越来越有限。

目前五轮减负政策措施集中归纳为让渡政府税收的减税、降低企业用工用能等经营成本、削减不合理或低效的政府管制成本这三大类型，并且从减税为主、降费为辅，逐渐突出降费的重要作用。从现状来看，全市养老、失业基金自身已面临严峻的底线考验，社保减负的可持续性不断降低。

四、政策优化建议

疫情影响广泛深远，外部环境依然复杂多变，国内经济循环面临多重堵点，重大风险隐患不容忽视。下阶段应始终保持高度警醒的前提下，坚持短期应急和长期发展有机结合，坚持政府"他救"与企业"自救"协同并进，科学应对、灵敏反应、精准施策，围绕优化流程设计、探索创新协同，实现减负政策提质增效、更可持续，助力上海更高质量发展。

（一）不折不扣，严格落实国家部署

不折不扣把党中央、国务院减税降费部署落实落细，以深化供给侧结构性改革为主线，以改革创新为根本动力，以满足人民日益增长的美好生活需要为根本目的，坚持系统观念，在综合考虑财政承受能力和实施助企纾困政策需要的基础上，继续实施制度性减轻企业负担政策，巩固拓展疫情防控和经济社会发展成果，更好统筹发展和安全，扎实做好"六稳"工作、全面落实"六保"任务，确保企业和人民群众有实实在在的获得感。

（二）智慧精细，完善政策实施机制

精简优化政策设计。适当精简政策申请流程和申请材料，细化培训补贴等政策操作认定办法，提高企业便利度和获得感。进一步完善非接触式服务，加强电话咨询保障力度，鼓励开展网上留言提问，保障相关问题12个小时内予以回复。

完善网络化服务模式。加强政策公开和宣贯力度，充分发挥产业园区、行业协会、平台类企业、街道营商服务中心的作用，开展政策宣贯进园区、进协会、进平台、进街道等活动，鼓励园区管理方、行业协会、平台企业积极开展涉企政策宣讲。

提高数据服务大局能力。推动全市税收、社保、就业等数据平台的共享共用，实现对企业运营情况、政策实施情况、复产扩能效果的动态跟踪和分析，对重点企业开展"点对点"服务，跟踪做好效果监测和分析研判。

（三）有进有退，推动政策动态协调

建议在"沪28条"基础上，结合新形势新要求以及财政承受能力，实施"退、延、优、加"等措施，动态完善本市减轻企业负担政策，确保政策的连续性、稳定性、可持续性。

退：特殊政策有序退出。当前我国疫情防控形势整体向好，经济社会发展持续稳定恢复，建议支持企业应对疫情的阶段性政策退出。

延：扎实做好援企稳岗。疫情影响广泛深远，疫情防控和企业发展环境依然存在一定挑战，建议

疫情防控优惠政策、融资担保、稳岗稳就业等政策延续执行。

优：立足现状优化调整。 考虑到部分政策内容与现阶段发展要求不相适应，建议对企业培训补贴、灵活用工政策、培育支持新技术新模式新业态等政策进行优化调整。

加：多元政策协同联动。 结合上海减负政策的瓶颈问题以及高质量发展的目标定位，构建国内大循环为主体、国内国际双循环相互促进的新发展格局，强化财金、产业、投资、就业等政策联动，打通生产、分配、流通、消费各环节。

（吕海燕、周明、唐晓莉）

推进本市疾控体系现代化建设 筑牢超大城市公共卫生防线

公共卫生安全是国家安全的重要组成部分,疾病预防控制体系是公共卫生体系的核心力量。作为疾病预防控制体系核心的疾病预防控制中心,是各级政府举办的实施疾病预防控制、提供公共卫生技术管理和服务的事业单位。1998年上海在全国率先组建成立了第一个省级疾病预防控制中心,目前已形成"市—区"两级疾控系统,以及由市、区疾控中心和社区卫生服务中心组成的疾病预防控制三级网络体系。本市疾控体系作为疫情战线前端"侦察兵"、重点疾病防治"战斗队"、突发事件应急"消防队",已成功应对了非典、H7N9禽流感等新发和输入传染病的威胁,并在此次新冠疫情防控阻击战中取得重大战略成果,有力地维护了上海城市公共卫生安全及社会和谐稳定发展。但与重大疫情防控要求相比,本市现有疾控体系在管理体制、基础设施、人才队伍、科研能力等方面也暴露出一些不足,疾控体系现代化发展需求迫切。

一、本市疾控体系存在的不足

(一)疾控体系管理架构待理顺

以目前本市疾控体系的管理架构看,市、区疾控中心分属市、区卫生健康委,上下级疾控机构之间仅有指导与被指导的关系,处理疫情时难以形成有效的合力,影响突发公共卫生事件的预警和处置效率。同时,疾控机构和医疗机构的防控救治分工协作机制不健全,工作模式较为传统,信息化、智慧化程度不够,应急物资储备、产能储备不能满足重大突发疫情快速响应的需要,本市联防联控工作机制有待进一步完善。

(二)硬件设施设备水平待提高

市疾控中心和16个区疾控中心现状用房面积均存在不同程度的缺口,导致现有实验室布局不合理、实验室交叉混用现象频繁,带来潜在运行安全风险。目前,市疾控中心生物样本库、标准品库、菌毒种库和重大公共实验设施平台等重要功能用房较欠缺,严重影响了本市疾控体系功能发挥,限制了能级提升;另外,应急物资储备和专业车辆等大多未达标配置,较大程度地影响了应急响应速度和处置效率。

(三)公共卫生人才队伍待加强

疾控机构人员编制普遍不足,本市疾控中心人员编制数仅为国家标准的70%左右。岗位人才结构设置欠合理,核定的中高级岗位比例偏低,导致职业晋升通道狭窄,高级专业人才"招不进、留不住",严重影响业务梯队建设和事业发展。薪酬标准偏低,市疾控中心核定人均薪酬水平远低于市级医疗机构,各区疾控中心人均薪酬水平也低于区级医疗机构、社区卫生服务中心和区急救中心,与疾控人员高强度、高危险性的岗位付出不匹配,整体缺乏吸引力。部分单位专业人员数量逐年减少,且长期得不到有效补充。

(四)疾控科技创新能力待提升

由于实验用房和仪器设备配置有限,高端仪器设备配置不足,本市疾控机构在重大科研项目中的竞争优势逐渐减弱,国家级科研课题数量较少;科研缺乏创新激励机制,机构可二次分配的奖励性绩效占比低,影响科研人员创新积极性。以市疾控中心为例,其近三年国家自然科学基金项目中标数、发表SCI论文数、科研成果获奖数等,均仅为江浙两省省级疾控中心的一半左右。

(五)信息协同共享机制待健全

本次抗击新冠肺炎疫情过程中,基层反复填表问题依然突出,信息系统的标准化建设有待加强;数据层面的"医防融合"需进一步深化,公共卫生业务数据与电子病历、电子健康档案的协同共享需继续推进,与全员人口信息库的协同共享有待实现;联防联控信息共享有待完善,公共卫生管理尚未融入城市运行"一网统管",跨部门跨区域信息交换、整合机制有待健全,依托大数据、人工智能等技术开展公共卫生精细化管理的应用程度不高,未能形成统一高效的公共卫生信息平台,导致很多工作无法快速对接,大量数据无法及时共享利用。

二、推进本市疾控体系能力现代化建设的思路

深入贯彻习近平总书记关于疫情防控的重要指示,结合上海实际情况,坚持市区联动、医防结合、协同共享、医教融合、平战结合的基本建设理念,加快推进本市疾病预防控制体系现代化建设,形成与上海城市功能定位相匹配、与超大城市公共卫生安全保障要求相适应的,体制合理、运行高效和技术先进的疾病预防控制体系,使本市疾病预防控制能力达到世界先进水平。

为进一步推进本市疾控体系能力现代化建设,应深入落实习近平总书记提出的"要立足更精准更有效的'防',在理顺体制机制、明确功能定位、提升专业能力等方面进一步加大改革力度"的指示精神,着重从以下五个方面加强:

在管理体系方面,要进一步加强市、区疾病预防控制机构对传染病的防控和应急处置的能力,明确各自的功能,构建层次清晰、运转顺畅的体系架构。探索本市疾控体系垂直化管理模式,形成由市疾控中心统一部署、统一指挥、统一保障的三级网络体系。

在基础设施方面,首先要实施市、区疾控机构达标建设。其次按照打造上海成为全球公共卫生最安全城市之一的目标,高标准建设具有国际先进水平、开放共享的实验平台、生物样本库、基因检测与生物信息平台、疫苗临床试验中心等重大设施。最后要加强市、区疾控机构专业设备、业务和应急车辆、特种专业技术车辆配置。

在医防融合方面,要创新医防协同机制,把本市疾控体系和医疗救治的体系在机制上打通,建立人员、信息、资源交流互通机制。完善分级分类的应急预案体系,发挥医疗机构在监测预警中的前哨作用。

在人才队伍方面,要建立适应现代化疾控体系的人才培养使用机制,激发人员的活力,稳定基层疾控队伍,提升疾控队伍的疾病和健康风险综合监测评估能力、现场流行病学调查和应急处置能力以及检验检测能力,不断提升疾控体系的现代化水平。

在智慧疾控方面,要推进公共卫生数据与医疗数据、人口信息数据的互联互通,进一步强化区域内、部门间的业务协同和信息共享。进一步拓展信息平台管理功能,通过对健康大数据的汇集、管理和挖掘,大幅提升数据资源应用力度。

三、加快本市疾控体系能力建设的若干举措

(一)加强基础设施建设,提高发展平台能级

示范引领——加快上海市疾控中心扩建工程,加强核心能力建设。大力推进市疾控中心 P3 生物安全实验室、国家重点实验室以及前瞻性布局重点实验室等重点功能用房建设,增强锁定病原、追溯病源、研究致病机理能力,增强上海公共卫生创新策源能力,提升本市在公共卫生突发事件预警和处置上的"一锤定音"水平。同时通过机制协调,充分发挥市疾控中心在三级网络体系中的统领作用。

夯实基层——对照国家、本市相关建设标准,加快推进本市 16 个区级疾控中心达标建设。对标国内先进,结合实际,加强区级疾控中心基础设施建设和设施设备配置,聚焦区域内公共卫生问题,围绕核心业务能力,进一步提升其在市级疾控体系的主体作用。

筑牢网底——充分发挥社区卫生服务中心在本市疾病预防控制体系中的基石作用,进一步强化其所承担的公共卫生功能。按照相关法规,加快本市 247 家社区卫生服务中心的感染门诊(发热哨点门诊、肠道门诊、肝炎门诊等)、预防接种门诊的规范化建设,重点加强基础疾控队伍以及医防人才融合建设,提升基层履职能力,守好疾病预防控制"最后一公里"。

(二)加大仪器装备配置,提升检验检测能力

以业务需求和学科发展为导向,不断加大对各级疾控中心的仪器设备投入,持续提升检验检测能力。将市疾控中心建成在仪器设备、技术和综合实力等方面国内领先的省级疾控中心,未来具备构建公共卫生亚太区域中心实验室平台的能力,检验检测能力达到国际先进水平。

组织实施区级疾控中心实验室能力提升工程,不断引入新技术、新方法和新标准,持续提升检验检测能力,全面满足业务发展需要。确保各区疾控中心仪器设备达到地市级标准的要求,实验室检测参数提高至 525 项;未来实现各区疾控中心实验室检测参数平均达到 630 项,检验检测能力在国内同级别实验室中达到领先水平。

根据《上海市疾病预防控制特种专业技术用车配备使用管理办法》(沪机管〔2020〕57号)相关规定,结合市区疾控中心所承担的任务,积极落实防疫车、感染性物品运输车、毒性物品运输车、检测车和消毒车等特种专业技术用车的配置。合理配备现场调查处置单兵装备。加强急性传染病、突发中毒等公共卫生事件现场调查处置和自然灾害现场防疫队员个人单兵装备配置。

(三)加速发热门诊建设,实现预防关口前移

要构建完善医防融合机制,上海市二、三级医疗机构和社区卫生服务机构要落实疾病预防控制职责,其中发热门诊是呼吸道传染病患者发现和诊治的首道关口,具有"早发现、早报告、早隔离、早诊断、早治疗"的重要功能,需加强本市发热门诊建设,提升其早期筛查识别病例的能力。

完善发热门诊设置。增加发热门诊隔离留观空间。建议医疗机构在疫情期间合理划分区域,增加发热门诊和隔离用房备用空间,市级医院至少设置10张隔离床位,区级医院至少设置5张隔离床位;开展发热门诊标准化建设。各级医疗机构应根据上海市卫生健康委员会发布的《关于加强本市发热门诊设置管理工作的通知》(沪卫医〔2020〕017号)提出的上海市发热门诊建设标准,加快开展发热门诊标准化建设。

加强发热门诊能力建设。逐步增加发热门诊CT配置。针对发热门诊影像检查能力不足的现状,结合发热门诊工作量、场地条件及准备情况等因素,遴选部分发热门诊按照"先郊区医院后市区医院、先二级医院后三级医院"的原则配置CT设备,分批分期完成安装;加强核酸检测能力建设。原则上要求二级以上综合性医疗机构应当具备开展新型冠状病毒检测的能力。不具备检测条件的二级以上医疗机构加紧加快实验室建设,分批次开展新冠病毒核酸检测工作。

(四)加快智慧疾控建设,实现精准高效防控

加快疾控信息网络建设。在电子政务网络体系下,完善涵盖市、区两级疾控信息平台和市、区、社区三级工作网络的疾控信息网络体系,覆盖本市各级各类医疗卫生机构。

加强信息共享与互联互通。推进疾控系统内协同与共享。市级疾控中心要开展市级平台、市区平台规范化接口的建设与运维,区级疾控中心要开展区级平台及区域内业务协同的建设与运维;推进"医防融合"协同与共享。建设与国家互联互通的基于全市医院电子病历直推的传染病报告与管理信息系统,实现医院、疾控、社区"融为一体"深度协同共享;推进部门间协同与共享。依托政务服务"一网通办"、城市运行"一网统管",发挥大数据、人工智能、云计算、区块链等技术的支撑作用。

加强数据整合利用。建立市级疾病大数据平台,加强疾控数据资源应用,强化数据整合利用,利用大数据分析技术,全面发挥"智慧疾控"的作用。基于大数据和云计算技术,汇聚和管理全市各类健康数据,探索面向社区卫生服务的大数据应用模式,建设疾控综合管理信息系统,通过对业务数据和指标的系统集成,实现疾控精细化管理,支撑管理创新、科学决策。

(五)加紧人才队伍建设,提升持续发展能力

加大公共卫生人才引进、招聘力度和政策保障。对人才进编、职称晋升、岗位聘用、公租房等方面

予以适当倾斜;对符合各级卫生引进人才条件的人员给予相应奖励;研究公共卫生人才纳入储备人才机制,不断充实壮大公共卫生人才队伍。加大对本市紧缺急需的高层次公共卫生人才引进力度。

改革职称评聘制度,建立与技术类公务员相适应的职级体系,启动各级疾病预防控制中心新一轮岗位设置,提高各级疾控机构高级技术岗位配置比例。拓展公共卫生复合型人才职业发展空间,探索赋予公共卫生医师传染病预防控制、常见慢性病管理、健康体检与指导等处方权,打通疾病预防控制机构与医疗机构的人员柔性双向流动通道。

建立合理的薪酬制度、考核机制和激励机制,提高人员积极性。按照同级医疗机构的薪资水平,合理确定疾控中心的人员薪酬和各种防疫津贴、补贴,在此基础上建立考核奖励制度,根据考核等次确定合理的年度绩效奖励,一并由财政予以保障。

(六)健全应急保障体系,强化物资保障能力

建立重大突发事件影响识别机制。按照"响应级别—人物匹配—分类供应"导向,加快重大突发事件应急响应与物资保障协同联动;健全以实物储备、生产能力储备、商业储备等方式相结合的储备体系。实行物资供应分级管理,对紧缺型应急物资采取政府统购统销方式,避免造成不必要的哄抢囤积。

建立市级应急物资供应调度数字化平台。充分考虑物资生产的不平衡性和物资储备的特殊性,进一步整合红十字会和各地应急备灾中心物资调度平台,推动物资调拨单位与应急物资生产、销售企业之间的高效衔接。探索集中管理下的多元化应急物资配置模式。

加强应急生产保障能力建设。立足本市产业实际,建立或储备必要的物资生产线,并动态优化调整。建立与公共卫生监测预警体系相对接的物资生产保障监控体系。加强长三角区域应急物资生产保障的互济互助和产业链协同联动机制。

(刘晖、黄明祝、周凌云)

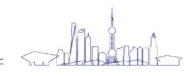

推进本市养老机构高质量发展的思考与建议

上海是中国内地最早进入人口老龄化且老龄化程度最深的城市。在人口平均寿命延长、老年人口比例上升、高龄程度加深,同时家庭结构日趋小型化、少子化和空巢化,家庭养老功能弱化的背景下,老人及家庭对机构养老需求提升,养老机构在养老服务供给中的重要性日益显现。截至2019年底,全市有724家养老机构,为高龄老龄、失能老人、认知症老人提供15万余张的养老床位,承担着老有所养的政府职责和社会责任。在养老床位有一定基本保障的情况下,如何积极应对老龄化社会发展,进一步提升养老机构服务能级和服务水平,更好地满足社会多元需求,是需要探讨和研究的。

一、现状情况

根据上海市老龄办和市统计局发布的《2019年上海市老年人口和老龄事业监测统计信息》,截至2019年12月31日,本市60岁及以上户籍老年人口为518.12万人,占总人口的35.2%,其中,80岁以上老人占比为15.8%。根据相关预测,到2030年,上海户籍人口60岁及以上老年人口将占户籍总人口的40%,到2040年至2050年,这一比例将达44.5%。[1] 积极应对人口老龄化,构建养老、孝老、敬老政策体系和社会环境,让老年人能安享晚年、幸福养老,是各级政府都在积极探索的课题。

通过"十二五""十三五"发展建设,上海已建立起以居家为基础、社区为依托、机构为支撑的"9073"[2] 养老服务格局,并积极推进涵盖养老服务供给、服务保障、政策支撑、需求评估、行业监管"五位一体"的社会养老服务体系建设。机构养老服务是养老服务供给的重要组成部分,养老机构的建设得到了各级政府的重视,加大投入,效果显著。目前本市养老机构建设呈现以下特点:

(一)养老床位数量有序增长

本市推行市中心城区按老年人口2.5%、郊区按3.5%比例建设养老床位的建设要求,各区编制完成养老设施布局专项规划,积极推进养老设施建设。截至2019年底,全市共有机构养老设施724家[3],核定床位数约为15.2万张,较2015年底新增养老床位约为4.4万张,净增养老床位约2.6万张。全市养老床位数占60周岁及以上户籍老人数比接近3%,规划目标基本实现。空间布局上,非中心城区的床位总量仍占较大比例,约占63%(含浦东新区各镇)。

(二)保基本床位量质齐升

至2019年5月,本市已认定保基本养老机构[4] 370家,保基本床位67 428张,较上年增加约

---

[1] 摘自上观新闻,2020—07—30。
[2] "9073"是指90%老人由家人照护居家养老,7%由社区提供养老服务,3%老人入住养老机构养老服务模式。
[3] 数据来源:市民政相关统计数据。
[4] 保基本养老机构:是指为符合条件的老年人提供养老基本公共服务的养老机构,包括政府举办的养老机构和部分纳入保基本范围的社会办养老机构(床位)。

5 763 张,保基本床位占本市总床位数的 44%,为本市养老基本公共服务对象优先提供服务。从提供保基本服务机构能力看,二级、三级养老机构为 112 家(30 314 床),占保基本总数的 30.2%(44.7%)。随着保基本床位的建设,本市机构养老保基本特征明显,入住老人以高龄和失能老人为主。据统计,本市养老机构入住老人中,80 岁及以上老人占比逐年上升,截至 2019 年底,其占比约为 76%,需要一级及专护护理级别的老人占比超 50%;另一方面,机构收费得到有效控制,近 70% 的养老机构月收费低于 5 000 元。

(三)养老机构建设标准得到提高

截至 2019 年底,本市养老床位床均建筑面积约为 30 平方米(其中床均建筑面积低于 25 平方米的养老床位占比降低至 30%),相较"十二五"进一步改善(2014 年末,全市养老床位床均建筑面积 27 平方米,其中床均建筑面积低于 25 平方米的养老床位占比约 37%)。从"十三五"增量看,床均建筑面积进一步提高至 32 平方米,内设医疗服务用房更为普及,老人康养条件进一步提高。同时,2018—2019 年 120 家郊区农村薄弱养老机构列入市政府实事项目,重点围绕建筑、设施的适老性和安全性改造,消除安全隐患,提升服务能力。

(四)机构运营呈现多元化趋势

从建设投入看,各级政府占主导地位。总床位数中,公建养老机构、养老床位分别占总量的 51.2%、56.1%,而近年新增床位仍以政府投入建设为主。而在运营阶段,社会力量参与较多,公建民营[①]和民建民营养老床位占比已达约 68.5%,相比"十二五"末提升约 7 个百分点。同时,部分国有企业,特别是区属国企,开始布局养老产业,形成连锁经营模式。

二、存在问题

(一)床位利用效率有待进一步提高

上海目前采用的养老床位建设推进模式(市区 2.5%、郊区 3.5%),能较好地克服中心城区建设用地紧张、土地成本高、动迁难度高等难点,加快了本市养老床位的建设进程,使总量上能更快地达到目标,但区域之间供应量是不平衡的,与老年实际需求也是不匹配的。与郊区相比,中心城区老人总体上入住养老机构意愿更强烈、价格敏感性更低,由此机构养老服务潜在需求规模更高。从统计数看,中心城区养老机构平均入住率达 75% 以上,最高区可达 90%。而郊区处于 50%—70%,远郊相对低些。在缺乏全市统筹机制的情况下,中心城区一床难求和远郊地区结构性空置矛盾在一定时期内将持续存在。

(二)医养结合深度有待进一步推进

随着生活水平和医疗水平的提升,本市人口期望寿命逐年提升,至 2019 年末,本市户籍人口预期

---

① 公建民营模式是指公办养老机构通过引入民间组织或企业进行管理和运作的模式。

寿命为 83.66 岁,位列全国第一。随之而来,入住养老院的老人年龄越来越长,基础疾病越来越多,对于医疗服务的依赖越来越高。虽然本市也出台政策鼓励养老机构内设诊所、卫生所(室)、医务室、护理站等医疗服务设施,为服务对象提供健康管理、疾病预防、老年保健,以及常见病、多发病的一般诊疗服务,但基于场地条件、医疗设备配置和医务人员聘用和留用难度大等问题,大多数养老机构并未能实质形成医疗功能,医疗护理床位和护理能力不足,老年人一旦生病,仍需频繁往返于医院和机构,医养结合难题还有待更深层次破解。

(三)多层次需求尚未得到有效满足

从目前上海养老机构建设和发展阶段看,尚处于保基本、兜底线阶段。保基本床位建设较好地满足了本市老年基本养老服务,保基本养老机构(床位)的床位费和护理费实行政府定价或政府指导价,能较好体现政府对于基本公共服务的职责,满足了保基本对象的机构养老服务需求;但另一方面,受价格等限制,保基本机构的服务供给和服务水平是有限的,在居住条件、护理条件等方面尚不能满足老年人多层次选择需求。

(四)配套监管制度有待完善

2019 年民政部 1 号文件要求各级民政部门贯彻落实《中华人民共和国老年人权益保障法》,不再受理养老机构设立许可申请,改为备案登记,并加强事中、事后监管。这是深化"放管服"改革、鼓励社会力量参与养老市场的实质性举措。但社会参与方良莠不齐,参与养老机构建设和运营的动机和目的各不相同,而服务对象是自我保护能力较弱的老年人,对养老机构监管需求迫切。另一方面,部分营利性养老机构采用会员制和预收费方式招揽客源,易发生利用老年人信息不对称、维权能力弱的劣势,侵害老年人合法权益的情况。因此,加强对养老机构指导、监督和管理,推动建立养老机构综合监管制度尤为重要。

三、发展建议

(一)促进机构养老从保基本向普惠型发展

经过多年发展,本市养老床位已发展至 15.2 万张,大大提高了老年人口机构养老的保障力度,但大部分养老机构和床位提供的是基本型、托底型养老服务。在国民平均预期寿命不断延长的当下,安老享老已经成为全体居民的常态需求,同时随着居民生活水平提高,养老服务需求逐渐呈现出多层次、多样化的趋势,养老服务上的"适度普惠"成为民众美好生活的体现和保障。如何为广大普通老年人提供价格合理、方便可及、内容更为丰富的普惠养老服务,需要政府、家庭、社会、企业等多方发力,形成积极应对、全民行动的新态势。政府方面,既要尽力而为,又要量力而行,依旧要在政策制定、保基本、兜底线、提供基本养老服务等方面发挥更大作用,减轻全社会对人口老龄化、对养老预期的焦虑,着力增强老年人的获得感、幸福感、安全感。同时,对于非基本养老服务,要加大对社会力量的支持,通过土地、金融等多种政策组合支持,推动建设运营成本下降、服务价格下降,让更多老年人受益。社会、企业方面,需要进一步对接老年人需求,设计、提供各类普惠性养老服务包,通过市场机制自主形成普惠养老分级服务价格,向老年人提供差异化服务,并接受社会监督。在政府政策引导下,社会多元、多渠道投入机构养老服务业,必将扩大有效供给,为老年人提供多层次养老服务,更好地满足老年人多元养老需求,更为积极地应对人口老龄化问题。

(二)因地制宜发展社区嵌入式养老机构

《马德里老龄问题国际行动计划》[①](以下简称"马德里行动计划")指出:"在所有国家,在自己的社区养老是人们的理想",要"采取措施以提供社区照顾和支持家庭照顾",社区照顾和就地养老已成为许多政府的政策目标。

2014年起上海开展了长者照护之家建设,面向社区内失能老人、高龄独居老人等,提供涵盖机构照料、社区照护、居家护理的一站式综合服务。长者照护之家,嵌入社区,规模小,选址灵活,改造周期和投入也相对较小,可在较短时间内形成供给能力,缓解区域内养老床位供给不足矛盾,同时可满足老人就近养老、社区养老的需求。实践证明,长者照护之家可调动社区内各种正式照护及非正式照护资源,形成一个嵌入社区的资源配置枢纽、资源链接纽带,通过"以点带面"形成社区辐射圈,为身体健康状况一直处于动态变化的社区居民,提供可转换的、多梯度的养老服务和喘息式服务,突破床位限制,覆盖更多目标群体,也有利于长者照护之家作为一个小型服务单点有充足的服务量,保证可持续生存,形成政府、运营主体、老人的三方共赢。因此在中心城区,可以因地制宜发展这类嵌入式养老机构,依托社区为老服务中心建设或通过社区存量物业和新建小区公建配套用房等改建而成,作为机构养老的补充,满足中心城区老人就近养老需求。同时,鼓励嵌入式养老机构连锁化、智慧化发展,以机构为依托,增强对社区居家老人的服务延伸,全面提高社区养老质量,增强社区养老获得感。

(三)促进提升养老机构服务质量

首先,完善标准规范体系,建立健全国家标准,倡导机构建立内部服务标准。通过政府或行业协会对养老机构定期开展服务等级评价工作,引导社会组织、群众积极主动参与监督,形成政府部门引导、机构行业自律、社会监督相协调的评价体系。其次,加强养老机构专业化团队建设,加强护理人员标准化培训和职业技能培训,改善他们的工作条件,提高工资待遇,提供职业发展的渠道,补齐失智失能照护方面的短板。第三,加强存量机构安全性和适老性改造,特别是消防设施和无障碍设施改造,完善养老康复设备配置,形成人性化的养老配套服务环境硬件设施。第四,深入推进医养结合,建设"互联网+"养老服务。医养结合既要有顶层设计,更需要实际操作层面的支持,卫生管理部门对于养老机构开设内设医疗机构应给予支持和指导,养老机构需要与周边的综合医院加强合作,为机构医疗人员培养和开展医疗服务寻求支持和帮助,要依靠互联网大数据平台,加强养老机构、医疗机构之间

---

① 2002年,联合国在马德里开展了第二次老龄问题世界大会,并通过《马德里老龄问题国际行动计划》。

的信息沟通,建设智慧养老服务。

(四)持续完善相关配套监管机制

取消养老机构设立许可后,养老机构入围门槛降低,如何实现监管,重点在于对养老机构日常经营活动的"过程管理",需要建立完善的监管体系。从宏观层面,是各级各类政府部门以及受政府委托的第三方从外部进行的评估、管理和监督;从中观和微观层面,是养老机构与工作人员的监督管理和自律。鼓励养老机构参与等级划分与评定,发挥高等级机构的示范引领作用,让老年人及其家庭用脚投票,通过优胜劣汰和"大浪淘沙"的方式,淘汰掉服务质量不高、诚信度差的养老机构。同时,要尽快建立养老机构退出机制,保护好入住机构老人的合法权益。

对于养老机构中的新模式在创新的同时应加强监管。如以PPP方式设置的养老机构,应制定PPP指引,出台格式合同范本,对PPP项目的招投标、价格管理、回报方式、服务标准、风险分担、信息披露、违约处罚、政府接管以及评估论证等进行详细规定,建立独立、透明、可问责、专业化的PPP项目监管体系。

(刘晖)

面向2030打造本市重大科技基础设施集群的若干思考

一、本市重大科技基础设施发展基础

经过"十三五"时期的大力发展，本市重大科技基础设施建设取得了显著进展，建成和在建大设施14个，数量、投资金额均领先全国。初步形成具有一定国际影响力的集聚化态势的大设施群。大量国际顶尖水平的科学研究工作正在开展，技术水平基本进入国际先进行列。

一是从建设与推进进度来看，上海的国家重大科技基础设施自1980年开始建设，起步较早，覆盖时间跨度较大。二是从建设与运营主体来看，广泛分布于中国科学院相关院所、高校及医院。三是从学科与专业领域来看，项目主要涉及光子科学（物理 & 物质科学）、生命科学、能源科学、地球系统与环境科学。四是从设施项目投资规模来看，规模较大，总投资合计约200亿元。

表　　　　　　　　　　　　　　本市已建及在建重大科技基础设施清单

序号	领域	大设施名称	建设单位	状态
1	光子科学（集群）	神光Ⅰ高功率激光实验装置	中国科学院上海光学精密机械研究所	建成
2		神光Ⅱ多功能激光综合实验平台	中国科学院上海光学精密机械研究所	建成
3		上海光源	中国科学院上海应用物理研究所	建成
4		软X射线自由电子激光试验装置	中国科学院上海应用物理研究所	建成
5		软X射线自由电子激光用户装置	中国科学院上海应用物理研究所	在建
6		硬X射线自由电子激光装置	上海科技大学	在建
7		超强超短激光实验装置	中国科学院上海光学精密机械研究所	在建
8		上海光源二期线站工程	中国科学院上海应用物理研究所（法人）上海科技大学（共建单位）	在建

续表

序号	领域	大设施名称	建设单位	状态
9	生命科学（集群）	国家蛋白质科学研究（上海）设施	中国科学院上海高等研究院	建成
10		活细胞结构与功能成像等线站工程	上海科技大学	在建
11		国家肝癌科学中心	海军军医大学	建成
12		转化医学国家重大科技基础设施	上海交通大学和上海交通大学医学院附属瑞金医院共同承担	在建
13	能源科学	高效低碳燃气轮机试验装置	中国科学院工程热物理研究所	在建
14	海洋科学	国家海底科学观测网	同济大学	在建

图　上海市已建和在建设施分布

二、面临的形势

近年来，全球新一轮科技革命和产业变革蓄势待发，我国和上海的科技发展正处于从量的积累向质的飞跃阶段，点的突破向系统能力提升的重要转折期。未来经济社会发展对于战略科技支撑的需求更加迫切，重大科技基础设施建设面临机遇与挑战并存。

一是物理物质、光子科学等一系列重大科学问题的原创性突破正在开辟新的前沿和方向，科学研

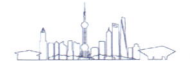

究不断向深度和微观世界拓展，如支撑国家能源战略需求的快点火、惯性约束、高功率激光、射频超导加速单元等。二是生命科学等领域正在向药物靶向、综合平台等领域拓展，研究目标日益综合，如计算生物学与系统生物学、蛋白质的活体成像（蛋白质与化学小分子之间的相互作用）、肿瘤防控新策略等。三是学科分化与交叉融合不断加快，体现在空间与天文的交叉融合，地球系统与环境科学的交叉融合，以及工程技术等领域的综合发展，为新光源、核材料探测与处理、核医学等重大应用带来变革性推动，从更加广泛的应用领域来看，含生命科学、材料科学、分子环境科学、凝聚态物理、医药学、石化及化学工业等。以上科学前沿的革命性突破越来越依赖于重大科技基础设施提供综合性极限研究手段。

针对上述的新的发展形势，必须顺应全球科技发展趋势，围绕我国重大战略需求，着力解决本市重大科技基础设施发展方面存在的问题，包括设施大部分规模偏小、技术水平以跟踪为主、集群效应未形成、国际话语权弱、国际影响力成果产出有限、产业拉动效应不足等。面向2030新形势，应丰富大设施内涵建设，采取创新举措，从机制上解决以上问题。

三、面向2030丰富本市重大科技基础设施内涵建设

（一）总体建成最强大的光子领域大设施群

光子领域大设施基础较好，大设施群初步成型。目前，硬X射线自由电子激光装置加速器模组等样机和关键部件研制取得重大进展，软X射线自由电子激光试验装置出光并达到设计指标，基本具备验收条件，光源二期首批线站、超强超短激光实验装置预计年内建成开放。"十四五"期间，建议加快用好已建，推进在建及规划的光子大设施，力争总体建成全球规模最大、种类最全、功能最强的光子大设施集群，大力提升我国光子领域的国际话语权。

（二）率先构建最完整的生命科学领域大设施群

生命科学领域资源好，已基本具备构建生命科学领域大设施群的基础和雏形，但现有设施规模小、主体和布局分散、开放共享程度低。"十四五"期间，建议构建全球首个生命科学领域从基础理论到应用技术最为完整的全流程闭环研究设施群，打通生命科学创新链的研究方法、研究体系、资源平台等各环节。从分子、细胞、组织、个体和群体等全方位（蛋白质中心、电镜中心—医学影像集成创新中心—系统生物学），支撑生命科学研究向复杂宏观和微观两级发展，并实现有机统一。系统认识人类生命发展、疾病发生、药物治疗机理、生物系统运动规律发展规律（药物标靶科学设施—先进生物药研究设施—转化医学中心），构建生命科学研究所需的科学数据、生物样本和各类化合物等基础资源（生物医学大数据、生物样本库、化合物库和糖类药物资源库）。依托这一全球最完整的生命科学大设施群，探索生命奥秘科学问题，突破生命健康、新药创制、普惠医疗中的重大科技瓶颈。促进生物医学基础研究、药物研发和临床诊疗深度结合，将本市打造成全球生命科学和生物医药领域科学家和企业

家最向往的地区。

（三）提前谋划、尽早布局面向2030的能源、海洋、空天等领域大设施群

能源科学领域，提前谋划布局涵盖核能、传统能源和未来新型能源等方向，为能源和节能储能等技术变革提供支撑。核能源方面，在规划的小型模块化钍基熔盐堆研究设施基础上，进一步布局高效安全可控聚变设施；传统能源方面，在已布局建设的高效低碳燃气轮机试验装置基础上，规划二氧化碳捕获利用和封存研究设施；在新兴能源方面，布局氢能、海洋能及相关能量捕获、储能、转换研究设施。海洋科学领域，提前谋划布局深远海、极地海域、海洋工程装备技术等领域的大设施，为国家海洋安全、海洋资源与能源开发、海洋装备技术发展提供支撑。充分利用本市航运中心、船舶海工产业基础、海洋科考等综合优势，在已布局的海底长期观测网基础上，"十四五"规划建设深远海全天候驻留浮式研究设施。空间和天文领域，探索长三角区域协同的空天领域大设施群。基于上海天文台、微小卫星中心、技物所、李政道研究所、航天八院等机构，结合长三角区域的紫金山天文台、南京大学、中电23所等优势，进一步集聚资源，谋划布局未来发展方向。

四、面向2030创新本市重大科技基础设施管理机制

（一）创新大设施策划发现遴选机制

建议创新建立未来大设施"自上而下和自下而上相结合"的策划发现遴选机制。对于面向重大战略需求、公共平台类，采取自上而下，由主管部门制定建设规划、发起设立，定期引入国际高端战略科学家决策咨询，结合全球科技发展前沿趋势研究，全面参与建设规划制定，明确需要重点主攻的方向及细分领域，可采用部署揭榜工作重点任务的方式，建立由上海牵头攻克相关领域的举国体制（即为工作体系和运行机制）；对于面向科技前沿自主探索类，采取自下而上，在宏观目标导向基础上，由各家研究提出，主管部门通过设立储备项目库动态调整机制，适时择优研究遴选推荐申报国家重大科技基础设施项目后设立，两者相结合，形成完善先进的策划发现遴选机制。对于面向经济主战场类，采取上下结合，引入重点行业企业深度参与，提出产业发展的变革性和核心关键技术研发需求。

（二）发挥设施溢出效应，成为产业发展的源头技术供给和战略技术储备

围绕本市三大产业及先导产业，布局产业重点需求的科技攻关任务，形成助力产业发展的"攻关利器"，实现科学的社会效益向经济效益正面溢出。建议建立大设施面向企业开放的鼓励政策，制定符合企业特点的设施使用申请规则，在科学研究机时之外预留合理的企业机时比。加强向企业使用对象的推广宣传，制定科学公开的收费机制，研究可对企业提供的增值服务。鼓励科学家与企业共同申报国家和地方重大课题，在大设施上开展产业变革性前瞻技术研究挑战前沿科学难题，提出更多原创理论和原创发现，为后续发展提供持续不断的发展动力。制定企业深入参与设施谋划布局工作，使大设施从设计之初就充分考虑企业发展需求。建立与设施协同攻关的企业集群名单，提升大设施的

技术自主率,并带动相关装备和核心技术企业提高产品和技术能级。

(三)完善大设施全生命周期的运行管理机制

建议完善地方政府参与大设施先期预研、规划论证、组织建设、运行管理的全生命周期制度安排,近期重点突破先期预研和运行管理阶段。先期预研阶段,充分利用现有科技计划和资金渠道,加强前瞻性、针对性、储备性大设施的谋划布局,系统安排原理探索、技术攻关、工程验证等类型的预研项目,同时与为大设施的先期预研,提供充分的人才、技术和工程储备,支持设施关键技术研究以及实验技术和实验仪器设备的研发。运行管理阶段,加快建立健全高效的投入机制、动态调整的推进机制、开放共享的运行机制、产学研用协同的创新机制、高效规范的管理机制、灵活的人才培养和使用机制。最大限度地开放共享大设施、集成全球创新资源,同时也为积极发起和参与国际大科学计划打下硬件和软件基础,深度融入全球科技创新网络,努力实现引领性原创成果的重大突破。

(孙蔚)

深入推进"从0到1"基础研究,提升本市科创中心基础创新策源能力

2020年1月,国家科技部、发展改革委、教育部、中科院和自然科学基金会印发《加强"从0到1"基础研究工作方案》(以下简称《工作方案》)。9月11日,习近平主席在科学家座谈会上强调,要把原始创新能力提升摆在更加突出的位置,努力实现更多"从0到1"的突破。上海投资咨询公司对相关文件和会议精神进行了深入学习和研究,并对本市相关高校和研究院所进行了调研、资料收集,提出深入推进"从0到1"基础研究,提升本市科创中心基础创新策源能力的建议。

一、背景

基础研究是科技创新源头。我国基础研究虽然取得显著进步,但同国际先进水平的差距还很明显。面临的很多"卡脖子"技术问题,根子是基础研究理论跟不上,源头和底层缺乏。近年来,基础研究一方面遵循科学发现自身规律,通过自由探索,前沿突破持续涌现,学科领域纵深发展,跨学科研究和学科交叉融合不断发展;另一方面,通过重大科技问题带动,在重大应用研究中抽象出理论问题,进而探索科学规律,基础研究和应用研究相互促进,科学、技术、工程、社会加速渗透融合。

根据国家《工作方案》提出的14个基础前沿领域重点原创方向和16个关键核心技术重大科学问题,通过对本市各高校和科研院所的基础研究实力和发展重点、人才队伍基础的分析,并充分结合本市产业基础和应用需求,建议本市依托张江科学中心建设,重点聚焦以下方面,加强本市基础研究的布局。

二、本市在基础研究的相关领域具有较强基础

上海在基础学科方面拥有高校科研院所等"强主力军"。上海有复旦、交大、同济、华师大四所世界一流大学。数学,复旦、交大拥有"双一流"建设学科。物理学,复旦拥有"双一流"建设学科;在建的李政道研究所设有暗物质与中微子、实验室天体物理、拓扑超导量子计算三大实验平台,直接对标物理领域的全球顶尖研究水平;中科院上海技物所、应物所、光机所、上海天文台均在物理学方面拥有院士领衔的顶尖人才团队。化学,复旦、华理拥有"双一流"建设学科,中科院有机所、硅酸盐所均在化学领域有较强积累;生物学,复旦、交大拥有"双一流"建设学科,中科院药物所、分子细胞科学卓越创新中心、分子植物科学卓越创新中心等在基础理论方面均有较强实力。

上海在九大战略性前瞻性重大科学问题方面已具备较强基础。脑科学,中科院脑科学与智能技术卓越创新中心蒲慕明院士推动"全脑介观神经联接图谱"国际大科学计划实施,复旦正在建设脑与类脑智能张江国际科技卓越中心,初步形成了脑科学领域国际合作网络体系。量子科学,中科院微小

卫星创新研究院、上海技物所与中科大联合研制的"墨子号"卫星于2016年发射升空。纳米科学与催化科学,中国科学院上海有机所拥有最具国际影响力及国内竞争力的人才队伍,包括中科院院士8人、973首席科学家4人、国家杰出青年基金获得者29人。干细胞,中科院分子细胞科学卓越创新中心在成体组织再生研究方面长期布局,同济大学国家干细胞转化资源库于2019年12月揭牌。合成生物学,中科院分子植物科学卓越创新中心拥有赵国屏院士领衔的国内第一个省部级合成生物学重点实验室,已有12年的研究积累。发育编程与蛋白质机器,中科院分子细胞科学卓越创新中心分子生物学和细胞生物学国家重点实验室在发育编程、蛋白质机器、非编码RNA、肿瘤代谢与免疫等领域方向整体水平处于世界先进行列。空间天文学,中科院上海天文台叶叔华院士领衔团队长期从事天体测量和天文地球动力学研究,积极加入SKA、太极、天琴等国际大科学计划。地球系统科学,中科院上海天文台天文地球动力学研究中心拥有具有国际一流竞争力的研究团队,交大拥有深部生命国际中心、上海行星生命演化研究中心。人类疾病动物模型,中科院上海神经所主导"全脑神经联接图谱与克隆猴模型计划"市级重大专项实施,在图谱绘制、疾病与工具模型猴构建、相关新技术研发等研究方向取得了一系列重要进展。

上海在四大变革性技术关键科学问题已具备较强基础。 6G和新一代网络,交大拥有区域光纤通信网与新型光通信系统国家重点实验室、网络信息安全管理与服务教育部工程研究中心、上海市数字媒体处理与传输重点实验室。未来计算,中科院上海高研院正在积极建设国家生物医学大数据基础设施。变革性材料,中科院上海应物所在钍基熔盐堆先进核能研究方面,交大在钙钛矿材料与器件为代表的前沿交叉电子材料方面,均取得了重大突破。新型制造,重点结合国家"智能制造"战略,本市企业存在网络协同制造和智能工厂方向转型的发展趋势,交大、上大等具有先发研究优势。

三、张江综合性国家科学中心具有基础研究先发优势

张江科学中心在基础研究领域进行核心功能的集中建设。 平均每年支撑我国科学家产生近10篇《科学》《自然》《细胞》国际三大顶级学术期刊成果的上海光源,地方出资一半以上。本市累计已建和在建的重大科技基础设施14个,数量、投资额和建设进度均领先全国,吸引全球科学家慕名而来,其中在张江核心区集中布局和规划建设国家重大科技基础设施8个。上海科技大学建设初见成效,张江药物实验室、量子科学研究中心等专业实验室稳步推进,复旦张江国际创新中心、上海交大张江科学园、国际人类表型组创新中心、朱光亚研究院等一批创新机构和平台进展顺利,形成功能互补、良性互动的协同创新格局,为进一步推动重大创新突破奠定了良好基础。

张江科学中心在基础研究领域取得了显著突破。 2019年度十大科学进展榜单,中国科学院生物物理研究所饶子和/王祥喜团队和中国农业科学院哈尔滨兽医研究所步志高团队,在张江科学中心的研究型大学——上海科技大学冷冻电镜中心连续收集了高质量数据,取得"揭示非洲猪瘟病毒结构及

其组装机制"重大原创成果。中科院上海药物所重大原创新药"GV-971"有条件获批上市,结束全球没有一款治疗阿尔茨海默症新药上市的历史。

四、建议加快布局基础研究重点方向

(一)重点加强数学、物理、化学、生物等基础学科支持

支持数学、物理、化学、生物等重点基础学科研究,夯实发展基础。以李政道研究所为标杆,培育一批具有国际影响力的大学和科研机构,大力吸引集聚国内外处于世界一流水平的数化生等学科顶尖科研机构,同时做大做强现有基础研究机构,形成自由探索的学术氛围。在数理化生等学科面向世界汇聚一流人才,造就属于我国的一批顶级科学家、战略科技人才。

(二)全力突破脑科学等九大战略性前瞻性重大科学问题

全力突破脑科学、量子科学、纳米科学与催化科学、干细胞、合成生物学、发育编程与蛋白质机器、空间天文学、地球系统科学、人类疾病动物模型等九大战略性前瞻性重大科学问题。依托加速落地、高度集聚的世界级大科学设施群,围绕基础前沿领域和关键核心技术重大科学问题,从国家战略需求出发,坚持需求导向和前瞻引领,强化重点领域部署,形成关键领域先发优势。加大国际科研合作,促进基础科学研究领域的交流,发起多学科交叉前沿研究大计划,代表国家在更高层次上参与全球合作。

(三)聚焦支持未来计算等四大变革性技术关键科学问题

聚焦支持6G和新一代网络、未来计算、变革性材料、新型制造等四大变革性技术关键科学问题。依托国家和市级重大科技项目,支持科学家取得原创突破、应用前景明确、有望产出具有变革性影响的技术原型,加大对经济社会发展产生重大影响的前瞻性、原创性的基础研究和前沿交叉研究的支持,推动颠覆性创新成果的产生。

五、构建本市前沿引领、持续支持的基础研究管理体系

(一)建立健全基础研究协同创新网络

一是利用已有基础,强化成果溢出。张江科学中心在基础研究领域已进行了核心功能的集中建设并取得显著突破:重大科技基础设施的数量、投资额和建设进度均领先全国,其中,张江核心区布局8个。复旦张江国际创新中心、上海交大张江科学园、国际人类表型组创新中心等一批创新机构和平台进展顺利;中科院上海药物所全球首款治疗阿尔茨海默症新药上市原创新药"GV-971"有条件获批上市。依托张江科学中心,推进本市建设成为国家科技创新体系的重要基础平台,为科技、产业发展提供"多快好省"的源头创新支撑,疏通基础研究、应用研究和产业化双向链接的快车道,增强基础研究为源头的科创中心显示度、做出国际影响力。**二是顶层设计机制,聚焦关键举措**。组建国内外基础

研究战略咨询专家库,开展基础研究战略咨询和发展趋势研判,形成常态工作机制。加强基础研究的统筹协调机制,探索建立市级各部门之间协同机制,集聚政策,设计从基础前沿、重大关键共性技术到应用示范全链条,一体化组织实施。**三是强化市区联动,鼓励跨区合作**。鼓励各区政府加大对基础研究长期稳定支持力度,以及对新型研发机构的培育支持力度。鼓励张江核心区等在基础研究方面率先试、出经验,并鼓励跨区合作,提升基础研究集成协同高效。

(二)优化基础研究持续支持与评价体系

一是建立持续稳定开展基础研究与应用基础研究的重大项目支持体系。加大对具有创新性的"非共识"项目支持力度,鼓励本市科研人员将科研兴趣与国家战略和市级重大需求相结合,开展应用导向的基础研究。**二是建立长周期评价、同行评价和效能评价差异化的基础研究评价体系**。对自由探索类基础研究项目和实施周期3年以下的目标导向类基础研究项目不作过程检查。实行首席科学家负责制,配套相应的场地、资金等激励措施与绩效评价机制。对相关项目实施长周期(10年)持续滚动的支持方式,一经立项持续支持3—5年;经评估优秀的可再滚动支持3—5年。

(三)聚焦支持基础研究重点区域布局

一是对重点区域基础研究布局加大投入力度。按照习近平总书记的要求,充分发挥张江科学中心的综合优势,进一步聚焦张江核心区等重点区域,把大科学装置、高水平大学和研究机构、高端企业研发中心等优质创新资源集聚投入作为依托基础,继续迅速高效地支持提高基础研究水平。**二是鼓励重点区域内企业全面参与基础研究**。充分发挥企业在技术创新中的主体作用,引导重点区域内企业向前拓展,积极参与高校院所的前瞻性基础研究,开展目标导向的产学研用协同创新,提高企业基础研究参与度。**三是开拓基础研究多元化筹资渠道**。支持设立基础研究基金会,通过接受社会捐赠、设立联合基金等多元化方式筹集基础研究经费。探索企业、行业组织等与政府建立联合基金,给予企业基金冠名权。落实重点区域内企业对基础科学研究的捐赠支出依法依规税前扣除政策,从而引导带动社会各方面加大基础研究投入。

(田苗)

国有企业加大科技创新迈向产业链高端的创新思路研究

一、背景情况

随着国际形势的不断变化,上海科创中心建设与上海国资国企改革面临诸多新情况、新问题、新任务。一是中美贸易战、科技战愈演愈烈。5月15日,美国商务部发布声明,全面限制华为购买采用美国软件和技术生产的半导体,对我国关键核心技术的限制进一步升级。二是新型冠状病毒疫情带来巨大不确定性,全球产业供应链受到冲击甚至断裂,对我国相关行业和企业产生持续影响,国内产业循环有待完善。三是国资国企改革进入关键历史阶段。2020年政府工作报告中要求提升国资国企改革成效。因此,亟须进一步激发市属国企科技创新活力。

二、市属国企科技创新成效

市属国企创新取得积极成效。一是积极对接科创中心建设,率先出台系列创新激励政策。在全国率先启动视同于利润、创新转型专项评价、技术类无形资产交易等创新试点工作,被国务院列为"全创改"经验复制推广。二是紧密围绕国家重大战略,加快布局关键核心技术项目。支持上海兆芯、和辉光电开展核心技术攻关,多项技术填补国内空白。累计安排国资收益117亿元,较"十二五"增长153%。三是不断增强企业创新活力,明显提升创新投入产出。市属国企科技经费由2015年的242亿元增至2019年的576亿元,年均增长24%;占全市企业R&D比重由43%增至59%,研发支出强度由1.2%增至1.67%。2019年申请专利10 085件,拥有有效发明专利17 790件,新产品销售收入7 961亿元,较2015年分别增长88%、157%和21%。四是持续优化内生创新能力,开放合作构建创新生态。截至2019年底,形成7家中央研究院,43个国家级和216个市级实验室、工程(技术)研究中心和企业技术中心,337家高新技术企业,组建了101个技术创新战略联盟、26家博士后科研流动站和22家市级院士工作站。

三、推进市属国企加强科技创新的举措建议

从企业创新水平和能力看,市属国企在创新成果产出、创新资源配置、创新发展路径、企业创新战略等方面,与行业领先企业相比还存在差距。从政策支撑体系看,国资相关扶持政策与监管对科技创新的支撑尚存不足。从产业链条看,部分环节仍有待进一步突破。针对上述问题,提出推进市属国企加强科技创新的相关举措建议。

(一)明确创新定位,加大创新投入

一是分类强化市属国企创新定位。坚持分类定责、分类授权、分类考核。面向国家重大创新战略

的,以服务国家需求,完成战略任务为目标;面向经济主战场的,以提升国有资本运营效率,迈向产业链高端为目标。围绕集成电路、人工智能、生物医药等重点产业,加快制定市属国企"创新地图",厘定创新主责主业,明确创新主攻方向,加快推动国有资本布局的创新优化调整。

二是持续加大创新投入力度。完善创新投入持续稳定增长的长效机制;优化投入结构,由厂房、设备等"硬投入"为主,向研发、人才、试验平台等"软投入"转变,推动技术、工艺、产品创新;完善多元创新投入体系,设立重点产业科创基金,支持创新企业进入科创板等资本市场;鼓励创新投入聚焦集成电路、人工智能、生物医药等重点产业,国资收益向国家战略领域倾斜,并持续滚动投入。

三是优化完善创新投入方式。建议国资针对不同产业特点,采用不同进入方式。针对创新投入周期较长且难以吸引市场主体投资的产业采用主投方式,如集成电路产业;针对配套产业链中重要环节或关键技术领域的,采用跟投方式,如新材料产业和人工智能产业等;针对投资额较大、周期较长、同时能够吸引市场主体参与的产业,采用阶段性投资方式,在早期进行扶持,如生物医药产业。

(二)加强开放合作,提升创新效率

一是打造开放共享的创新平台。围绕影响本市产业升级发展的关键核心技术,按照细分产业构成,分别打造由国资主导的开放式创新平台,加快不同所有制企业间知识交流速度,强化积累效率,提升产业优化升级进程,形成跨所有制、跨行业、跨地域的细分领域交流合作与产业联盟体系。

二是布局国资共性技术平台。在国内产业循环不畅的领域,充分发挥国资作用,联合上下游重点企业,打造国资共性技术平台,突破国内产业循环瓶颈环节,解决创新力量分散、上下游对接不足等问题。

三是加强对国企创新的软服务支撑。例如科技创新需要各类资源支撑,政府及相关企事业单位资源场景丰富,应加强与相关创新主体的对接服务,支撑早期创新的应用示范和落地推广。例如,联影医疗的相关医疗影像设备通过市政府相关部门的对接,在本市医院率先示范应用,为后续完善和拓展打下坚实基础。

四是加快科技金融体系建设。健全国有金融企业在科技创新领域的投融资机制,构建覆盖科技企业全生命周期的全方位科技金融扶持体系,发挥金融与产业联动效应,鼓励国有金融企业深化科技金融创新,与实体经济互促互进。支持投资运营平台牵头发起设立天使母基金,吸引、汇聚科技创新投资团队和子基金。

(三)优化创新政策,激发创新活力

结合国资国企改革要求,选择改革创新紧迫性强的科技企业,试点"一企一策",开展特别授权,探索建立适应创新需求的差异化监管模式。

一是构建创新导向的考核体系。完善创新导向考核评价体系,考核内容聚焦重大创新产品、关键工艺节点等创新里程碑,考核周期匹配国企领导人任期。

二是完善治理架构，充分发挥企业家作用。 组建外部董事占多数，内部董事、专职外部董事、兼职外部董事合理搭配、规模适中、专业互补的董事会，全面落实董事会依法行使重大决策、选人用人、薪酬分配等权利；授权董事会依据市场化标准选人用人，全面推行经理层成员任期制和契约化管理，加快建立职业经理人制度。

三是强化市场化激励约束。 探索工资总额长周期管理、核心创新人员工资单列、减少经济效益指标挂钩；适度放宽股权激励总额和单一员工持股比例限制，完善事前约定等职务科技成果利益分享机制。

四是出台切实可行的容错机制。 针对自主研发、创新并购等制定容错细则，落实"三个区分开来"要求，按照尽职免责原则，划定容错界限、明确容错重点、制定容错程序。实施科技创新"负面清单"管理，风险评估确定容错授权额度等措施。

（四）明确创新方向，提升产业能级

1. 集成电路

芯片设计领域。 建议重点攻关14纳米及以下CPU（中央处理器）、GPU（图形处理器）等卡脖子高端通用芯片。

芯片制造领域。 建议加快14纳米FinFET先进工艺研发，提升28纳米工艺良率和产能；攻关7纳米及以下先进工艺；谋划布局化合物半导体生产线，填补空白。

装备与材料领域。 建议重点攻关28纳米及以下浸没式光刻机、5纳米以下刻蚀机、单片槽式组合清洗机；布局研发镀膜、扩散、化学机械抛光等本市尚无布局的集成电路装备门类。攻关14纳米及以下先进工艺用大硅片，实现国产集成电路装备材料的规模化验证，加速国产装备材料的验证推广和国产化替代。

2. 人工智能

一是搭建国有云平台赋能国资国企深化创新。 探索整合国资国企数据资源，完善数据中台建设，对数据开展深入应用分析，赋能国企创新发展。

二是深化人工智能在智慧城市建设中的应用。 在智慧城市标准制订、数据中台建设、智慧城市解决方案中充分融合人工智能理念和相关技术，全方位提升智慧城市解决方案能级。

三是鼓励智能驾驶、智能医疗等领域的应用突破。 在智能驾驶领域完善布局，把握自动驾驶发展趋势，率先突破。上海丰富的医疗数据资源和三甲医院应用场景为智能医疗发展带来巨大机遇，建议支持在智能医疗方面创新突破。

四是在其他人工智能芯片、算法及应用等领域多元化推进。 充分发挥国资应用场景优势，采取基金投资、并购、与国内优势企业合作等多元模式进行推进。

3. 生物医药

在医药领域，一是加大创新药研发并购投入，加快仿制药一致性评价，布局抗体药、细胞治疗、基因治疗等生物药，心脏、糖尿病等慢性病领域药物。二是突破生物药生产共性技术，包括抗体及基因治疗等方面的中试和产业化。三是建设临床创新技术转化平台，充分利用上海优质临床资源，布局临床创新技术转化平台。四是布局原料药基地，加强药物质量及成本控制。五是布局高端制剂制造，开展高端制剂的工艺研发及产业化。

在医疗器械及设备领域，一是围绕高端影像设备关键零部件进行突破，布局医学影像设备核心部件，包括光电传感采集芯片及前端模拟电路处理的专用芯片、大功率CT用X射线管、CT高压发生器、DSA高频高压发生器、加速器用栅控阴极电子枪、5T以上超高场磁体系统、医疗超声设备高端超声设备探头等。二是加快医疗器械高端材料、零部件、产品的研究，采取基金等形式布局技术含量高、尚未国产化的细分医疗器械领域。包括高分子精密管材、可降解材料、生物材料等植介入级医疗器械高端材料，手术导航传感器、柔性机械臂等关键零部件，以及人工心脏（血泵）等产品。

（彭元）

加快促进上海临空产业发展对策研究

新经济时代,区域发展需要更快地对接资源与市场,速度经济的重要性日益提升。在航空经济和知识经济的发展下形成的临空产业,其特有的技术先导性、市场速达性、产业集聚性、全球易达性等特性,为经济外向性和产业高端性的需求带来重要支撑作用。

一、上海大力发展临空产业的必要性

(一)顺应全球产业发展趋势

在全球经济深度融合和国际竞争日趋激烈的背景下,国际产业发展呈现出集群化、融合化和生态化的发展趋势。产业集群化是指通过空间集聚、资源共享和加速创新,充分实现集中化和专业化等现代产业发展目标,以提高产业竞争力;产业融合化是指高新技术的渗透融合,以及产业内部的重组融合,由此催生出新的经济增长点;产业生态化是遵循循环经济的发展要求,将经济系统和谐地纳入自然生态系统,实现产业—生态共生体系,带动传统产业升级和增值。临空产业作为外向型的产业形态,以机场为核心,依附航空运输产业的需求和发展,通过自身不断调整、聚集与趋同,顺应全球产业发展趋势,逐步展现出集群化、融合化和生态化的特点,以世界高度、国际标准和中国特色为要求,在产业层次、功能布局、体制机制等方面寻找新的突破点,对于提高产业竞争力、培育新的经济增长点、实现产业可持续发展具有重要的意义。

(二)响应国家五个中心战略

根据中央要求,2020年上海要基本建成国际航运中心。一直以来,上海国际航运中心建设相对偏重海港建设,在空港建设方面力度相对较弱。《上海市推进国际航运中心建设条例》(2016年)首次把航空领域归入航运中心建设,将上海航空枢纽港建设纳入管理,明确要"推进国际航空枢纽建设,建成水运、空运等各类航运资源高度集聚、航运服务功能健全、航运市场环境优良、现代物流服务高效,具有全球航运资源配置能力,与国家战略和经济发展相适应的国际航运中心",把航空产业发展推上了新的高度。依托航运中心的建设之势、积极对接自由贸易港区的大背景,发挥上海国际航运中心综合国际枢纽的优势,围绕上海两大机场,大力发展临空产业,建设临空产业集聚区,加快航空要素市场的集聚,推进临空产业企业成群、产业成链、要素成市,从而加快上海航运中心建设的整体节奏。

伴随着全球航空产业由欧美向亚太转移的大趋势,以及国内发展大飞机等战略选择,国内航空产业迅速发展,航空经济已成为引领经济社会转型的又一波浪潮。据波音公司预测,未来20年,中国民用航空飞机需求量将达到5 000余架,航空核心产业规模保守估计将达到6 000亿美元,根据航空产业1∶8的带动效应,航空及其配套产业市场规模将达到4.8万亿美元。上海"一市两场",虹桥国际机场和浦东国际机场在功能定位、辐射范围上各有侧重,通过实现错位互补发展,将有助于上海国际航运中心的发展。

(三)实现上海城市卓越发展

《上海市城市总体规划(2017—2035年)》提出,到2035年,上海将成为卓越的全球城市。卓越的全球城市需要有卓越的世界级航空枢纽来支撑,依托航空枢纽的建设,临空经济日趋成为一种重要的区域经济体系,承担着城市发展的功能。根据国际民航组委会(ICAO)测算,每100万航空旅客可为周边区域创造1.3亿美元的经济收益,能够带来1 000个直接和3 700个间接工作岗位;每新增10万吨航空货物将直接创造出800个工作岗位;每新增一个航班将直接增加750个工作岗位。每天旅客吞吐量中约20%的人会在机场所在城市食宿,由此带动城市发展,形成多产业发展的综合性平台。上海空港周围已集聚了自贸区、虹桥开发区、虹桥商务区、商飞、国际旅游度假区等一系列国家级园区和国家级产业项目。上海向卓越的全球城市目标进军之际再次赋予了临空产业新的发展机遇和挑战,通过运用临空产业的"杠杆效应",不仅可以培育新的经济增长点,对临空产业结构优化升级产生重要推动作用,也可以助力上海实现城市功能的跃进和城市能级的升级,拥有更大的经济话语权,构建卓越城市的高级属性——对全球经济具有中心控制功能。

(四)助推区域经济转型升级

临空经济是总量经济、流量经济、质量经济的典型代表,临空经济将形成区域经济增长的新动能,逐步成为助推区域经济转型升级的增长极,引领着区域经济发展的新方向,也是区域经济发展的潜力所在。临空经济正在加速形成区域协同发展的新格局,推动区域间产业融合与市场融合。从全球范围来看,机场已经成为当今区域经济布局分工发展过程中重要的决定因素之一,对推动区域经济社会发展的贡献日趋明显。许多国家和地区已经从战略高度上进一步认识到了大力推进临空产业发展的重要性,并把它作为一种区域经济引擎的模式加以发展。上海的两大机场——虹桥机场和浦东机场,在功能定位、辐射范围上各有侧重,在临空产业发展上也呈现错位格局,如今,两场都已经成为区域经济发展的重要平台。长宁区加快推进建设"上海虹桥临空经济示范区",大力推进"一核三区"布局发展;浦东新区在"十四五"规划中明确了全力打造浦东枢纽(航空城)目标,临空经济开发已成为区域经济发展的新趋势。未来,通过加大临空产业的投入,倡导临空企业最大限度地利用全球范围内的资源,使机场及其周边区域成为上海经济发展的制高点、区域城市对外开放的核心门户,以及全球经济产业链的重要节点,在新的国际分工体系中占据有利地位。

图 1　上海虹桥临空经济示范区地理位置示意

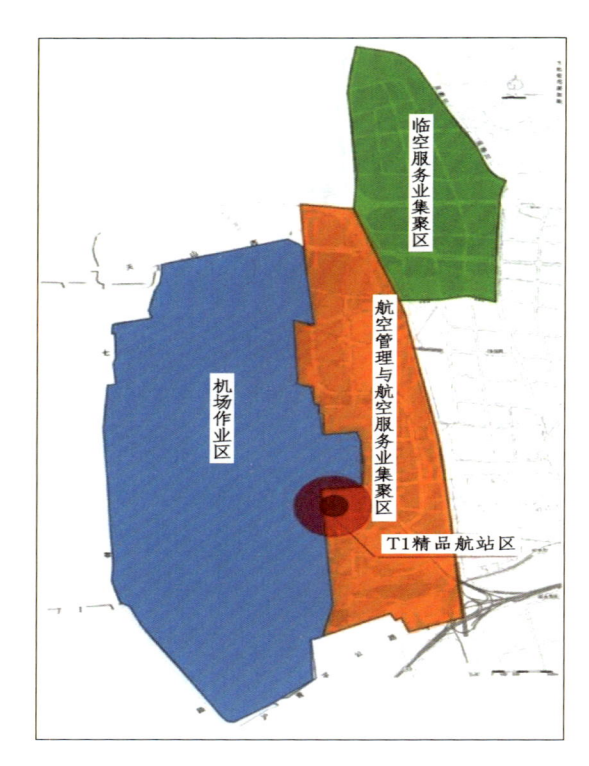

图 2　上海虹桥临空经济示范区"一核三区"布局规划示意

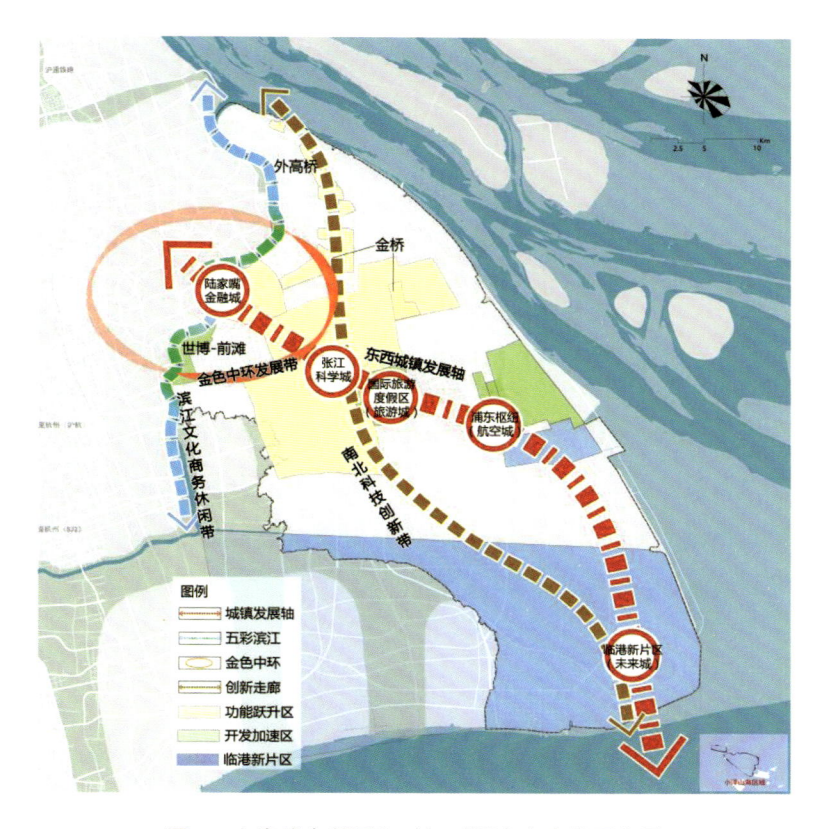

图 3 上海浦东新区"一轴三带"生产力发展布局

二、上海临空产业发展的瓶颈问题

(一)政策协同效应尚未发挥,航空要素的溢出效应受到制约

虹桥和浦东机场周边地区集聚了较多的临空相关企业,但就产业发展格局而言,目前这一区域航空服务业的发展基本依赖机场客货运量的提升,呈现产业简单、自发式增长格局。缺乏政府相关政策的引导与产业激励,航空要素的溢出效应未充分发挥,尤其缺乏针对性的航空服务业产业政策,以及海关监管、商事办理等方面的贸易便利化措施。

各级政府已经意识到这个短板,逐步制定对航空服务业的引导支持政策。2016 年 12 月,国家发展和改革委员会、中国民用航空管理局批准设立上海虹桥临空经济示范区。2017 年 10 月,上海市政府办公厅印发《关于加快推进上海虹桥临空经济示范区建设的实施意见》,2018 年 8 月,上海市发展和改革委员会正式发布《上海虹桥临空经济示范区发展规划(2018—2030 年)》。同年,上海市虹桥商务区专项发展资金覆盖至示范区。为推动《实施意见》和《发展规划》落地,长宁区政府制定出台《长宁区推进上海虹桥临空经济示范区建设 2018 年行动计划》,提出了 31 项重点任务,明确了分工安排,加快推进虹桥临空经济示范区建设。近年来,政策密集下发,但实际效应仍需要观察。

(二)产业能级较低,缺乏产业集聚效应

就入驻的产业区段而言,入驻企业基本以客货运航空运营服务总部,以及为其提供配套服务的物流代理、后勤配套服务类企业为主,虽然整体税收总量较大且入驻企业知名度较高,但存在产业链不长、未来发展空间有限、对航空服务业集聚的整体带动作用不大的问题,与北京顺义临空经济区、天津东疆保税港区等类似区域相比,缺乏显著的产业集聚优势。因此,紧邻机场区域的区位红利与产业潜力仍有进一步释放和提升的空间。

(三)周边同质化竞争,难以形成开发主体合力

开发主体众多且统筹协调不够所带来的同质竞争、建设无序等问题。上海虹桥机场和浦东机场的运作模式日渐成熟,形成"一市两场、两位一体、合理分工、互为备降"的现状。但在两场的周边区域,地方政府或外部投资者规划开发的临空产业相关项目,可能与机场用地范围内的开发建设形成同质化竞争。目前已经建成的临空产业类项目还是商务办公楼等房地产开发项目,按照临空经济与机场的空间关系,大致分布形成机场区、紧邻地区(5公里范围内)、相邻地区(5—10公里)和外围辐射区(10—15公里)四个区,每个区域适合发展的临空产业各有侧重。临空经济的发展需要整体统筹考虑和规划定位,围绕和依托机场,坚持联动发展,遵循临空经济发展规律,推动产业与城市融合协调发展,避免形成恶性竞争,建立竞合关系,共享机场溢出效益。

虹桥和浦东机场周边区域内产业类型同质化程度较高,均发展与航空有关的临空产业,各主体均倾向于利用高价值土地从事商用开发,难以形成开发合力。如果没有比较顺畅的沟通协商机制与开发模式,有可能会形成恶性竞争态势,造成同质开发和土地资源浪费的情况。

(四)空域资源的有限,制约周边航空上下游产业的发展

近年来,上海地区空域结构进行了5次调整,适应了阶段性发展需求,但空域资源紧张问题依然突出。目前虹桥、浦东、大场和崇明(其中大场和崇明是军用机场)四个机场分布在30千米半径范围内,组织飞行必须预先协调起降方向,尤其是虹桥与大场机场相距仅15千米,侧向间隔7.8千米,存在难以克服的结构性障碍,加之南部庵东和西部无锡上空汇聚了70%以上的飞行流量,未来可能还规划在青浦淀山湖区域新建第三通用机场。该地区空域与航路航线由军队和民航分别管理,管理方式以静态调配为主,协调关系比较复杂,空域资源得不到充分利用。影响了周边航空产业的进一步壮大发展,特别是公务机的增长速度受到制约,直接影响公务机及其配套产业的发展。

(五)临空区域的规划需要统筹谋划

虹桥机场东片区原有土地大半部分都是工业或交通设施划拨用地,基础设施缺乏,配套落后,虹桥机场既要保证生产运营,同时又要适应未来产业规划发展,因此更需要对这个区域的发展有更加科学合理的筹划,发挥地块的功效,推进亚太航空枢纽港的建设。浦东机场的范围较大,但如何合理规划和布局临空产业，也是一个重要命题。

三、国内外临空产业发展的经验借鉴

在实践中，不少国家和地区在临空产业的发展上取得了很多成功的经验。从机场模式分析，欧洲国际机场是由集团企业经营，以盈利为目的，更多考虑经济利益；而亚洲机场大多属于国家公共基础设施，兼顾经济利益。基于对荷兰阿姆斯特丹史基浦机场和韩国仁川机场的临空产业、首都机场和广州机场的临空产业的研究，总结出对上海发展临空产业的借鉴意义有：

（一）国际战略是临空经济区发展的根本保障

根据美国经济学家卡萨塔教授的五波理论，在速度经济时代，机场作为国民经济的重要引擎的作用越来越为各国中央及地方政府所认识。围绕机场的发展，合理规划临空经济发展对于带动区域经济发展意义显著。阿姆斯特丹史基浦机场和仁川机场都从国家战略的高度对机场周边发展进行定位与规划，针对机场地区的特殊性给予了独立、超前的规划，机场周围用地预留充足，为其可持续发展提供了更多的空间。

（二）长期规划与动态调整相结合，推动临空产业发展

史基浦机场周边地区的开发运营商 SADC 在史基浦机场发展的不同时期，对于机场区域的发展定位不断调整以适应整个区域经济的发展形势与市场变化。阿姆斯特丹史基浦机场区域在最初的发展定位是航空城，为应对市场变化，动态调整策略，不断完善机场区域规划，引导机场区域的持续发展。目前，史基浦机场区域已经成为荷兰经济发展的中心地区、欧洲商业的神经中枢。

（三）依托机场发展，优化临空产业结构

机场周边的产业是伴随着机场和区域的发展而不断演化的。在发展初期，靠近空港区域内的产业主要集中在它的地方传统产业上，产业与空港之间的联系不明显。随着临空经济区的形成与发展，在空港周边将越来越多地集聚一些更加依赖空港的产业，而这些产业在无形当中带动了临空经济区产业结构的进化。临空经济发展，产业呈现从第二产业向第三产业转移的整体趋势，符合一般产业升级特点。同时，临空产业转移还具有其特殊的临空特性，例如，在临空经济发展初期，机场周边产业类型较为单一，随着机场的发展，航空核心产业外移，空港地区的产业类型日趋多元化，临空产业圈层布局日益明显。

（四）发展多式联运，强化临空经济区资源配置功能

史基浦机场相距 30 公里左右拥有荷兰第二大港口阿姆斯特丹港口。拥有港口与机场的阿姆斯特丹在发展初期都依托海港促进经济发展，但是随着城市产业结构调整以及传统产业的优化升级，机场在带动区域经济方面的作用日益凸显，临空经济逐渐成为城市发展的一大增长极；同时，这类城市也逐步从"大海港，小空港"的发展中逐步转向"海港＋空港"双轮驱动的发展。

临空经济区的核心竞争力是其资源配置能力优于其他地区，实现空港与海港的联动，整合临空经济区内各种交通运输资源，发展空海陆等多种交通方式的无缝对接，多式联运，将不断拓展临空经济区的空间辐射能力。临空经济区应成为一个地区的交通运输网络枢纽，是人流、物流的集散中心。整合多种交通运输方式，将为临空经济区内航空物流发展提供重要保障。

总之，临空经济的快速、高效发展不仅需要依托催生其产生的核心驱动力——机场，同时也离不开对于区域的整体规划与合理的产业定位。上海临空经济区已经进入了快速成长期，现阶段更应关注"质"的提升，通过在全球范围内寻找"标杆"，学习国外发展较为成熟的临空经济区的先进理念与成功经验，完善自身发展。

四、上海临空产业发展总体思路与原则

（一）总体思路

以"建设临空产业新高地、培育国际竞争新优势"为发展目标，聚焦五大产业（航空研发制造维修、航空高端物流、跨境电商、航空总部、飞机融资租赁等），重点形成以高端航空服务业创新突破为引领，以临空产业发展壮大为支撑，金融服务业、信息服务业、现代商贸业等融合发展的经济高地，积极融入全球供应链、产业链、价值链，做大做强航空偏好型产业集群，形成大枢纽、大物流、大产业、大都市融合发展格局，注重两场临空产业打破界限、同步推进、各有侧重、融合互补，最终建成比较优势突出、产业体系完整、形态功能完善、辐射带动力强的上海市临空产业发展模式。打造高效通达全球主要客货运枢纽和经济体的运输通道。

（二）基本原则

1. 坚持功能升级

进一步挖掘机场周边区域的现有优势，以功能升级为基础，以发展临空产业为重点，不断增强临空经济在长三角经济社会发展中的影响力和带动力。

2. 坚持产业先行

充分发挥机场枢纽的高效连接性和现有产业发展的基础优势，促进现代服务业集聚发展，以特色航空服务业为重点，推动发展航空金融服务业，着力优化产业生态环境，加快完善产业体系，做大做强临空产业。

3. 坚持创新驱动

把创新作为临空产业发展的核心驱动力，主动对接上海建设"五个中心"、打响"四个品牌"和卓越的全球城市等重大战略，着力推进体制机制改革创新，完善政策体系，优化经济发展环境。

4. 坚持联动发展

加强部市、市区、政企和区域间的多方沟通与协助，汇聚各方智慧，凝聚各家力量，达成广泛共识，

形成工作合力，构建区域命运共同体，共同推动临空产业发展。

五、加快促进上海临空产业发展对策建议

（一）大力发展航空运营总部经济，提升上海城市吸引力

进一步吸引航空物流、航空服务业、通用航空公司、票务营销、航空金融、航空培训、艺术品展示等高附加值的企业管理总部和运营总部集聚，吸引国际知名航空企业建立亚太总部基地和亚太区财富管理中心，形成总部经济产业链。

（二）着力打造航空金融衍生平台，提升国际话语权与影响力

上海应考虑建设全球重要的航空资源交易与定价中心，引进专业机构，研究推出空运运价指数、公务航空运营指数、通用航空运营指数等，定期发布，系统地体现世界航空物流市场、公务航空市场、通用航空及其供需关系，综合反映全球航空物流业的投资价值。着力打造反映中国重要航空资源交易和价格变化的"上海指数"，作为展示中国航空经济国际影响力的标志性指标，进而使"上海指数"成为对航空特定资源具有世界影响力的全球价格指数，引导全球航空物流资源的优化配置，提升上海机场在国际市场上的话语权。

（三）发展航材保税维修与交易市场，提升航空产业的附加值

进入21世纪，航空公司越来越多地将其维修业务外包出去，把精力集中在客货运送等核心业务，航空维修市场（MRO）迅速增长。预计未来10年，外包服务将占到所有航空维修业务的75%左右。在亚太地区，随着未来机队的扩大以及原有机队的老龄化，亚太地区维修市场需求势必会更快速增长。航空制造、维修等产业未来会成为新的经济增长点。上海机场应考虑利用东航维修库为依托，利用青浦发动机维修等高附加值的维修产业链，进一步扩大航空维修检测的服务范围与对象，建立维修检测基地，并积极开展航材保税交易。

（四）充分依托商飞的发展，积极推进大飞机的研发制造产业

作为上海建设具有全球影响力的科创中心的有机组成，依托上海装备制造、基础材料、电子信息等产业优势，助推商飞的发展和中国民用航空产业的发展。建立民用航空业创新平台，提高关键技术和部件的自主研发生产能力，加快提升国产化水平，发展具有自主知识产权的航空产品。支持大型水陆两栖飞机、新能源飞机、轻型公务机、民用直升机、多用途固定翼飞机、专业级无人机以及配套发动机、机载系统等研制应用。推广应用北斗导航、广播式自动监视等新技术，研发适用我国低空空域通信、导航、监视、气象与空中交通服务需求的核心装备。加强与中国直升机设计研究所、成都飞机设计研究所、中航工业航空动力机械研究所、南京航空航天大学等国内专业高校和科研机构的合作力度，强化以民引外合作，针对民用和通用飞机制造业的关键技术、关键零部件及组件制造技术、飞机设计、飞行导航系统等专业性技术领域展开研究攻关，构建比较完善的通航产业技术研发体系。扶持发展

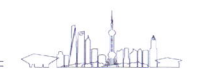

航空产品技术支持、航空技术和产品检测认证、航空技术开发和交流等各类航空技术服务机构。吸纳国际通用航空业优质资源,加强通用航空制造、运营管理、飞行培训等领域的合作,引进、消化和吸收先进技术,构建通用航空业研发创新体系。

(五)加强顶层设计,优化空间布局,助推临空产业集聚

加快建立强有力的联动机制与体制保障,优化临空地区规划,建立临空产业发展地图,优化临空产业的空间布局。建议突破机场红线限制,在统一的平台上开展临空区域的规划工作,进一步强化顶层设计,从而实现对临空服务业高起点、高规格的布局。

图 4 上海市航空产业地图

(六)优化产业发展营商环境,搭建临空产业服务平台

上海应通过联合民航华东管理局、空管局等航空资源掌控主体,探索航空服务业市场化机制创新,推动航空要素资源流转由主管单位审批核准向市场化的资源配置方式转变。对接自贸区国际贸易"单一窗口"试点,通过自身航空审批制度改革与政府机构调整,以"一口对外、一次受理、一次操作"的服务模式,有效简化航空产业相关的行业审批及申报流程、大力拓展第三方认证服务模式,从而方便航空产业链上企业"一站式"办结相关行业准入与监管手续。

(王颖)

5G和AI技术在大型赛事活动的应用研究

随着城市数字化转型发展进程的不断深化，以AI和5G为代表的新一代信息技术应用正在深入城市运行的方方面面，全方位提升城市的精细化治理水平。大型赛事活动是展现城市综合能力、推动城市发展的有效途径。如何结合赛事活动组织、管理和服务的特点，通过5G＋AI的新一代数字化技术打造集比赛、互动、体验、宣传、教育、管理、保障于一体的智慧赛事，创新赛事运作，扩大赛事影响，保障赛事安全，成为各类赛事活动组织管理方面临的重要挑战。

本文结合大型赛事活动在服务和管理方面的智慧化需求以及5G和AI技术的场景应用能力，提出5G＋AI技术在大型赛事活动组织管理、观众服务、传播推广三个领域的17个应用场景。

一、大型赛事活动的智慧化需求

大型赛事活动是指以大型竞技比赛为核心内容，在国际或某一地区有重大影响，具有竞技、社会、文化等价值的一次性或经常性举办的活动。大型赛事活动的成功举办，不仅可以提升主办地区和国家的国际形象，还在加速城市现代化建设、刺激主办地区经济发展等方面有着重大的影响。

大型赛事活动由于参与人数众多、影响面广、涉及参与方多，是一项系统性复杂组织活动，主办方在赛事全过程策划、宣传、服务保障方面面临极大的挑战。借助新一代信息技术的能力，赛事主办方可以围绕大赛各参与方的体验、服务和管理三方面需求，实现赛事活动在比赛、互动、体验、宣传、教育、管理、保障环节的信息化、数字化、智能化。

（一）赛事活动智慧体验需求

高品质的赛事最直观的体现是让参与方可以更加身临其境地全方位体验赛事，第一时间直观获取赛事信息，第一视角感受赛事氛围。主要的呈现方式为感官体验，包括视觉、听觉、触觉等。

利用先进技术手段，实现高清360°全景直播、网络互动、AR/VR沉浸式体验、多维赛事数据分析等，提升场外和场内观众的参与感与互动感。

（二）赛事活动智慧服务需求

大型赛事活动往往参与方来自全国乃至全球各地，为了更好地让赛事活动的参与方快速熟悉比赛城市及场地环境、了解比赛信息、融入赛事及周边活动，可以利用新一代的5G＋AI技术提供科技、便捷、快速的智慧服务，如智慧场馆导览、智慧赛事订阅、智慧交通住宿服务、智慧餐饮服务等。

（三）赛事活动智慧管理需求

大型赛事活动由于人员密集，往往存在着各类突发事件。在后疫情时代，对于组织方而言，大型赛事在管理上更需要数字化和智能化的信息来辅助决策，包括智慧场地管理、人员备案及进出管理、

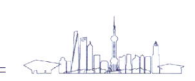

应急事件管理、紧急疏散引导、安全管理等方面需求。

二、5G 和 AI 技术发展和应用现状

5G 和人工智能是目前新一代信息技术中两大热点研究领域，2019 年 5 月 30 日，国家发改委发布《关于 2019 年国民经济和社会发展计划执行情况与 2020 年国民经济和社会发展计划草案的报告》指出，"深入推进'上云、用数、赋智'，深入实施国家大数据战略、'互联网＋'行动，推动新型智慧城市建设，推进 5G 深度应用"。

（一）5G 技术发展和应用现状

作为第五代移动通信技术，5G 的目标是高数据速率、减少延迟、节省能源、降低成本、提高系统容量和大规模设备连接。5G 将提供 10—100 倍于 4G 的峰值速率、毫秒级的传输时延和千亿级的连接能力，开启万物广泛互联、人机深度交互的新时代。

5G 技术应用主要有三类场景：一是"增强移动宽带"（Enhanced Mobile Broadband，eMBB）。集中表现为超高的传输数据速率、广覆盖下的移动性保证等，在 5G 的支持下，用户可以轻松享受在线 4K/8K 视频以及 VR/AR 视频，用户体验速率可提升至 1Gbps。二是"高可靠低时延连接"（Ultra Reliable Low Latency Communication，uRLLC），连接时延可达到 1ms 级别，支持 500 公里/小时高速移动情况下 99.999％的高可靠性连接，应用于云游戏、远程医疗/教育、智慧交通等场景。三是"大规模机器类型通信"（Massive MachineType Communication，mMTC），可以满足 100 万/平方公里连接数密度指标要求，同时保证终端的超低功耗和超低成本，广泛应用于智慧城市、环境检测等场景。

目前，5G 正在阔步向前，从线上到线下、从消费到生产、从平台到生态，推动我国数字经济发展迈上新台阶。截至 2020 年底，5G 通信产业规模已达到 5 000 亿，同比增长 128％，未来三年将进一步实现跨越式增长。

（二）AI 技术发展和应用现状

近几年，人工智能发展迅速，全球各主要经济体纷纷加大对人工智能的投入，制定相关发展政策，科技、制造等业界巨头公司深入布局，人工智能产业规模逐渐扩大。这充分反映人工智能的战略地位已成为普遍共识。我国在 2020 年将人工智能纳入新基建范畴，全面加速了人工智能的普及应用，肩负着推动万亿级别实体经济转型升级加速器的重任。

目前，人工智能在城市数字化转型的多领域应用已率先落地实施，并取得了良好的应用效果。在城市治理方面，通过建设智慧城市大脑，对城市运行状态的全局分析，智能干预城市交通系统，实现城市交通运转效率的大幅提升；在健康医疗方面，通过建设辅助医生的 AI 智能语音应用，支持通过语音自动生成病例，并致力于开发为患者提供个性化就医体验的医学机器人，提升健康医疗服务的效率和体验。新冠疫情后，各行业复工复产，线上经济转移等对人工智能产生倒逼效应，人工智能在基因测

序疫苗研发、医疗影像识别、多人快速测温、口罩佩戴识别、远程医疗、远程教育、智能检测等领域都凸显了价值。

下一步随着新基建、数字化转型的推动,人工智能技术将逐渐转为如水、电、网络一样的基础设施,深入各行各业,成为新一轮产业革命的核心驱动力促进社会的转型升级。

三、5G+AI 在大型赛事活动中的重点应用

(一)5G+AI 赛事智慧体验应用

1. 基于 5G 的场馆内外人员互动全息体验

传统直播无法形成线上和线下的观众互动,视觉效果差,难以体现科技感元素。在场馆展台打造"全息环境",实现现场人员与场馆外的人员/观众生成的"虚拟人像"进行技能操作和交流互动。

在开场、中场或者特殊时段,通过 AR,让虚拟大赛吉祥物或赞助广告在真实场景活动,展开炫酷特效,让观赛更具趣味。无须改变真实场景,通过将比赛场地信息 3D 重建,即可叠加虚拟内容,贯彻绿色办赛理念;观众通过手机等移动终端或者大屏即可观看到 AR 效果,虚实融合,场面宏大逼真。基于 AR/4K 等技术,带来在线/在家沉浸式观赛体验、多视角观赛选择、赛事相关信息辅助、赛事广告等多类观赛体验。

2. 5G+8K 超高清视频赛场动态展示

有线方式传播赛事视频极不便利灵活,在 5G 技术不断应用成熟的前提下,可采用更为实用方便的无线技术作为传播手段,利用 5G 传输技术实现 8K 超高清视频无线环境传播。

3. 智慧赛事培训教育

通过大数据技术汇集赛事活动的视频、影音、图像等知识,结合图像识别、模式识别等技术,形成知识图谱以及培训、教学课程。为广泛传播发展理念,深入普及技能运动,带动全国民众关注、热爱、投身赛事相关技能培训活动提供便利的学习资源。

以直播、MR 等形式的教学方式进行比赛技能的实战教育,跨越时间和空间的限制,做到及时、高效、有效地培养学习者对技能的理解和认识,并通过直播现场演示指导运动员对赛事技能、技巧的掌握,更好地提高学习成效。

通过上述形式,将大型活动赛事的影响力和价值拓展到赛事之外,带动相关教育培训等产业领域的发展。

(二)5G+AI 赛事智慧服务应用

1. 智慧导览

大型赛事活动场馆大、分会场多,利用 AI+AR 的技术可以让用户快速浏览和熟悉整个比赛场地,身临其境地体验各个场地环境与设备,快速规划路线,显示周边基础设施。对于外国游客,可以增

加智能语音翻译讲解、手势交互等功能,实现整个赛区的智慧导览。

2. 迎宾机器人

既能提升场馆运营能力及运营效率,又能利用高科技技术增强场馆运营亮点。可使用 AI 机器人开展大赛引导、讲解、拍照、收集垃圾等工作。

(1)迎宾服务

利用人脸识别功能,主动向访客问好互动;对于已登记的观众、选手信息,机器人可以直接根据访客姓名和登记赛事资料进行相应的互动。

(2)咨询接待

主办方可以通过录入与业务相关的问答,让机器人按预设回答业务咨询;通过预设的图片/视频及语音播报,为访客提供图文并茂的讲解服务;除此之外,也支持天气、笑话等闲聊功能,让访客可以和机器人进行闲聊对话;巡游引导;基于语音指令或触屏交互,自动规划最短线路,为观众精准导航并引领带路,提供智能分流和导引;规划固定巡游路径,通过大屏和语音播放广告内容进行宣传推广;采用激光雷达+超声波感应+防跌落感应+防撞条感应组合避障策略,360度自主避障能力,为安全保驾护航。

3. 主持机器人

可使用带有大赛吉祥物形象的智能机器人进行赛事活动的主持讲解,一方面能够提升场馆运营能力及运营效率,另一方面又能通过人工智能技术推动赛事品牌形象的宣传,扩大赛事的影响力。

4. 智能客服

多渠道智能客服智能语音语义技术,深度整合了语音合成、语音识别及自然语言理解等最新研究成果,可以与用户进行基于自然语音或文字的交互,智能引导用户并响应用户需求。多渠道智能客服对来自包括微信、易信、在线网页、手机 APP 等电子渠道的用户问题进行智能的意图识别,根据识别结果并通过对接知识库或企业业务系统,实现知识的查询及各种业务流程,最终将结果以合理可定制的方式返回至渠道终端,展现给用户。多渠道智能客服具备全天候、多渠道、媒体化、社交化等多种特性,可有效地降低人工服务压力,节约运营成本。多渠道智能客服包含日常闲聊、业务知识应答、拼音/错别字解析、敏感词过滤、上下文关联、多候选输出、题外话拒识、相关问题推荐、营销信息推送等功能模块。

5. 多语种虚拟主播

通过电视媒体、世界技能大赛组委会宣传门户网站、移动端等多种传播途径,结合了语音合成、语音识别、图像处理、机器翻译等多种人工智能技术,实现了多种语言的新闻自动播报,支持输入文本输出 2D/3D 虚拟主播视频的能力,解决新闻视频内容生产、宣传和接待主持视频制作的自动输出。降低录音、视频制作成本并提高音频生产效率,支持不同音视频格式输出,支持更换背景音乐、更换视频背景、视频模板等音视频处理能力,降低音视频处理门槛和生产成本。

6. 技能仿真挑战

基于实景,通过3D建模的方式复现真实工作场景。不同于AR/VR场景,混合现实场景融合了大空间定位等技术,使得展示效果更加逼真。使体验者可以多视角观察技能体验对象,并与其互动,模拟真实的协作场景,获得真实的技能体验。

基于MR体验突破传统技能挑战的界限,观众可以通过MR设备对不同的技能竞赛内容进行虚拟挑战,近距离交互参与竞技比赛,并尝试不同的技能和环境来参与挑战。

7. 5G+肢体动作数据采集和模拟

通过5G网络连接场馆内人员身上的海量传感器,实时收集肢体动作等重要数据,并汇总到平台进行数字化呈现,设计相应的展示场景及相关软硬件设备。

8. 5G动作传感仿生机器人

利用5G和AI技术对机器人应用的优势,寻找交互性更强的机器人应用。

通过新型芯片,将三维空间动态控制、平衡原理与先进的机械设计和尖端电子感知技术相结合,实现机器人操纵。控制员戴上肢体动感控制器,通过肢体活动就能轻松地控制机器人的每一个动作。设计相应的展示场景及相关软硬件设备。

(三)5G+AI赛事智慧管理应用

1. 智慧场馆

构建集展示、互动、体验、交流、教育于一体的全方面智慧场馆,从场馆入口设计人脸识别、体温检测安检设备,构建安全馆内外环境,同时在场馆入口部署服务机器人、智慧导览,为参赛选手和观众提供全程引导服务;主持机器人、运输机器人便捷为选手和观众提供管家服务;5G场馆内外人员互动信息全息体验区、5G超高清视频赛场播放、多语种虚拟播放等互动体验区;在线互动平台和智慧运营平台等。

构建VR、AR、MR虚拟场馆,方便全球各地人员沉浸体验;建设室内外精准定位导航,支撑场馆内外交通管控及导流、停车及人流智能引导。

2. 智慧安检

通过智能图像识别等人工智能技术与赛事安检场景相结合,在安检系统中添加智能识别主机设备即可支持辅助安检人员对违禁品识别及检查工作,实现在安检过程中收集并统计安检人员勤务信息、安检包裹流量数据、检出违禁品数据等安检信息,也将系统无法成功识别的违禁品信息一并收集,为后续的开发迭代升级系统做全面的数据支撑。

3. 智慧安防

结合固定摄像头、移动摄像头、安防机器人、智能可穿戴头盔、眼镜,以及人脸识别门禁、一键报警、智能车牌识别等设备,对于域内安防,布施无死角监控,并结合 AI 视频分析、多维感知场馆内实时的人员、车辆、事件等保障场馆安全。

4. 智能分析

智能视频分析技术是人工智能中专注于视觉的重要技术分支,涵盖了人工智能中的感知智能和认知智能。在赛事活动中每时每刻会产生海量的监控视频数据,使用智能视频分析技术对这些数据进行分析,可以在半人工辅助或全自动化场景下,及时发现异常事件、报告异常状况,为组委会运营管理提供及时有力的辅助手段。比如排队长度分析,通过选择出能观察到排队情况的监控视频,对排队长度进行识别,从而估算出排队人数的数量,根据场馆或待进区域的人员数量规定,进行待进区域人员上限预警,便于管理人员快速响应调整放行速度,避免出现人员拥挤、踩踏等安全隐患及由于人数过多导致的体验感下降。

5. 智慧化运营管理

日常用于场馆设施维护、安防系统智能化应用;赛日用于场馆实施视频监控,人流分析,应急调度,智能识别火灾、危险事件发生的紧急疏散通道等;赛后用于场馆周边天气播报、实时交通情况提示及出行引导。

6. 运输机器人

使用运输机器人自动寻找路线,快速运输设备、器材等,提升场馆运营能力及运营效率。

四、结语

本文提出 AI+5G 技术在大型赛事活动智慧体验、智慧服务、智慧管理三方面的 17 项场景化应用,将在推广应用中完善组织实施配套制度流程保障,进而打造大型赛事活动的智慧化解决方案。

(张凌毅)

上海存量收费高速公路改建项目建设机制研究

一、研究背景

近年来，随着长三角世界级城市群的逐渐形成，区域一体化发展需求日益高涨，上海高速公路沿线各区的中长距离交通出行不断增加，对既有高速增设匝道、抬升、拓宽、节点改造等需求越来越多，上海市高速路网逐步进入补短板、通瓶颈的改建阶段。然而，由于相关政策制定时间较早、投资建设机制尚不成熟，改建存量收费高速带来的投资增加、用地范围扩大、施工期流量下降、经营养护成本上升等问题较难解决，相关项目推进困难。因此，为推进高速公路改建工程的实施、破解推进过程中的难题，开展上海市存量收费高速公路改建项目的建设机制研究是必要且迫切的。

二、问题分析

高速公路的现有政策大多制定时间较早，对存量高速公路的改扩建考虑较少。随着高速路网的逐渐成熟，改建需求不断增加，现有政策与现阶段发展特征的不匹配逐渐显现，高速公路改建项目的实施政策上缺乏依据，并需重点解决以下两个方面问题：

（一）建设投资主体需进一步明确

改建需求出现初期，资金规模较小，以政府出资建设为主。但是，随着改建需求的不断增多，政府财政压力过大，必须通过盘活社会资本来解决资金问题。然而，由于现有政策中未对存量高速公路改建项目的建设主体、资金来源等关键要素进行明确，早期招商合同中也未约定相关权责利划分原则，现有经营方往往出资意愿不高。如果引入新的社会资本，又将面临新旧社会资本方之间的权责利划分问题，同样存在着一定的推进难度。

（二）政府补偿机制需进一步完善

政府补偿机制是指在经营性高速公路改建时政府通过给予现有经营方适当补偿，以弥补改建对其造成的损失、调动其积极性的做法。但是，由于《收费公路管理条例》等现有政策中对高速公路改建考虑甚微，且对收费公路收费年限、建设标准等有着明确且严格的规定，使得政府在探索相关补偿机制时，常常面临着政策上缺乏依据的困境。

三、案例情况

截至2020年，上海高速公路总里程约850公里，主要分为政府还贷高速公路和经营性高速公路两大类。其中,政府还贷高速公路的建设和运营养护资金来源均为政府财政,经营性高速公路主要采取社会招商的模式,建设和运营养护资金来源为社会资本。近年来,本市对既有高速公路改造主要有节点改建和扩容改建两类,具体情况如表1所示。

表1　　　　　　　　　　　　　本市现有主要案例建设投资模式一览

分类	案例名称	高速类型	建设机制和投资模式
节点改建	G50公路赵巷出口拓宽改	经营性	松江区、青浦区和G50项目公司共同出资建设
	G40公路长兴岛西侧服务区改扩建	经营性	G40主线项目公司出资建设
	S2公路增设广祥路匝道及附属设施	经营性	S2项目公司出资建设
	S32公路增设昆阳路匝道	政府还贷	闵行区出资建设
	G60增设文翔路立交	经营性	松江区出资建设
扩容改建	S4公路奉浦东桥及接线工程	经营性	引入新的社会主体投资建设
	G15(嘉浏段)拓宽改建工程	经营性	原项目公司投资建设,相应延长经营期限予以补偿

四、相关建议

结合本市实践经验,对改建项目的建设机制提出如下建议。

(一)建设投资主体

结合现有实践经验,存量高速公路发生改建时的建设投资主体主要有4种情况,即政府出资建设、政府和现有经营方共同出资建设、现有经营方出资建设以及新主体出资建设。

政府出资建设。本着"谁提出、谁受益、谁出资"的原则,由提出改建需求的高速公路沿线各区出资进行改建。根据资金来源不同,该模式可细分为政府财政出资建设和政府融资出资建设。其中,前者对政府财政收入要求高,易造成财政压力,一般适用于投资规模较小的节点类改建;后者则通过贷款、发行地方政府专项债等方式融资,要求有相对稳定的还款来源,故一般适用于能够显著提高通行能力的政府还贷高速公路的扩容改建。

政府和现有经营方共同出资建设。政府和现有经营方共同合作实现存量高速公路的改建,是针对经营性高速公路而言的协商模式,即政府(通常为沿线各区)和高速公路现有经营方通过协商而达成的一种共识。由于该模式下政府财政仍存在压力,不适用于投资较大的改建,一般仅在经营性高速公路节点改建时适用。

现有经营方出资建设。现有经营方出面组织对高速公路改建问题的规划、研究,并筹集资金进行建设。该模式下,政府无资金压力,社会资本间不存在权责利的划分,对经营性高速公路改建而言最具有可操作性。

新主体出资建设。通过引入新的社会资本对改建项目进行投资建设。该模式能够调动社会资本积极性,减轻财政压力,但会带来新旧主体权责利难以划分等新问题。因此,该模式在高速公路改建项目中使用难度较大。

表2　　　　　　　　　　　　　　不同建设投资主体的适用情况

建设投资主体	适用情况
政府	政府还贷高速改建 经营性高速节点改建
政府和现有经营方	经营性高速节点改建
现有经营方	经营性高速改建
新主体	—

（二）补偿机制

高速公路改建可能会带来施工期间流量下降、运营成本增加、新增建设投资等问题,给现有经营方造成一定的损失,因此政府需要对其给予适当的补偿,常见的补偿方式有政府补贴、延长/重新核定经营期等。其中,政府补贴是PPP模式下的一种政府补偿方式,但由于上海现有收费高速均不属于PPP模式,采用直接补贴在政策上依据不强。延长/重新核定经营期是现有案例中的常用方式,且《基础设施和公用事业特许经营管理办法》中也明确提出了"当特许经营期限届满后确有必要延长的,按照有关规定经充分评估论证,协商一致并报批准后,可以延长"。因此,延长/重新核定经营期的政府补偿机制实践经验丰富、有政策依据,相对较为成熟,具有一定的推广意义。

五、结语

本课题重点对存量收费高速公路改建的建设主体和补偿机制进行了初步探索,旨在为今后同类项目提供借鉴和参考。其中,建设主体可采取政府出资、政府和现有经营方共同出资、现有经营方出资以及新主体出资四种方式,补偿机制可采用政府补贴、延长/重新核定经营期等。

（曲海锋、王梦真）

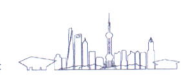

轨道交通场站周边综合开发模式研究

一、研究背景及目的

截至 2021 年 1 月，上海市轨道交通网络共有 19 条线路、运营里程 772 千米、车站 459 座（其中换乘车站 64 座）、车辆基地 30 处。轨道交通的建设有效缓解了城市交通矛盾，提升了交通服务水平，实现了交通可持续发展，以助力沿线地块开发建设。但轨道交通项目同时具有投资规模大、运营成本高、准公益性等属性，难以依靠自身的运营收入来平衡建设投资和运营成本，财政资金压力较大。

因此，在集约紧凑型城市发展的需求下，对轨道交通场站上盖及周边地块综合开发，不仅能够提高土地利用率，使周边土地资源得到优化配置，也能够获取土地开发受益，助力轨道交通外部效益内部化，减轻政府和运营部门负担，促进轨道交通产业健康、稳定发展。

二、本市常用开发模式分析

（一）与社会资本合作开发模式

由政府出让土地给轨道交通企业，轨道交通企业再与开发商联合开发。过去较多采用股权转让方式，一般由轨道交通企业取得土地使用权，在公开市场上通过招标引入开发商，然后通过股权转让与开发商成立项目公司，从而实现将部分股权收益提前变现，促进反哺机制形成。此模式可借助合作伙伴的资金和运作能力减轻自身负担、弥补自身不足，也可共担风险、共享收益，实现各方综合效益最大化。但对轨道交通企业股权管理能力要求较高，且相关政策明确提出以协议方式取得的建设用地使用权不允许股权合作，这在极大程度上限制了既有的合作模式；如果采用招拍挂方式，又无法确保轨道交通企业获得土地使用权。

（二）轨道交通企业自行开发模式

由政府出让土地给轨道交通企业，轨道交通企业自行开发，整个过程由轨道交通企业主导，包括土地取得、建设和运营，多采用协议出让或划拨方式获得土地使用权，如轨道交通 1 号线莲花路商业广场、10 号线江湾体育场站地下空间。该模式下，轨道交通企业作为综合开发的唯一投资方，享有土地开发收益的控制权，可获得二级市场土地增值收益，实现收益完全内部化，减轻后期资金压力。但目前轨道交通企业尚缺乏开发体量较大项目的独立开发和经营经验，可能存在物业销售和经营效果的风险，且前期资金投入较大。

（三）开发商自行开发模式

由政府出让土地给开发商，开发商单独进行二级开发，整个开发过程由开发商主导。以相关区

(县)为主的车站周边地块综合开发较多采用这种模式,政府财政收益主要是一次性的土地出让金,无法获得长期可持续的收益,建设和运营效益、风险全部由开发商承担。在这种模式下,由于开发商一般对轨道交通场站相关构造、技术等缺乏了解,在开发过程中可能会形成新的隐患,同时也会增加开发难度、延长开发周期,导致开发成本增加。

(四)与区或区属国企合作开发模式

此模式下采用协议出让、招拍挂或划拨方式获得土地使用权的均有,如轨道交通金桥停车场、5号线南延伸盾构井上盖、9号线九亭站上盖、11号线嘉定新城站上盖等项目。此模式可将二级市场获得的开发收益实现内部化,减轻市区财政压力,但由于现有政策较少考虑区里利益,且轨道交通上盖开发因大板建设会增加建设成本,经调研发现大部分区里目前参与开发的积极性并不高。

三、本市轨道交通场站开发案例

自2006年起,上海申通地铁资产经营管理有限公司(以下简称"申通资产")积极参与场站及周边地块物业开发,陆续建成如吴中路万象城、徐泾天空之城、莲花路站商业广场、汉中路站综合交通枢纽等项目。

(一)吴中路万象城项目

万象城项目位于轨道交通10号线吴中路停车场地块,占地面积20.24公顷,总建筑面积52.9万平方米,由申通资产与华润旗下 BIG LEAP GROUP LIMITED 合作开发。

2007年6月,原市规划局下发吴中路停车场控详规划审核意见,明确该地块用地性质为"市政综合用地";2009年7月,申通资产通过招拍挂方式获取土地开发使用权;2009年12月,成立上海通益置业有限公司;2010年6月,通过产权交易所转让部分股权,与合作开发商共同开发项目。

图1 吴中路万象城综合开发效果

（二）徐泾天空之城项目

天空之城项目位于青浦区徐泾镇北区核心位置，距虹桥交通枢纽9千米，总用地面积26公顷，由申通资产与上海万科房地产有限公司合作开发。

2014年6月，地块调整控详规划获批；2015年1月，通过采用复合式招拍挂出让方案，由申通资产竞得徐泾镇徐盈路西侧地块的土地开发权，并成立项目开发主体；2015年9月，经上海联合产权交易所网络竞价（一次报价）方式报价程序，上海万科房地产有限公司最终获得部分股权，双方签订股权转让合同。

图2　徐泾天空之城综合开发效果

（三）莲花路站项目

莲花路商业广场位于闵行区南方商城商务区，轨道交通1号线莲花路站站前北广场。项目占地17 617平方米，规划用地性质为商业、交通枢纽综合用地，总建筑面积49 995平方米。由申通资产进行独立开发，于2018年12月获取土地，土地获取方式为协议出让。

图3　莲花路站综合开发效果

四、主要存在问题分析

本市在综合开发实践探索中逐步积累了日益成熟的经验,相关部门也先后颁布配套政策,明确轨道交通场站综合开发的主体、土地获取途径、规划编制、开发原则、开发方式等,但实际操作中仍存在问题。

(一)土地出让方式限制了开发模式

若以协议方式取得的建设用地使用权,应以自主开发为主,这对轨道交通企业开发能力提出了较高要求,一定程度上限制了其与开发商合作的模式,不利于综合开发项目的专业化打造,进而可能会影响土地开发效益。若以招拍挂方式出让土地,则不能确保轨道交通企业获得场站周边土地的使用权,因而无法使轨道交通企业发挥统筹协调作用。

(二)自主开发难度大,开发资金欠缺

轨道交通企业尚缺乏完全自主开发,尤其是大体量综合开发的能力,以及与大型地产商竞争的实力,且开发前期需要投入资金较多,进一步加剧了轨道交通企业的融资负担,开发收益也具有不确定性和滞后性,在一定程度上制约了其参与综合开发的动力,不利于融资活动的市场化运行。

(三)开发积极性不高

因存在前期规划要求与项目经济性相矛盾、开发主体与上盖大板建设主体关系不明确等问题,导致工程建设审批流程复杂、工程周期延长、预留结构成本大为增加,造成开发收益无法覆盖动迁和建板成本,且建设用地指标需由区里自我平衡,影响了区政府和相关区属企业参与动迁、调整控详规划等的积极性,区里更愿意通过直接出让周边土地获取一级开发收益及二级开发市场的税收收益。

(四)规划设计主体衔接不够

部分区域轨道交通场站设计和建设时,周边地块控详规划及控详规划修编、规划用地指标、开发强度等尚不明确,往往造成轨道交通场站建设与周边地块综合开发的时序不协调,呈现出轨道交通建设先行、综合开发滞后、整体协调性较差、未能形成有机整体的局面。

五、相关对策建议

根据新一轮城市总体规划和轨道交通线网规划,本市还需布设约30处车辆基地、总用地规模约1万亩,以及近400座车站。为节约集约利用场站及周边土地,实现外部效益内部化,轨道交通可持续、良性发展,提出相关对策建议。

(一)创新土地使用权出让方式

对轨道交通沿线土地的出让方式、分层出让等关键性瓶颈环节进行配套改革和必要的政策支持,以进一步破除"地铁+物业"联合开发模式的相关制度障碍。建议创新土地使用权出让机制,丰富出

让形式，在保障轨道交通企业获得土地使用权的同时，给予最大自主权，取消限制其与地产开发商合作的相关规定，适度引入社会开发商共同开发，以更好地发挥各自的优势，实现共享收益，共担风险，进而减轻地铁投资与建设项目的巨大资金压力。

（二）建立规划统筹衔接的推进机制

建立由国土空间规划主管部门与轨道交通企业为一体的规划编制推进主体，在编制轨道交通选线专项规划的同时，编制或调整周边地区控制性详细规划，细化各场站商业开发的功能定位、合理确定开发总量和规模，尽可能实现轨道交通与周边土地开发的同步审批、同步建设、同步运营。可考虑将开发强度适当向场站及周边地块集中，提高规划容积率，增加可出售业态比例，实现轨道交通站场与地区开发功能之间紧密衔接，力争实现开发收益最大化。

（三）理顺各方关系

进一步理顺市、区两级政府之间，轨道交通企业及开发商的职责和利益分配等问题，探索最大强度兼顾合作各方利益的创新型合作方式；研究综合开发项目的规划及用地指标由市里统筹的相关政策，以减少地区政府与上盖开发主体的利益协调难度，真正体现政府对上盖开发政策供给和利益协同。

（四）加强相关配套研究

抓紧开展轨道交通与沿线物业开发项目的工程匹配特征研究，制定相关的技术标准和规范，明确轨道交通与综合开发的分界线，并预留专业接口；同时，应重点明确轨道交通建设及物业开发项目的审批程序及机制，包括开发预留结构的投资主体和资金来源等。

（曲海锋、孙鸢英）

"十四五"郊野公园功能定位研究

一、研究背景及目的

《上海市城市总体规划（2017—2035年）》中提出："把保护生态环境和保障城市安全放在优先位置，统筹生产、生活、生态三大布局，提高资源节约集约利用水平，探索上海在资源环境紧约束下可持续的发展方式，着力推进人与自然和谐共生。"在上海市城市转型战略的机遇期，为适应新趋势、应对新挑战，需要更加完善的生态体系、更加多元的生态要素、更加复合的生态功能、更加高水平的建设标准和更加精细的管理机制，构建富有时代特征、上海特点的生态空间。

上海市郊野公园作为生态空间的重要组成部分，建设起步时间不长，在旅游功能定位、管理运营模式和配套服务设施等方面仍处于探索阶段。在新时代逐步提升城市生活品质、为市民提供优质生态空间的大背景下，如何进一步完善郊野公园的功能、促进郊野公园休闲旅游的发展，以符合新的规划趋势，并真正成为市民休闲的好去处，是近期亟须解决的问题。

为了更好地指导本市郊野公园建设，开展关于本市郊野公园功能定位研究工作，旨在梳理已建郊野公园取得的成效和存在的不足的基础上，进一步明确新形势下郊野公园的功能定位，为后续郊野公园建设管理指导意见的制定提供支撑。

二、已建郊野公园回顾

目前已建的7个郊野公园包括嘉定区嘉北郊野公园、崇明长兴郊野公园、闵行区浦江郊野公园、松江区松南郊野公园、金山廊下郊野公园、广富林郊野公园和青浦区青西郊野公园，是以"生态保育、顺应自然、传承文化、彰显特色"为基本原则，通过梳理上海特有的农田林网、河湖水系和村落机理等，统筹土地整治、农田水利建设、村庄改造、产业结构调整等方面的资金政策，开展相关规划和建设。

已建郊野公园取得的效果包括：（1）推动了集建区外低效用地的征拆，实现了建设用地减量化；（2）通过增加耕地、林地、水系面积，总体生态环境得以修复；（3）通过系统梳理田、水、路、林、村，完善了农业设施，优化了农村生活环境；（4）打造了具有一定规模的自然景观，提供了休闲游憩为主要特征的郊野开放空间。

已建郊野公园存在不足包括：（1）景观单调且缺少野趣特色，有绿无景，难以吸引游客；（2）公共交通不便，停车位少；（3）基础和服务设置不足；（4）游憩项目与城市公园趋同，普遍缺乏野餐、露营、户外等游憩活动和基础设施，与郊野的定位不一致。

三、"十四五"郊野公园功能定位研究

郊野公园的概念是在20世纪20年代英国最初提出的,从开始以保护自然资源为目的,到后来发展为探索个性化游憩活动,为公众提供更广阔的活动空间。

(一)上海市郊野公园原功能定位

以郊区农田、生态片林、水系湿地、自然村落、历史风貌等现有生态人文资源为基础,通过实施土地环境综合整治、198工业企业拆除复垦和建设必要的配套服务设施,打造可供市民休闲游憩的开放式生态郊野空间。

从上海市郊野公园的发展背景来看,郊野公园是在上海市"两规合一"土地资源约束要求下,将土地整治、增减挂钩等土地政策工具与郊野地区空间、生态、景观要素融合开发的产物,因此原有的功能定位是符合当时整体规划要求的。

(二)现行规范和政策对郊野公园的定义

《公园设计规范(GB 51192—2016)》中对公园定义为:"向公众开放,以游憩为主要功能,有较完善的设施,兼具生态、美化等作用的绿地。"《城市绿地分类标准》(CJJ/T 85—2017)中对郊野公园的定义为:"位于城市边缘,有一定规模、以郊野自然景观为主,具有亲近自然、游憩休闲、科普教育等功能,具备必要服务设置的绿地。"可以看出,现行规范对郊野公园的定义主要集中在打造自然景观、休闲和科普功能等方面。

随着建设用地减量、宅基地置换和工业企业减量化等土地政策推进工作的逐步完成,郊野公园的功能和建设重点也逐渐从土地综合整治转向丰富园内自然景观;同时,随着《关于推进本市乡村振兴做好规划土地管理工作的实施意见(试行)》的发布,提出了"禁止违背农民意愿搞大拆大建,禁止破坏生态环境砍树挖山填湖、占用耕地搞人造景观、破坏乡村风貌和历史文脉"和"整治验收后腾退的建设用地,在保障试点乡镇农民安置、农村基础设施建设、公益事业等用地的前提下,重点用于农村一、二、三产业融合发展"等理念。郊野公园(单元)的发展不再与城市公园相仿,更趋向于保留原有的生态风貌;同时,统筹考虑了促进农业生产、增加农民受益等多方面的综合功能。

(三)郊野公园新的功能定位

随着城市规划的转型和市民休闲需求的转变,新的郊野公园不再拘泥和局限于传统意义的景观游憩绿地,而是扩展至更宽的层面,包容性也更强。因此,郊野公园新的功能定位初拟为:位于城市开发边界外,具备自然景观及郊野风貌要素,以生态涵养、远足度假和体验自然野趣为主要功能,同时兼顾农村产业融合发展的大型开放空间。

(四)各类公园之间的区别

根据公园的面积大小,分为国家公园、郊野公园(区域公园)、城市公园、地区公园、社区公园等。

各建设类型之间的主要区别见表1。

表1　　　　　　　　　　　　　　　各类型公园之间的区别

类型	用地性质	标准面积	景观资源	特点和功能定位	服务半径
国家公园	农用地＋建设用地	/	具有国家级保护意义的、稀有的、特殊类型的自然资源和文化遗产	强调生态资源的保护,即小面积利用、大面积保护	全国
郊野公园		≥400公顷	独特的生态自然野趣景观	以生态涵养、远足度假和体验自然野趣为主,兼顾生态经济发展	上海市及周边省市
城市公园	建设用地	≥50公顷	人工景观	服务和游憩设施完善,全市居民日常休闲场所	5—10公里
地区公园		≥4公顷		功能多样、环境优美,周边居民游憩场所	2公里
社区公园		≥0.3公顷		丰富多样的开放空间,为社区邻里提供交流互动和休憩娱乐,强调步行可达性	500米
口袋公园		≥0.04公顷		社区公园无法覆盖的局部区域,作为社区公园的补充	500米

根据《城市绿地分类标准》,按公园特性,风景游憩绿地分为风景名胜区、森林公园、湿地公园、郊野公园和其他风景游憩绿地。各建设类型之间的主要区别见表2。

表2　　　　　　　　　　　　　　　各类型公园之间的区别

类型	空间属性	资源等级	景观营造	游憩内容
郊野公园	非独立的体系,与乡镇土地规划和管理关系较大	资源条件相对较低,差异性较大,突出独有的禀赋	以感受和体验等为目的	游憩景点密度较低
风景名胜区	经相关主管部门批准设立	资源等级较高,具有特殊的观赏、文化或科学价值	以观赏和欣赏等为目的	自然和人文景观比较集中
森林公园	独立环境体系,独立的管理系统	资源等级一般,突出林地特性	以观赏和科普教育等为目的	自然景观比较集中
湿地公园	独立环境体系,独立的管理系统	资源等级较好,突出生态多样化	以生态保护、科普教育、湿地研究等为目的	自然或人工景观密度适中
野生动物园、遗址公园、地质公园等	独立环境体系,独立的管理系统	资源等级一般	以游憩、科普和人文教育等为目的	自然或人工景观比较集中

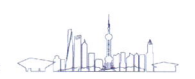

四、"十四五"郊野公园选址原则初探

在初拟的功能定位基础上,对郊野公园的选址原则进行了初步探索,具体包括以下几个方面:

1. 符合《上海市城市总体规划(2017—2035年)》生态格局中的重点生态区域。即:崇明世界级生态岛、环淀山湖水乡古镇生态区、长江口及东海海域湿地区、杭州湾北岸生态湾区。

2. 有独特的景观特色、本底条件较好。选址区域内自然或人文的本底条件较好,在此基础上仅需开展适当的景观提升和基础配套建设,可以减少前期建设成本,降低初期资金投入压力,项目易落地易实施。

3. 交通条件较好。郊野公园的客群来源根据时间不同可以分为平日客源和节假日客源两种。平日客源主要为邻近的周边居民,以公共交通出行为主;节假日客源主要为全市乃至周边省市的游客,以自驾出行为主。因此,要求公共交通或自驾易到达。

五、相关建议

建议结合新的功能定位,开展相关公园选址、资金支持政策和建设用地支持政策等研究工作;建议按森林、湿地和田园的不同类型,结合试点研究制定郊野公园的具体建设标准,分类编制技术导则;此外,建议加大郊野公园宣传力度,如宣传过程中普及郊野公园与城市公园的区别、针对不同类型的郊野公园明确不同的宣传对象等。

(谢慧姣)

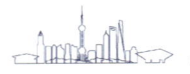

临港新片区环评管理细化要求研究

2019年,中国(上海)自由贸易试验区临港新片区(以下简称"临港新片区")经党中央、国务院批准设立,规划范围在上海大治河以南、金汇港以东以及小洋山岛、浦东国际机场南侧区域设置,面积为873平方公里。设立中国(上海)自由贸易试验区临港新片区,是以习近平同志为核心的党中央总揽全局、科学决策做出的进一步扩大开放重大战略部署,是新时代彰显中国坚持全方位开放鲜明态度、主动引领经济全球化健康发展的重要举措。

为推进中国(上海)自由贸易试验区临港新片区高质量发展,课题贯彻实施"抓环保、促发展、惠民生"的生态环境保护理念,通过深化环境影响评价制度改革,优化区域环境管理,探索一条以生态优先、绿色发展为导向的高质量发展新路子。课题主要成果如下:

一、现状及问题

环境影响评价制度是生态环境领域的基础性制度,在生态环境分区管控、优化产业布局、推动污染减排等方面发挥着关键的作用,是促进经济高质量发展、打赢污染防治攻坚战的重要抓手,也是改善生态环境质量、优化产业结构的辅助剂。

中共十八大以来,原环境保护部以《生态文明体制改革总体方案》为指导方针,将环评审批改革作为推进行政审批制度改革的重要举措。因此,为贯彻国务院"放管服"的改革要求、优化营商环境、落实生态环境部的要求,上海市开始进行环评审批制度改革,进而完善并优化上海市环评审批制度及一系列办理流程。2019年4月30日,上海市人民政府印发了《本市环境影响评价制度改革实施意见》(沪府规〔2019〕24号,以下简称《实施意见》),并于2019年7月1日起实施。主旨在于按照国家关于深化"放管服"改革的要求,通过制度创新、转变环境影响评价管理方式,在产业源头准入、环境风险控制、落实企业主体责任等方面,充分发挥环境影响评价制度的功能,为打好污染防治攻坚战、实现高质量发展提供制度保障。《实施意见》通过强化分类施策、实施规划环评与项目环评联动、优化公众参与模式,对量大面广、生态环境影响可控的项目优化审批流程。同时,对事关生态环境安全和影响生态环境质量的项目,严格监管,守好底线。

虽然环评改革工作成效显著,但对于需要高速度、高质量发展的临港新片区来说,仍存在建设项目环评精细化管理不够、环评审批手续办理时限长、环境保护事中事后监管衔接难等问题。

一是源头上,针对临港新片区的环评分类管理精细化程度不够。 2020年8月18日,市政府办公厅印发了《关于同意〈临港新片区创新型产业规划〉的通知》(沪府办发〔2020〕48号)。从产业发展来看,临港新片区构建"7+5+4"为重点的世界级、开放型、现代化产业体系。其中,"7"重点聚焦先进制造业前沿产业集群,"5"以新型国际贸易、跨境金融服务等现代服务业为主,"4"是依托"7+5"产业,面向未来在经济业态上的延伸、面向全球在核心功能上的强化、面向大洋在发展形态上的融合。可见,7大先进制造业产业集群是临港新片区发展的基础。产业项目的环评审批是前期手续中重要的一环。临港新片区7大主导产业及其配套的上下游产业,行业、工艺、周边环境特征不同,污染程度和影响范围不一,按照现有分类管理名录生搬硬套,难免出现"一刀切"的现象。

二是过程上,行政审批程序上较为烦琐,历时较长,存在多部门办理的情况。环评文件编制过程需要3到6个月时间,编制阶段报告书需进行5个工作日的征求意见公示;编制完成后,报告书、报告表均需进行5个工作日的报批前公示;审批部门受理阶段,生态环境主管部门对环评文件进行公开,报告表5个工作日,报告书10个工作日;在拟做出审批的阶段,生态环境主管部门对环评文件进行5个工作日公开;最后,生态环境主管部门对环评文件及审批决定进行全文公开。

另外,环评文件审批过程中须按照上海市"十三五"期间主要污染物总量控制的要求,对文件中规定的六大污染物排放量进行总量申请,该手续也逐渐成为"卡脖子"事项之一。

三是后续监管上,环评文件审批到排污许可证核发的衔接机制不畅通。环境影响评价制度是对规划和建设项目实施后可能造成的环境影响进行分析、预测和评估,提出预防或者减轻不良环境影响的对策和措施,并进行跟踪监测的方法与制度。环评制度是建设项目的环境准入门槛,重在提前预防,是新污染源的"准生证",同时也是申请排污许可证的前提和重要依据。控制污染物排放许可制度(以下简称"排污许可制")是依法规范企事业单位排污行为的基础性环境管理制度。排污许可制是企事业单位生产运营期排污的法律依据,是确保环境影响评价提出的污染防治设施和措施落实落地的重要保障,重在事中事后监管,是载明排污单位污染物排放及控制有关信息的"身份证"。但环评导则体系在技术层面上对于排污许可的支持不够、污染源源强核算方法不同导致核算数据存在差异、环评导则和排污许可确定的污染物不同,同时为建设单位提供服务的技术单位不同,最终导致环评和排污许可两项制度衔接、污染物排放的核心内容上仍存在差距。

二、经验及借鉴

在环评分类管理方面,上海市生态环境局在2019年已出台了一系列环评审批改革文件,进行制度创设、流程再造。主要措施为豁免环境影响小、风险小的项目环评手续:制定正面清单;抓重点,抓主要矛盾:制定重点行业名录;优化公众参与模式:减少公示次数、不再入户调查;加强规划环评与建设项目环评的联动:环评书简化为环评表,报告表实行告知承诺制。

在总量控制制度方面,宝山区和嘉定区在市局文件的框架下,根据属地实际,进行了总量控制指标申请流程的细化和探索。新增化学需氧量(COD)、氨氮、挥发性有机物(VOCs)、烟粉尘排放量分别小于 0.1 吨、0.02 吨、1 吨、0.5 吨的建设项目,只需在环评文件中计算总量,无须申请总量指标。

在环评文件审批到排污许可证核发方面,目前对两项制度衔接的研究和讨论较多,但国家及地方尚未出台此方面的政策措施。

三、对策及建议

为贯彻实施"抓环保、促发展、惠民生"的生态环境保护理念,同时匹配临港新片区速度和发展要求,优化营商环境,在上海市环评审批改革的总体框架下,课题提出临港新片区环评分类管理的主要对策建议如下:

(一)实施源头减量,进一步扩大环评豁免范围

在本市已发布实施的环评豁免政策基础上,按照国家及本市建设项目环境影响评价分类管理名录的有关规定,结合临港新片区主导展业,对原要求编制环境影响登记表的建设项目,免于办理环评备案手续;对生产制造、电子通信、房地产、社会服务、城市基建等行业中原要求编制环境影响报告表的部分建设项目,免于办理环评手续。

(二)优化环评管理,以"该严则严、能简则简"为原则的环评管理更加精准化、科学化

根据行业特点及生产工艺污染特征,结合临港新片区的发展导向,制定《临港新片区建设项目环境影响评价分类管理重点行业名录》。

简化环评形式。对未纳入《临港新片区建设项目环境影响评价分类管理重点行业名录》,原要求编制环境影响报告书的建设项目,环评形式可简化为环境影响报告表,审批方式仍采用审批制。

扩大告知承诺的实施范围。对未纳入《临港新片区建设项目环境影响评价分类管理重点行业名录》的建设项目,原要求编制环境影响报告表的建设项目,实施告知承诺管理,建设单位只要做出相应承诺的,可当即取得环评批复。

(三)简化主要污染物总量管理

在对2017年至2019年临港地区审批项目总量申请指标进行统计分析的基础上,结合今后发展内容,提出新片区可豁免申请的污染物排放指标。

对需要办理环评审批手续的建设项目,单项主要污染物新增排放总量在0.5吨/年以下(含0.5吨/年)的,建设单位可免于提交主要污染物总量来源说明,由审批部门直接在区域内予以平衡。对豁免办理环评审批手续的建设项目,单项主要污染物新增排放总量在0.5吨/年以下(含0.5吨/年)的,可直接在申请(变更)排污许可证时,由审批部门予以认定。新增的主要污染物总量指标应纳入建设项目所在地的主要污染物总量管理台账。

(四)优化环评公众参与程序

在环评编制阶段,环境影响报告书、报告表编制完成后,建设单位应当公开征求公众意见,持续公

示时间不得少于5个工作日,并根据公众提出的合理意见修改完善环境影响报告书、报告表。在环评审批阶段,审批部门在受理后,应开展审批信息公示,环境影响报告书、报告表的审批信息持续公示时间不得少于5个工作日。公示信息的发布要求按照本市建设项目环境影响评价公众参与的相关规定执行。

(五)实行环评与排污许可证"两证合一"

对新建项目实施环评审批与排污许可"两证合一"。

在技术文件上,深化环评与衔接。一方面,在环评环节,通过建设项目产排污核算、污染物总量管控手段联动排污许可,将排污许可的管理思想和管理模式前移内化到环评中,丰富排污许可制度的内涵;另一方面,在后端的排污许可监管环节,回溯环评,核实污染防治措施的落实情况,验证污染防治效果和效率,提出改进或补救措施,把好污染物排入环境的最后一道关口。

在管理程序模式上,建设单位在办理项目环评审批的同时,可以同步申领(变更)排污许可证,实现两项行政许可事项"一套材料、一表申请、一口受理、同步审批、一次办结"的管理新模式。

四、实施成效

该举措以"实施源头减量、实行两证合一、优化环评管理、优化环评公众参与"提升政府服务。临港新片区65%的建设项目实行告知承诺制,即来即办;80%建设项目豁免污染物总量来源;新建项目实施环评审批与排污许可"两证合一"。

(郁波、万江、姜敏、陈懋喆、刘雪)

叁

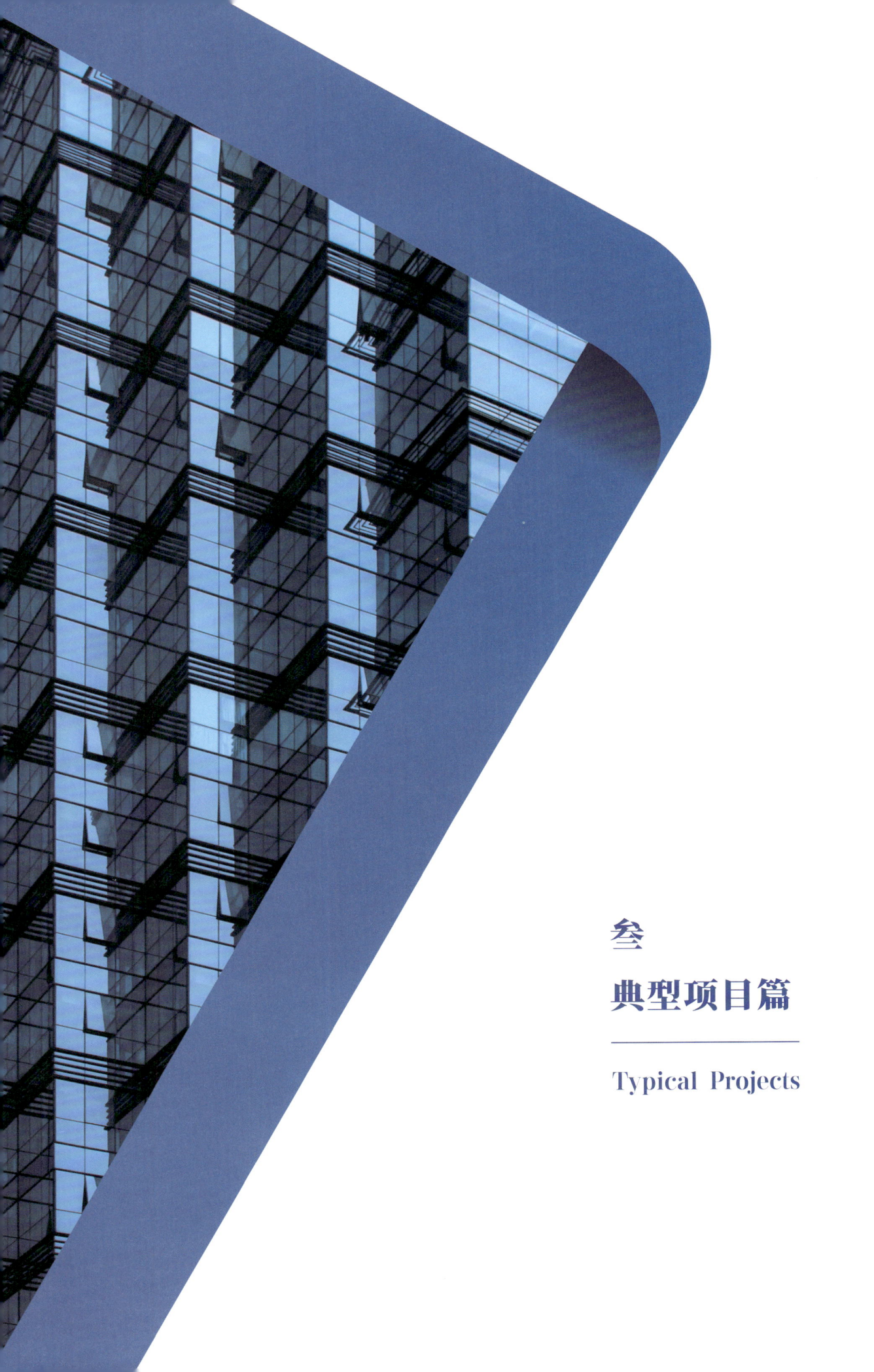

典型项目篇

Typical Projects

社会事业领域

上海市疾病预防控制中心新建工程

一、项目建设背景

2020年2月,习近平总书记在北京调研指导新冠疫情防控工作时提出"要把全国疾控体系建设作为一项根本性建设来抓,推进疾控体系现代化"。2020年4月8日,上海市委、市政府出台《关于完善重大疫情防控体制机制 健全公共卫生应急管理体系的若干意见》,提出上海要建设国内领先、国际先进的现代化疾病预防控制体系,做优做强市疾病预防控制中心,实现一流硬件、一流人才、一流技术、一流能力。由于历史原因,上海市疾病预防控制中心的业务用房长期处于紧张状态,特别是2020年新冠肺炎疫情防控,更加凸显了市疾控中心基础设施的短板。为此,市卫生健康委提出实施上海市疾病预防控制中心异地扩建项目。

二、项目内容及进展

(一)建设内容

该项目建设地点位于上海市虹桥商务区主功能区北部Ⅲ—A01—08地块内,东至申虹路、南至天山西路、西至北横沥港、北至北翟公路。项目总用地面积约为3.4万平方米。项目主要建设内容为:

上海市疾病预防控制中心新建工程效果

新建 1 栋地上 7 层的微生物实验楼、1 栋地上 8 层的理化实验楼、1 栋地上 8 层的综合办公楼以及其他辅助用房,设置市疾控中心业务、科研、保障等功能用房及相关配套设施。新建总建筑面积约为 11.7 万平方米。

项目建设总投资约为 15 亿元。

(二)项目进展

项目已于 2020 年 12 月 15 日正式开工建设,计划 30 个月建成并投入使用。

三、项目前景

该项目建设有助于改善市疾控中心基础设施条件,有利于进一步提升本市传染病监测预警和防控能力,为打造本市专业化、现代化的三级疾病预防控制网络奠定基础。项目建设对进一步完善本市公共卫生体系、加快疾控现代化建设,推进上海建设全球公共卫生最安全城市之一和"健康上海"战略实施,均具有重要意义。

上海市第一妇婴保健院东院妇科肿瘤临床诊疗中心及科教综合楼项目

一、项目建设背景

上海市第一妇婴保健院(以下简称"一妇婴")始建于1947年,是一所集医、教、研于一体的三级甲等妇产专科医院。一妇婴围绕加快推进本市建设具有全球影响力的科技创新中心发展目标,结合医院总体发展规划,新建妇科肿瘤临床诊疗中心及科教综合楼项目,以促进医院医教研均衡发展,进一步提升妇科肿瘤疑难病症诊疗水平,提高医院核心竞争力。该项目已列入本市妇女健康服务能力建设专项规划和医疗卫生基本建设项目规划。

二、项目内容及进展

(一)建设内容

该项目建设内容包括:新建1幢地下2层、地上16层的集医疗、科研、教学等功能于一体的妇科肿瘤临床诊疗中心及科教综合楼(设置床位200张)和1幢地上1层的配套辅助用房,设置门急诊、医技、住院、科研、教学、地下车库及配套辅助用房。新建总建筑面积为53 180平方米,其中地上建筑面积为41 180平方米、地下建筑面积为12 000平方米。

一妇婴保健院妇科肿瘤临床诊疗中心及科教综合楼项目效果

该项目建设地点位于浦东新区北蔡培花社区单元(Z000501)西片区(文化公园)02街坊02-10地块北部,总用地面积约为5万平方米。

项目建设总投资约为4.98亿元。

(二)项目进展

项目已于2020年底开工,计划于2024年竣工。

三、项目前景

项目建设将对一妇婴在妇科肿瘤研究硬件设施方面给予重要支持,为攻克妇科肿瘤研究和治疗这一学科领域制高点提供条件。项目建设有利于提升本市妇科肿瘤疑难病症诊疗水平,促进上海妇产科服务能力和医疗水平的整体提升,为上海打造医学优势学科聚集平台,为上海建设亚洲医学中心城市创造条件。

上海外国语大学贤达经济人文学院崇明校区二期工程

一、项目建设背景

上外贤达学院是一所于 2004 年创办的民办独立学院,开展普通高等学校本科学历教育,办学定位于多科性、有特色、高水平应用型民办大学。根据学校发展规划,崇明校区是学校的主校区,到 2020 年校区在校本科生要达到 8 000 人左右,现状校舍已无法满足要求。为此,上外贤达学院拟通过受让国有建设用地使用权,实施崇明校区二期建设工程,以进一步完善学校基础设施,实现可持续发展。项目的建设将进一步提升学校办学能力,为学校跻身中国先进民办大学行列创造条件,也有利于进一步促进上海民办高校发展。

二、项目内容及进展

(一)建设内容

该项目拟新建国际交流学院、商管学院、数媒学院、人文艺术学院、图书馆学生中心、实训中心、行政楼、学生宿舍、职工宿舍,以及国际交流中心、医务中心、茶书院、专家宿舍、门卫、35KV 变配电站等。

校区建设效果

项目用地面积约为 246 254.4 平方米,新建总建筑面积为 246 073.21 平方米,其中地上建筑面积 198 041.94 平方米、地下建筑面积 48 031.27 平方米。

项目建设总投资约为 14.7 亿元。

(二)项目进展

项目已于 2019 年底开工,计划于 2022 年一季度竣工。

三、项目前景

项目的建设将为"十四五"及以后一段时间学校的进一步发展提供较为充足的空间,有利于为学校创建"多科性、有特色、高水平应用型民办大学"提供助力,同时项目的实施也有利于推进上海市和崇明区教育事业的进一步发展,为区域经济的发展提供人才保障和智力支持。

上海市医药学校新建产教融合教学楼

一、项目建设背景

上海市医药学校是一所培养中级医药专业人才的全日制国家级重点中职院校。2018年9月,上海市医药学校通过了教育部、人力资源和社会保障部、财政部的验收,成为第三批国家中等职业教育改革发展示范学校。但目前学校生均校舍建筑面积不满足国家中等职业教育改革发展示范学校的基础条件要求,制约了学校正常教学活动的开展。在此情况下,学校拟拆除部分建筑,原址新建1幢产教融合楼,以进一步优化学校的硬件设施水平,改善学校的教学和实训条件。

二、项目内容及进展

(一)建设内容

该项目主要建设内容为拆除原有4层教学楼,拆除面积约3 200平方米,并在已拆除教学楼基地范围内新建一栋地上10层、地下1层的产教融合教学楼,新建建筑面积11 883平方米,其中地上建筑面积9 927平方米、地下建筑面积1 956平方米。

上海市医药学校新建产教融合教学楼效果

项目建设总投资约为 8 391.48 万元。

(二)项目进展

项目于 2021 年 6 月开工,于 2022 年 9 月竣工。

三、项目前景

该项目的建设符合国家和上海关于加快发展现代职业教育的要求和推进职业教育产教融合工程建设的精神,是弥补学校校舍面积缺口、进一步完善和提升学校教学设施条件的需要,有利于提高学校办学质量和专业人才的培养水平,增强学校为上海医药行业发展服务的能力。

上海市第五社会福利院

一、项目建设背景

对照国家对儿童福利事业发展的新要求和本市孤残人员供养的实际情况,床位总量不足、床位结构失衡等问题已经越发突出。为进一步提高本市对孤残人员的养护能力,充分发挥市级层面福利设施的托底功能,上海市民政局提出新建上海市第五社会福利院项目,并将该项目列入《上海民政事业改革与发展"十三五"规划》重大项目之中。

二、项目内容及进展

(一)建设内容

该项目主要建设内容包括 4 栋成人生活楼、1 栋儿童生活楼、1 栋综合公共楼及其他后勤辅助楼等,新建床位共 1 000 张,其中孤残儿童床位为 200 张、成年孤残人员床位为 800 张。

项目总用地面积约为 3.86 万平方米(约 58 亩),总建筑面积约为 4.5 万平方米。

市五福院效果

项目建设总投资约为 3.15 亿元。

(二)项目进展

项目已于 2020 年 11 月 30 日开工,计划于 2022 年底前竣工。

三、项目前景

上海市第五社会福利院兼具孤残儿童和成年孤残人员的养护功能,定位于建设一个与本市经济社会发展相适应的、能够满足各类孤残人员长期养护需求的市属综合性福利机构。项目建设符合新形势下国家及本市儿童福利事业发展的各项政策要求,适应当前本市不断发展的儿童福利事业对于增强综合保障能力的实际需要。

项目建成后,将更好地实现市政府对孤残人员的兜底保障职责,体现对特殊保障对象的全面关怀,也将成为上海民生保障领域的又一服务窗口和亮丽名片。

世界技能博物馆项目

一、项目建设背景

2017年10月,上海成功取得了2022年第46届世界技能大赛的主办权,建设世界技能博物馆是我国申办大赛的一项庄严承诺,博物馆也将是上海世赛的一项重要的"文化遗产"。世界技能博物馆是世界技能组织认可的全球首家冠以"世界技能"的实体博物馆,上海市委书记李强同志指示要精心打造好这个"传世之作"。

二、项目内容及进展

(一)建设内容

项目选址于杨浦区杨树浦路永安栈房旧址,永安栈房建于1921年,系现代风格的四层无梁楼盖结构建筑,为杨浦区文物保护点,建筑面积约1万平方米,拟通过结构加固和功能布局调整改建为世界技能博物馆。世界技能博物馆展厅将由6个彼此关联又各自独立的主要展区组成,分别为世界技能运动、技能与工具、技能与社会发展、技能发展与中国、技能与基础科学、技能与未来。

世界技能博物馆项目效果

(二)项目进展

项目于 2018 年末开始前期策划,2019 年底开工,计划与 2022 年上海世界技能大赛同步开馆。

三、项目前景

世界技能博物馆将按照"三个中心一基地"的定位要求,建设成为"世界技能展示中心、世界技能合作交流平台、国际青少年技能教育基地以及世界技能组织官方文献中心",弘扬工匠精神,助力上海建设"世界技能之都"的目标。

世界技能博物馆的建设,将进一步鼓舞青年人关注世界技能发展,树立技能理想、看到技能价值、体会技能快乐;鼓舞更多的青年人走上技能成就未来的职业发展道路,为国家打造一支数量充足、结构合理、素质优良、技艺精湛的技能人才队伍。

产业发展领域

基于高精度多传感器融合的 L4 自主泊车系统研发

一、项目建设背景

随着近年来我国经济的快速发展，居民的收入水平持续提高，汽车保有量大幅上升。为了缓解日益严重的城市停车难以及停车场改造成本高的问题，自动泊车系统应运而生，其装备率呈逐年攀升趋势，随着自动泊车系统精度的提高和成本的下降，自动泊车系统市场空间将进一步打开。

二、项目内容及进展

（一）建设内容

该项目拟开发最新一代 L4 自主泊车系统，采用自主研发生产制造的高清摄像头、高精度 4D 毫米波雷达的新一代超声波传感器，以及集成人工智能算法的车载自动驾驶控制器，实现多传感器融合的感知和定位技术；结合自主研发的全栈高精度地图技术以及低速状态下的车辆运动控制技术，实现多种复杂场景的 L4 级别无人驾驶自主泊车体验。

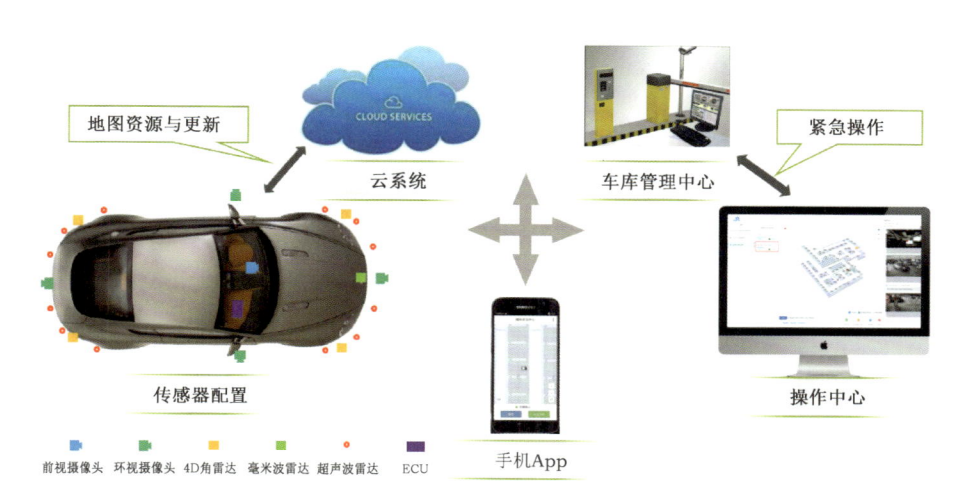

自主泊车生态系统

项目承担单位为纵目科技（上海）股份有限公司，成立于 2013 年，总部位于上海张江国际科创中心，是自动驾驶（AD）和高级汽车辅助驾驶（ADAS）产品及技术供应商，其已有的 L2 级别智能自动泊车系统已经得到了一汽红旗、长安、吉利等国内主流 OEM 车厂的认可。项目建设地点位于上海市浦东新区祥科路 111 号腾飞科技楼 3 号楼。

（二）项目进展

建设周期计划为 3 年。

三、项目前景

该项目在现有的 L2 级别智能自动泊车系统（APA）的技术基础上，实现智能召唤和自主泊车等 L4 级别相关功能，并自主研制核心传感器 4D 毫米波雷达，相关性能优于博世、安波福、日本电装等同代产品，实现在整个园区范围内车辆招之即来（智能召唤）和挥之即去（自主泊车）的功能，实现最后一公里的低速无人驾驶。

高集成、低成本国产激光雷达及其核心器件技术攻关

一、项目建设背景

激光雷达是推动人工智能产业发展的关键基础部件,《中国制造 2025》将激光雷达列为智能制造关键零部件。当前,在人工智能的重要应用场景如智能网联汽车的自动驾驶和辅助驾驶、服务机器人等领域中,激光雷达是实现环境感知的核心传感器。利用激光雷达技术实现服务机器人室内定位导航具有稳定、可靠、高性能的优势。

二、项目内容及进展

(一)建设内容

该项目拟开发出面向产业化的高集成、低成本的 128 线机械激光雷达整机,性能达到行业领先水平;拟完成激光雷达核心器件——激光驱动芯片、垂直腔面发射激光器(VCSEL)、单光子接收芯片[包括单光子雪崩二极管(SPAD)阵列的 SoC]的开发,性能指标达到行业领先水平,实现激光雷达核心器件的全面自主可控。

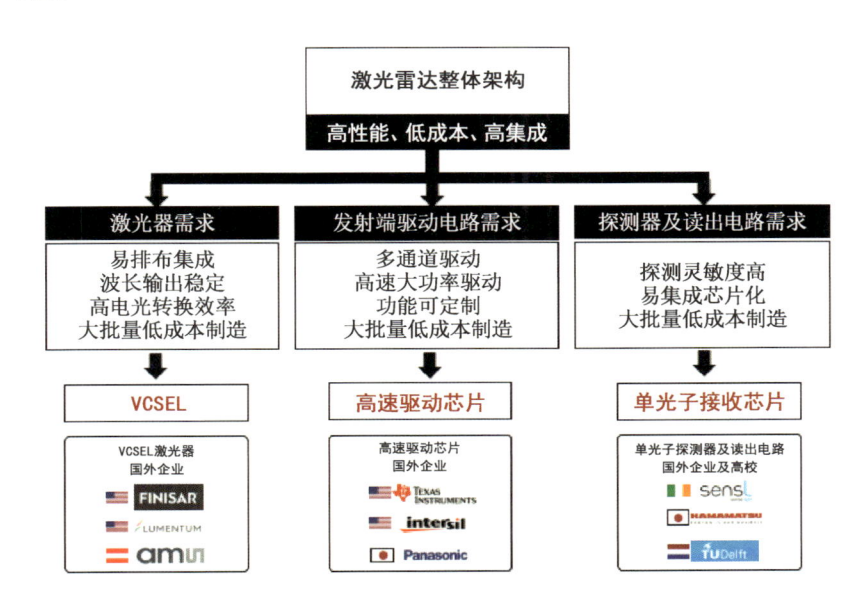

高集成、低成本国产激光雷达及其核心器件研究思路

项目承担单位为上海禾赛光电科技有限公司,专注于开发激光传感器,投资方包括博世、百度、安森美半导体、光速中国等全球知名投资机构。项目建设地点位于上海市嘉定区新徕路 468 号 B 栋。

（二）项目进展

建设周期计划为 3 年。

三、项目前景

该项目的单光子接收芯片可被配置为激光雷达系统中的主控芯片,结合发射端的高速驱动芯片,可构成完整的机械式激光雷达的收发系统,使产品摆脱对 FPGA、ADC 这一类"卡脖子"器件的依赖。项目将提供面向产业化的高集成、低成本机械激光雷达的解决方案,同时实现核心器件自主可控。

复宏汉霖抗体药物研发及松江产业化基地建设项目
（一期工程）

一、项目建设背景

抗体药物在治疗肿瘤领域占据越来越重要的地位。全球单克隆抗体药物市场规模约千亿美元，美国是全球最大的单克隆抗体药物研发基地。由于我国单抗市场规模较小，原研药先发优势并不明显，我国抗体药物行业从早期研发到生产工艺同国际先进水平仍存有不小差距，生物反应器规模、抗体表达量及抗体分离纯化综合回收率等抗体药物生产核心指标均不及国外，存在关键技术被垄断、知识产权被阻碍、抗体药价被抬高、市场份额被瓜分的现状。

二、项目内容及进展

（一）建设内容

一是针对管线内抗体药物产品，重点开展生物创新药以及联合疗法的临床前开发；二是推进临床试验研究；三是以研究、生产中的工艺技术开发为主，包括产程上下游、制剂、分析等工艺的开发，完成自动化平台筛选的功能搭建，完成亲和连续流层析技术开发和优化。

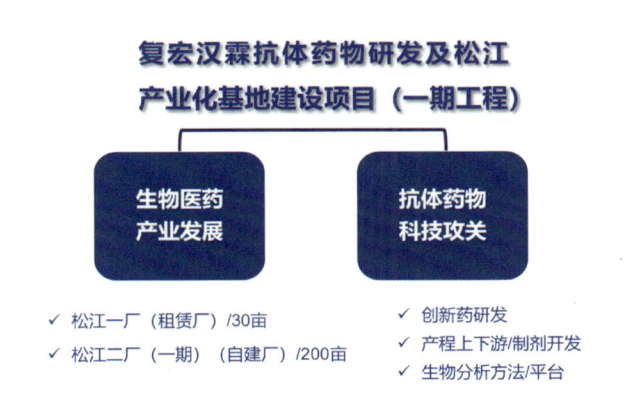

复宏汉霖抗体药物研发及松江产业化基地建设项目（一期工程）建设方案

项目在松江约230亩土地上自建基地，分为两处地点：松江一厂计划建设原液生产线2条，配套QC、TS等实验室；松江二厂计划建设原液生产线3条、制剂生产线2条、中试原液线2条、混合功能线1条、中试制剂线1条，另包括各类实验室以及必备的配套设施。

项目承担单位为上海复宏汉霖生物技术股份有限公司，成立于2010年，于2019年9月25日在港交所正式挂牌上市,已成为中国生物制药企业(不包括 CMO 企业)中应用一次性生物反应器规模最大的企业,合作单位为其全资子公司上海复宏汉霖生物医药有限公司。

(二)项目进展

建设周期计划为 3 年。

三、项目前景

该项目设计产能国内领先,搭载国际一流的先进生产、测试、分析设备,充分应用连续生产新技术,建设自动化、信息化和智能化的医药工业基地,研发多种生物类似药及创新药,有助于提高我国的单抗药物生产和研发能力。

上海昊海生科国际医药研发及产业化项目（一期）

一、项目建设背景

生物医用材料是材料科学技术中的一个正在发展的新领域，不仅技术含量和经济价值高，而且与患者生命和健康密切相关。随着生物技术的蓬勃发展和重大突破，生物医用材料已成为各国科学家竞相进行研究和开发的热点。伴随植入性医疗器械产业的发展，我国现代生物医用材料产业已初具雏形，并进入高速发展阶段。

二、项目内容及进展

（一）建设内容

针对具有自主知识产权的玻璃酸钠注射液、医用透明质酸钠凝胶眼科粘弹剂、医用几丁糖、重组人表皮生长因子、医美透明质酸钠凝胶 5 种产品进行产业化建设；建设符合药品 GMP 和医疗器械质量管理规范的生产车间 69 461 平方米，配套国际一流水平的质量检验实验室；引进国际一流的德国全自动灌装、加塞、异物检测生产线、自动化的配液系统、自动化的交联反应、纯化系统生产线等装置，建设先进的生产设施。项目建设地点位于松江区工业区 V—25—1 号地块。

昊海生科国际医药研发及产业化项目（一期）建设效果

项目承担单位为上海昊海生物科技股份有限公司，成立于 2007 年，于 2015 年 4 月 30 日在香港联合交易所主板挂牌上市，是一家应用生物医用材料技术和基因工程技术进行医疗器械和药品研发、生

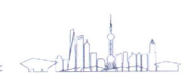

产和销售的科技创新型企业。

（二）项目进展

建设周期计划为 3 年。

三、项目前景

该项目针对具有自主知识产权的 5 种医用可吸收生物材料产品进行产业化建设，符合我国和本市医疗产业发展布局，其中玻璃酸钠注射液、眼科粘弹剂和重组人表皮生长因子相关技术性能指标国际领先，有助于带动我国植介入器械生物材料、可降解材料领域的创新发展。

主动脉及外周血管介入医疗器械产业化项目

一、项目建设背景

主动脉及外周血管疾病是和"三高"紧密关联的一类老年病,发病率高并且随老龄化加深而不断提升。目前,国内市场由美敦力、戈尔、库克等跨国企业为主导,我国主动脉腔内介入器械尚处于发展初期。

二、项目内容及进展

(一)建设内容

聚焦大血管腔内器械研发、外周腔内器械研发两个方面,完成 Talos 系统、Reewarm PTX 药物球囊扩张导管、Fontus 系统等产品的临床验证研究;加快取栓、髂静脉、滤器产品等在研产品的研发进度,预期在项目执行期内完成临床报告;新建满足 GMP 要求的主动脉覆膜支架系统产品和外周产品两条生产线,扩大公司在主动脉领域及外周血管领域的市场占有率。项目建设地点为浦东新区康新公路 3399 号 1 号楼。

项目承担单位为上海微创心脉医疗科技股份有限公司,成立于 2012 年,并于 2019 年 7 月 22 日在上海证券交易所正式挂牌上市,成功登陆科创板,致力于主动脉及外周血管介入医疗器械的研发、制造、销售和技术支持。

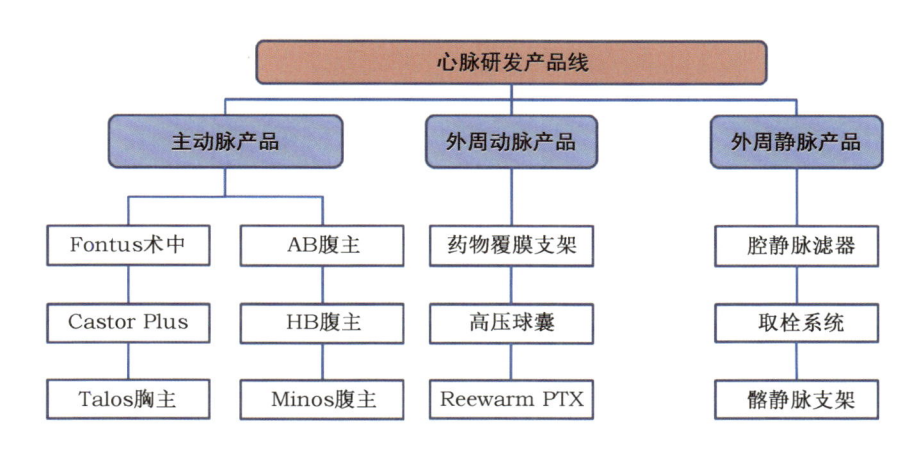

微创心脉医疗研发产品线

(二)项目进展

建设周期计划为 3 年。

三、项目前景

该项目针对主动脉及外周血管介入医疗器械进行多类产品的研发及产业化,符合我国和本市医疗器械技术发展趋势,有利于打破相关产品国外垄断,填补国内空白。

基础设施领域

吴淞江工程（上海段）新川沙河段工程

一、项目建设背景

吴淞江工程跨江苏、上海两省（市），是国务院批复的《太湖流域防洪规划》《太湖流域综合规划》等确定的流域综合治理骨干工程之一，并已列入国家172项节水供水重大水利工程项目。吴淞江工程（上海段）是吴淞江工程的组成部分，西起苏沪省界，经吴淞江、蕰藻浜、罗蕰河、新川沙河，东出黄浦江和长江，是本市重要的防洪除涝工程，已纳入《上海市城市总体规划（2017—2035年）》；吴淞江工程（上海段）也是上海市人民政府批复的《上海内河航运发展规划（修订报告）》（沪府〔2005〕14号）中"一环十射"干线航道的组成部分。

2017年4月，《太湖流域吴淞江工程总体方案报告》获水利部批复。但因该工程上海段经过青浦、宝山和嘉定等区，涉及面广、区域情况复杂，存在工程量大、建设周期长、资金需求量大等难点。经市政府反复研究，确定采用分期分段实施方案，逐步实现防洪、除涝、水环境改善及航运功能等综合效益。

新川沙河段是吴淞江工程（上海段）的最下游入江段，也是嘉宝北片东西向骨干河道，相较其他分段，实施新川沙河段工程可充分利用紧邻长江的区位优势，通过拓浚直通长江的骨干河道及新建沿江水利枢纽，改变嘉宝地区缺乏骨干引排通道的被动局面，起到先通后畅的效果；同时，根据市水务部门前期研究成果，该段工程投资占吴淞江工程（上海段）总体投资的比重相对较小，但排涝提升效果和水环境改善效果较为明显，投资效益较为显著。

二、项目内容及进展

（一）建设内容

新川沙河段工程西起蒲华塘，向东沿向阳河至嘉定宝山区界后，折向东北接现状新川沙河入长江，按规划蓝线布置，全长7.82千米、河口宽度120米；新建新川沙水利枢纽，水闸净宽60米、泵站流量为150立方米/秒；原址拆除重建8座跨河桥梁。

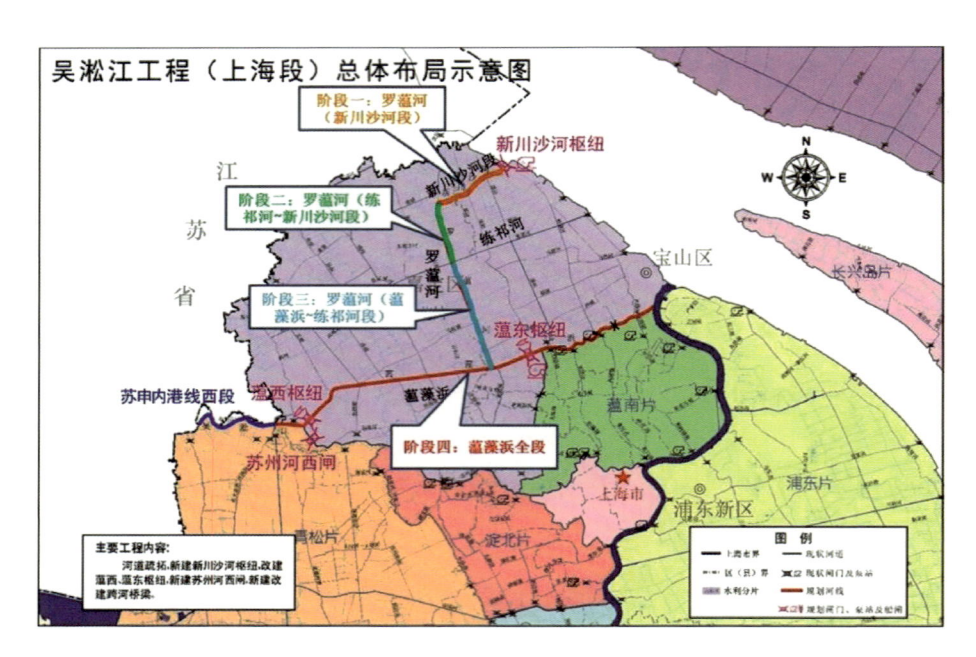

新川沙河段工程范围示意

(二)项目进展

该工程于 2020 年 10 月开工建设,建设期约 4 年。

三、项目前景

吴淞江的定位为"安全之河、活水之河、人文之河、生态之河和航运之河",该河道建设推进了生产空间集约高效、生活空间宜居适度、生态空间山清水秀的总体要求,凸显了区域生态文明建设,达到了共建长三角区域独有的"江海交汇、水绿交融、文韵相承"区域性生态的建设目标。

上海轨道交通崇明线一期工程

一、项目建设背景

根据《上海市城市总体规划(2017—2035年)》(以下简称《总体规划》),崇明线是连接中心城和崇明两岛(长兴岛、崇明岛)的市域快速轨道交通,线路南起浦东金桥地区,跨越长江口南港和北港,途经长兴岛中部新开港及陆域,北至崇明陈家镇裕安社区,是本市轨道交通网络中的重要组成部分,且已纳入国家发展改革委批复的《上海市城市轨道交通第三期建设规划(2018—2023年)》(以下简称《建设规划》)。为了加快推进项目进程,拟先行实施一期工程。

二、项目内容及进展

(一)建设内容

上海市轨道交通崇明线南起浦东金桥地区,北至崇明陈家镇裕安社区,途径崇明区和浦东新区,全长43.11千米。线路走向为:申江路—高宝路—东靖路—穿越长江南港—永卫路—穿越长江北港—规划陈通路—朱雀路—规划繁郁路—中滨路东侧,全线共设车站8座,东靖路车辆段和陈家镇停车场各1处,主变电站3座。

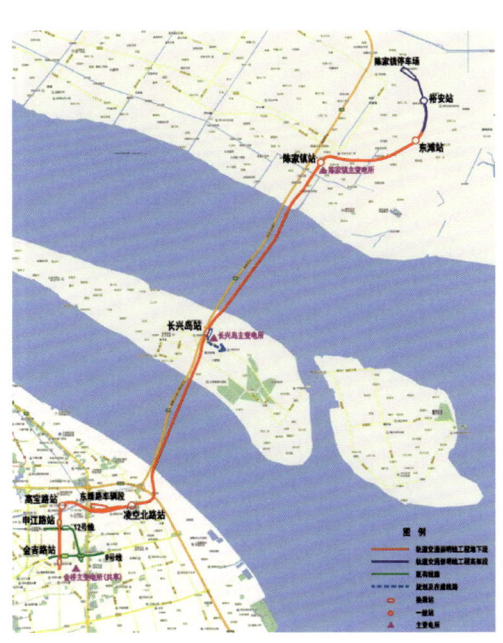

崇明线工程范围示意

其中崇明线一期工程范围为金吉路站至长兴岛北转换井,长 22.40 千米,均采用地下敷设方式,主要工程内容包含正线区间、5 座车站(金吉路站、申江路站、高宝路站、凌空北路站、长兴岛站)、东靖路车辆段(含出入段线)以及中间风井、检查井、盾构转换井的土建工程。工程总投资约 130 亿元。

(二)项目进展

该工程于 2021 年 3 月开工建设,建设期约 6 年。

三、项目前景

轨道交通崇明线是规划轨道快线,是一条快速联系崇明两岛和上海中心城的轨道交通线路,目前,上海郊区(除崇明外)均实现了轨道交通与中心城的快速联系,上海市民尤其是崇明区人民希望早日建成轨道交通崇明线。

崇明线工程的建设是落实《总体规划》和《建设规划》的重要举措,有利于加强崇明两岛与上海中心城的快速联系,缓解长江隧桥交通压力,改善崇明区的对外交通环境,完善上海市轨道交通网络及综合交通体系;有利于优化城市空间布局,促进沿线浦东金桥、外高桥、曹路、长兴岛及崇明陈家镇等重要功能区及产业基地的发展;有利于推进"崇明世界级生态岛"建设,落实"长三角一体化"国家战略。

沿江通道浦东段(越江段—五洲大道)工程

一、项目建设背景

根据《国家公路网规划(2013年—2030年)》,G1503公路为国家高速公路网中的地区性环线之一;同时,《上海市城市总体规划(2017—2035年)》也明确提出G1503绕城高速为上海市域高速干线公路"一环、十三射、一纵一横、多联"布局中的重要一环,全长约208千米。目前,G1503公路呈"C"字形,尚未独立成环,与同济路和S20公路共线长约20千米,通道功能交织重叠。为使郊环线独立成环,市政府提出开展沿江通道建设。

上海市沿江通道位于东北部的沿江区域,西起宝山区G1503公路北环江杨北路交叉口,东至浦东新区G1503公路东环五号沟立交,由浦西段(即A段)、越江段及浦东段三段组成,全长约30千米。其中,浦西A段已于2019年开工建设,越江段已于2019年底建成通车。此外,沿江通道还包含西延伸工程(即B段),西起富长路以西、东至江杨北路,长约3.86千米。

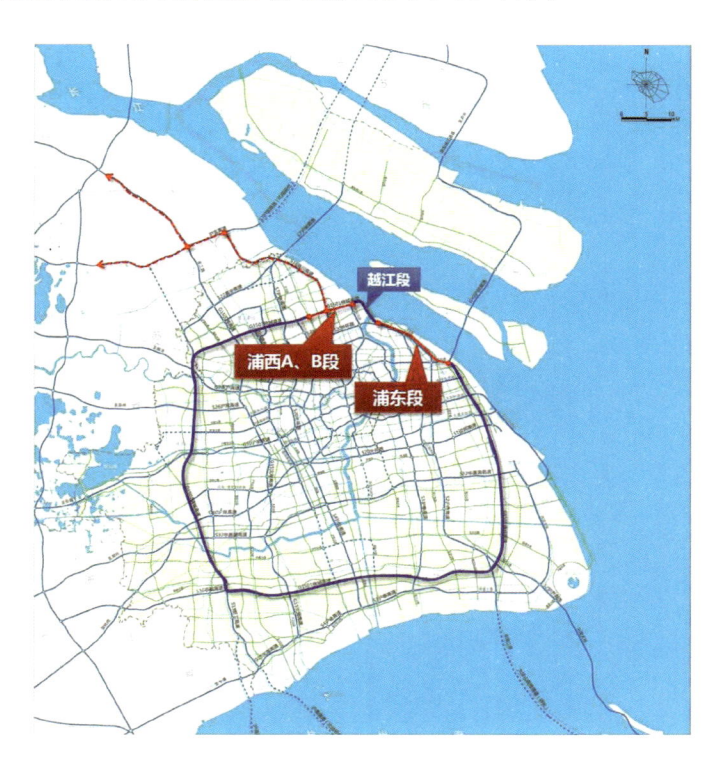

沿江通道浦东段工程位置示意

二、项目内容及进展

（一）建设内容

沿江通道浦东段（越江段—五洲大道）新建工程位于浦东新区，北起已建成通车的越江段预留节点，南至 G40 公路五号沟立交，与 G1503 公路东环衔接，线路全长约 18 千米；同时改建 S20 公路内圈局部路段，长约 2.13 千米。该工程主要建设内容包括道路、桥梁、排水工程和交通标志标线、信号灯、绿化、照明、交通安全、交通监控等附属设施。工程总投资约 155 亿元。

（二）项目进展

该工程于 2020 年 9 月开工建设，建设期约 3 年，预计 2023 年竣工通车。

三、项目前景

实施沿江通道浦东段是与越江段和浦西段连通形成整体、促进郊环线独立成环、发挥沿江通道整体交通功能的需要；有利于缓解 S20 公路交通拥堵，改善地区交通出行环境和城市面貌，提升公路运输的效率和保障度；有利于增加外高桥港区的疏港通道，完善国际航运中心集疏运系统；有利于提升自贸区新片区与浦东国际机场、中心城区及其他周边区域之间快速通道的通行能力，支撑自贸区新片区开发建设；有利于加强上海与长三角地区的公路交通联系，协同建设一体化综合交通体系，促进长江三角洲区域一体化高质量发展。

漕宝路快速路新建工程

一、项目建设背景

根据国务院批复的《上海市城市总体规划(2017—2035年)》,上海市城市总体空间布局由"一中心多副中心"转变为"多中心模式",虹桥商务区是四大主城片区之一,聚焦枢纽、会展、商贸功能。漕宝路快速路是中心城"一横三环＋十字九射"快速路系统的一条射线,衔接嘉闵高架、S20、中环路等,承担虹桥枢纽对外疏解功能,分流G50入城段、延安路高架的交通压力,对加快上海"五个中心"建设、支撑城市结构转型、完善上海市骨干路网、提高快速路系统服务保障度具有重要意义。

二、项目内容及进展

(一)建设内容

漕宝路快速路新建工程西起嘉闵高架立交,东至漕宝路/桂平路交叉口,途径松江区、闵行区和徐汇区三个行政区,总长约7.18千米。项目主要建设内容:新建主线快速路,西起嘉闵高架路,东至桂平路,全线采用隧道＋高架的组合形式,长约7.2千米,标准段采用双向6车道建设规模,设置嘉闵高架路、S20公路和中环路3座互通立交,在中春路以西、合川路以东和莲花路以西共设置3对出入口;改建地面道路,西起S20公路/漕宝路交叉口,东至桂平路/漕宝路交叉口,长约4千米,采用双向6机动车道和2非机动车道的建设规模。

漕宝路快速路新建工程建设效果1

(二)项目进展

该工程于 2021 年 4 月开工建设,建设期约两年,预计 2023 年 6 月竣工。

漕宝路快速路新建工程建设效果 2

三、项目前景

漕宝路快速路的建设可以完善上海市域南部骨干路网,构成虹桥商务区与中心城区的快速集散系统,其所在通道作为虹桥商务区辐射长三角地区的重要对外通道,是构建长三角一体化交通体系的重要组成部分,为上海作为长三角中心城市和先行示范区提供有力支撑。

上海生物能源再利用项目二期工程

一、项目建设背景

自 2019 年 7 月 1 日《上海市生活垃圾管理条例》实施以来，上海各界践行垃圾分类，湿垃圾日清运量显著增长，面临较大的处理缺口和处置压力。实施上海生物能源再利用项目二期工程有利于提高本市湿垃圾无害化处理能力、探索湿垃圾资源化利用新途径、提高湿垃圾资源化利用水平，对进一步实现生活垃圾全程分类管理目标、促进老港固废基地协同运行具有重要意义。

二、项目内容及进展

(一)建设内容

该工程主要建设内容为：新建综合预处理车间、锅炉房及发电机房、黑水虻养殖车间、厌氧反应罐、均质罐、沼液罐、沼渣罐、沼气净化区、沼气柜、火柜、初雨事故池、高浓度废水调节罐等建、构筑物，设置餐厨垃圾预处理系统、厨余垃圾预处理系统、厌氧消化及脱水系统、沼气净化及利用系统、沼渣干化系统、除臭系统等设施。

经估算，项目总投资为 107 820.01 万元。

上海生物能源再利用项目二期工程效果

(二)项目进展

生物能源再利用中心一期已建成运行,二期工程已经开工建设,预计2021年建成。

三、项目前景

上海生物能源再利用中心项目二期工程响应了固体废物"减量化、资源化、无害化"的政策要求,有利于提升本市固废综合处理能力与处理质量、形成完善的固废综合处置体系、增强资源循环利用水平,对本市实现原生垃圾零填埋、固废分类收集全覆盖具有重要意义,为建设"绿色、生态、宜居"的城市环境起到了重要作用。

长桥水厂 140 万立方米/天深度处理二阶段工程

一、项目建设背景

供水安全对城市的安全运行和经济发展至关重要，本市青草沙原水虽总体水质良好，但仍存在微量有机物含量较高以及嗅味、富营养化指标超标等问题。长桥水厂属于长江青草沙水源地的供水范围，目前主要采用"絮凝沉淀＋滤料过滤＋加氯消毒"的常规净水工艺，出水水质虽能基本达到《生活饮用水卫生标准(GB5749—2006)》，但存在致嗅物质、消毒副产物和夏季铝含量偏高等问题，管网末端居民生活用水无法全面达到国家标准和本市《生活饮用水水质标准(DB31/T1091—2018)》要求。

二、项目内容及进展

(一)建设内容

该工程主要建设内容包括拆除厂区中部现状设施、新增规模为 140 万立方米/天的深度处理设施和 20 万立方米/天的沉清叠合池、改造部分现状设施，形成全厂 140 万立方米/天规模的"常规＋深度"水处理系统和排泥水处理系统；同步实施综合管理用房、厂区生产管线、电气工程、自控仪表、安防监控、老旧设施外立面翻新、厂区道路、巡检连廊等配套设施。新增建筑面积 17 369 平方米（含管理用房 5 000 平方米）。

长桥水厂 140 万立方米/天深度处理二阶段工程效果

经估算,项目总投资为 165 700.08 万元。

(二)项目进展

该工程计划 2020 年 10 月开工建设,2023 年 4 月底前完成试运行。

三、项目前景

实施长桥水厂深度处理二阶段工程建成后,有利于保证水厂供水水质全面达标,进一步提高供水水质和供水安全性,促进供水行业高质量发展。对于将上海建成"节水优先、安全优质、智慧低碳、服务高效"的城市供水系统,供水水质对标世界发达国家同期水平的总体目标实现具有重要意义。

竹园白龙港污水连通管工程

一、工程建设背景

竹园白龙港连通管是1条长度约18.9公里、输送规模为80万立方米/天的厂际连通管道,连接竹园和白龙港这两座本市最大的污水处理厂,建成后可实现竹园、白龙港两大污水系统的连通,发挥跨片区的应急调度、水量调配等多重功能,有利于提高两大污水区域抗风险能力和安全保障度,有利于提高主城区总体污水处理效率,对于进一步提高主城区水环境质量、保障城市排水系统安全具有重要意义。

二、项目内容及进展

(一)建设内容

竹园白龙港连通管工程主要建设内容为:沿海徐路—航津路—华东路—港绣路—港建路—人民塘路(随塘河)敷设1根连通管至南干线6号泵站,长度约18.9千米,管径为3 500毫米;沿线设置闸门井数量6座,透气井数量10座;对现状白龙港南干线6号泵站进行拆除重建,新建连通闸门井、污水泵房、变电所及管理用房、垃圾厢房、连通箱涵等,污水提升规模为80万立方米/天。总投资约35亿元。

竹园白龙港污水连通管工程效果

(二)项目进展

2021年1月29日,竹园白龙港污水连通管工程正式开工,建设期约4年,预计2024年底完成。

三、项目前景

该工程在竹园、白龙港之间设置厂际连通管,可实现污水的跨厂、跨区域调配和输送,主要将发挥两方面功能:一是通过系统间污水量调配,尽量减少正常工况下的污水厂溢流风险;二是通过系统间污水应急输送,避免事故工况下发生污水冒溢而引起城市安全风险。该工程的建设将增强污水输送及处理系统功能韧性,是上海市贯彻落实长江大保护目标的重要举措。

临港地区试行供水、供电、供气配套工程免费机制研究

一、政策研究背景

为贯彻落实党中央、国务院减税清费和降低实体经济成本的重要举措,加快临港新片区企业供水、供电、供气配套工程建设进度,降低建设成本,减轻企业负担,优化营商环境,推动临港新片区打造更具国际市场影响力和竞争力的特殊经济功能区,临港新片区管委会拟在新片区产城融合区,对非居民用户使用的公共管网连接点到用户地块红线的供水、供电、供气配套工程实施免费(即相关费用不再由用户缴纳,由管委会与公用事业企业承担)。为此,临港新片区管委会委托我公司进行具体机制的研究工作,并编制相关实施细则。

二、政策研究内容及进展

(一)政策研究内容

本政策研究紧紧围绕党中央、国务院决策部署,根据《关于中国(上海)自由贸易试验区临港新片区实行供水、供电、供气配套工程免费机制的实施意见》(沪发改价管〔2020〕25号)及国家和本市有关法律法规,经与新片区管委会充分沟通,在听取相关供水、供电、供气企业意见的基础上,明确了免费机制的适用范围和区域,梳理了各项费用计算方法和资金分摊方法,明确了各部门职责分工,拟定了规划计划管理、建设管理、资金管理等相关事宜及责任主体,提出了运行维护和更新管理方面的要求,为用户企业办理相关业务提供了政策指导。

临港地区鸟瞰

（二）政策研究进展

2020 年 11 月 16 日，临港新片区管委会以沪自贸临管委〔2020〕934 号文正式发布了《中国（上海）自由贸易试验区临港新片区试行供水、供电、供气配套工程免费机制实施细则》（详见附件）。该细则自发布之日起实施，有效期为 2 年。

三、政策前景

该政策旨在加快临港新片区企业供水、供电、供气配套工程建设进度，降低建设成本，减轻企业负担，是推动临港新片区优化营商环境、打造更具国际市场影响力和竞争力的特殊经济功能区的重要举措。

虹口区北外滩旧区改造（城市更新）项目

一、项目建设背景

《上海市城市总体规划（2017—2035年）》提出把北外滩打造为全球城市核心功能的重要承载区。2020年7月，市政府批复同意《北外滩地区控制性详细规划》，围绕"复合紧凑、开放共享、包容互促、创新智慧"的理念，北外滩定位为：（1）与外滩和陆家嘴错位联动、居职相融、孵化创新思维的新时代顶级中央活动区；（2）汇聚现代化国际大都市核心发展要素的世界级会客厅最闪亮的一幅画卷；（3）全球超大城市精细化管理的典型示范区。

二、项目内容及进展

（一）建设内容

虹口区北外滩地区东至大连路、秦皇岛路，南至黄浦江，西至河南北路，北至周家嘴路、海宁路，总面积约4平方公里，拥有长约3.2公里的滨水岸线。作为外滩的延伸，北外滩拥有丰富的文化资源和深厚的历史积淀，区位优势更是得天独厚。2020年起，北外滩就采用了"市区联手、政企合作、以区为主"模式，全力打好旧区改造攻坚战。上海虹口城市更新建设发展有限公司（以下简称"虹口城市更新

虹口区北外滩旧区改造（城市更新）项目效果

公司")是北外滩地区山寿里、东余杭路一期、东余杭路二期、余杭路等多个旧改项目的实施主体,主要负责编制改造地块实施方案,推进项目前期工作,筹措资金和房源,以及后续开发和招商工作等,扮演了市场资源的嫁接者、城市功能的整合者、城市规划的融合者三重角色。虹口城市更新公司股权结构为上海城市更新建设发展有限公司出资60%,上海虹房(集团)有限公司出资20%,上海北外滩(集团)有限公司出资20%。

(二)项目进度

围绕"三年出形象、五年出功能、十年基本建成"的总目标,2020年,北外滩开发建设全面起势,全年实现山寿里、东余杭路一期等4个项目、15个街坊、超10 000户的旧改征收签约,实现收尾交地16块,均创下虹口旧改新纪录;计划2021年上半年完成地区成片二级旧里以下房屋改造任务。

三、项目前景

北外滩整体开发规模为840万平方米,在核心区设置了480米、380米、300米三座新地标建筑物。该规划是继1990年上海启动陆家嘴规划建设之后,最大规模、最大能级以及最大手笔的方案,对标中央活动区定位,匹配卓越全球城市的格局,未来将与外滩、陆家嘴三位一体,组成"世界级会客厅",成为展示上海城市形象的核心窗口。

节能环保领域

青浦区再生建材利用中心项目

一、项目建设背景

为有效解决青浦区日益增长的装修和拆房垃圾综合利用问题,提升装修和拆房垃圾资源化能力和水平,青浦区政府授权上海城投环境(集团)有限公司在青浦设立项目公司,投资建设青浦区再生建材利用中心项目,并委托其开展该中心的运营服务。

该项目作为城市环境保护基础设施建设项目,其建设投产能够大大减轻青浦区建筑垃圾不规范处置对区域环境造成的污染,加强青浦区建筑垃圾的管理,保障环境和城市安全,加强文明城市建设,提高建筑垃圾资源化、减量化、无害化处理水平。可以有效解决青浦区各街镇建筑垃圾去向,改善建筑垃圾目前消纳方式不规范的现状。

二、项目内容及进展

(一)建设内容

该项目建设选址位于上海市青浦工业园区 G—07—08 地块青赵公路与天辰路交界处,东至青浦区污泥集约化处理处置项目(拟建),南至天辰路,西至青赵公路,北至横泾。

该项目建设用地面积 47 733 平方米(约 71.6 亩),另代征防汛通道占地面积 1 753.5 平方米、绿化 1 178.8 平方米。

该项目建设内容为青浦区再生建材中心厂区,包括管理区、生产区两大功能区域。建筑面积 28 151.44 平方米,计容建筑面积 48 488.48 平方米。生产区为一体化处理车间及筒仓,建筑面积 23 994.37 平方米、计容面积 44 331.41 平方米。管理区含综合管理楼、倒班休息楼、门卫和计量间,建筑面积 4 157.07 平方米。

装修垃圾设计规模为 1 000 吨/日,设计 1 条处理线,每条线处理能力为 60—80 吨/小时,每天运行 16 小时,2 班制。

拆除垃圾设计规模为 500 吨/日,设计 1 条处理线,每条线处理能力为 60—80 吨/小时,每天运行 8 小时,1 班制。

该项目总投资概算调整为 38 142.21 万元,其中建筑安装工程费用为 25 727.86 万元,工程建设其他费用为 2 780.91 万元,预备费为 1 425.44 万元,土地费为 8 208 万元。其中,不含土地成本的静态总投资为 29 934.21 万元。

（二）项目进展

(1)2019年7月9日,青浦区规划和自然资源局向青浦区绿化市容局出具《关于再生建材利用中心项目建设用地预审的初步意见》,初步同意本项目地块用地方案。(2)2019年7月15日,青浦区规划和自然资源局向青浦区土地收购储备出让招标拍卖办公室出具《关于上海市青浦区土地储备中心收购储备青浦工业园区青赵公路东侧G—07—08地块(2)地块征询规划意见的复函》(青规划资源规〔2019〕66号),同意项目地块规划意见。(3)2019年5月10日,青浦区发改委向青浦绿化市容局出具《关于青浦区污再生建材中心项目建议书的批复》(青发改投〔2019〕221号),同意该项目立项。(4)2019年底,该项目正式开工建设。至2020年底,已完成基本建设、设备安装工程,正在实施内部调试。预计2021年上半年试运行。

青浦区再生建材利用中心项目效果

三、项目前景

(1)本项目服务范围是长三角绿色生态一体化发展示范区先行启动区,具有较高的生态环保要求。本项目的实施,可以为整个青浦区居民创造更为舒适清洁的城市环境,有益于市民身心健康,降低致病率,提高劳动生产率。

(2)按照区政府决策部署,本项目由区政府授权的区相关部门与合作单位签订服务合同,按照合作期内实际的装修和拆房垃圾运输量,在通过绩效考核后,根据审核确定的处置费标准,向使用者收取处置费,市场收费不足部分予以处置补贴。通过合作方式,引入先进的技术和管理优势,实现更高效率的资源配置。有利于改善投资环境,促进经济持续、稳定的发展,实现和谐社会。

(3)作为城市环境保护基础设施,本项目是青浦区实施环卫规划的重要环节,是城市可持续发展的重要保证。

上海软 X 射线自由电子激光用户装置项目

一、项目建设背景

软 X 射线自由电子激光项目包括 X 射线自由电子激光试验装置(以下简称"试验装置")和上海软 X 射线自由电子激光用户装置(以下简称"用户装置")两部分。其中,试验装置是用户装置的基础,主要建设直线加速器、波荡器等系统,最终产生种子激光的 30 次谐波辐射,得到中心长度为 8.8 纳米的全相干软 X 射线自由电子激光脉冲;用户装置主要依托试验装置,将直线加速器能量升级至最高可达 1.62GeV、自由电子激光辐射波长延伸至 3 纳米左右,并完成光束线、用户实验站的建设,最终为用户提供一个高水平的"水窗"波段高亮度电子自由激光实验平台,开展实验研究工作。

试验装置的科学目标为确定硬 X 射线自由电子激光装置发展的技术路线,为我国建设硬 X 射线自由电子激光装置作预先研究。工程目标为建成由射频电子直线加速器驱动的软 X 射线自由电子激光装置,为升级用户装置提供基础。

上海光源鸟瞰

二、项目内容及进展

(一)建设内容

用户装置辐射部分建设内容包括:(1)依托试验装置,将其直线加速器能量由 840MeV 升级至最高可达 1.62GeV;(2)在波荡器隧道内新建一条波荡器线,实现全相干水窗波段(2.3—4.4 纳米)自由电子激光输出;(3)建设 2 条光束线和 5 个实验站;(4)原设计的波荡器测试大厅改建为"一号超导模组组装和测试大厅",大厅内新建 1 个水平测试隧道和 2 个垂直测试井,用于超导模组/超导腔测试。

试验装置变更内容主要包括:(1)建设地点向东侧移动 200 米,向北侧移动 50 米,束流方向由自西向东调整为自东向西;(2)原设计波荡器段移至用户装置的波荡器隧道内,原直线加速器段长度由 113.5 米增加至 238.6 米;(3)原 X 射线传输与诊断段改建为束流分配段,用于和用户装置波荡器隧道之间的衔接;(4)迷道、废束桶的数量和结构均有调整;(5)通风系统设计变更,包括通风量、换气次数、排风高度。

(二)项目进展

上海软 X 射线自由电子激光用户装置(辐射部分)建设期为 2.5 年。

三、项目前景

该项目为上海软 X 射线自由电子激光装置的一部分。项目中新原理与关键技术的研究将为未来软 X 射线用户装置以及硬 X 射线装置的建设打下坚实基础。

奉贤海上风电项目核准申请评估咨询

一、项目建设背景

奉贤海上风电是本市规划建设的可再生能源开发利用的项目之一,是本市"十三五"重点能源建设项目,为进一步优化本市能源结构,积极落实国家"碳达峰、碳中和"的发展愿景,本市加快发展光伏、风电等可再生能源项目建设,奉贤海上风电是本市近期开发条件最成熟、进度最快的海上风电项目,是本市能源领域落实"碳达峰、碳中和"的重要支撑项目之一。

二、项目内容及进展

(一)建设内容

该项目场址位于奉贤区杭州湾北部海域,其所在海域属于上海市海洋功能区划中的矿产与能源区。规划场址自东向西分为四块区域,本期项目选址位于规划场址内的Ⅰ区、Ⅱ区场址,本期项目规划装机容量20万千瓦,其中Ⅰ区规划海域面积11.07平方公里,场区中心点离岸约12千米;Ⅱ区规划海域面积14.76平方公里,场区中心点离岸约12千米。项目陆上集控中心拟布置于浦东新区临港重装备产业园区规划范围,现状海堤路东,规划正嘉路道路红线南侧,距离一线海堤约170米。

该项目拟采用明阳及金风两种机型,共计建设32台单机容量为6.45兆瓦的风力发电机组(Ⅰ区建设16台机组、Ⅱ区建设16台机组),项目风轮直径分别为180米和184米,轮毂高度分别为110米和112米,总装机容量为206.4兆瓦,并配套建设32座单桩海上风电机组基础(海域使用面积为29.41万平方米),1座220千伏海上升压变电站、1座陆上集控中心。

风电机组采用一机一变的方式升压,接入新建220千伏海上升压变电站,升压后以1回220千伏海底电缆由风场场址北侧经顶管方式穿越海堤后登陆,然后通过电缆沟或排管方式接入新建陆上集控中心,再由陆上集控中心以1回220千伏电缆接入220千伏公用变电站。35千伏海底电缆总长度为50.12千米,海域使用面积93.21万平方米;220千伏海缆总长度为13.5千米,海域使用面积为24.98万平方米。该项目建成后预计年均上网电量为63 260.86万千瓦时。

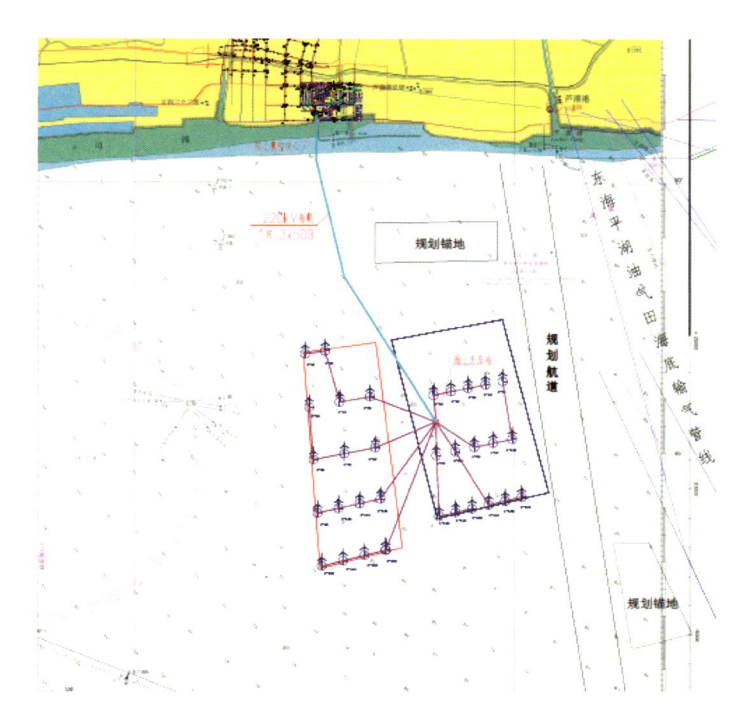

项目风机布置示意

(二)项目进展

项目于 2019 年 9 月完成竞争配置工作,2020 年 9 月取得批复,预计 2020 年内开工,预计 2021 年底并网发电。该项目已被列为 2021 年上海市重大建设项目。

项目施工现场

三、项目前景

该项目的建设符合我国和上海市能源产业发展战略方向,项目的建设能够有效增加本市可再生能源电量,通过替代部分燃煤电厂发电量,有利于调整上海市电网电源结构和完成国家下达的可再生能源发展任务,减缓本市能源和环境压力,具有显著的节能和减排效益。同时,奉贤海上风电项目是国家能源局发布《风电项目竞争配置指导方案(试行)》以来全国首个通过竞争性配置确定业主的海上风电项目,对于全国海上风电项目竞争配置具有重大的示范作用。该项目的实施将进一步巩固和提升上海海上风电的高端引领示范地位,同时该项目作为国内首个竞争配置海上风电项目,将为我国后续的同性质项目开发提供示范参考。

肆
政策汇编篇

Policy Compilation

临港新片区政策专篇

关于以"五个重要"为统领加快临港新片区建设的行动方案(2020—2022年)

2019年11月3日习近平总书记在上海考察时指出,中国(上海)自由贸易试验区临港新片区(以下简称"临港新片区")要进行更深层次、更宽领域、更大力度的全方位高水平开放,努力成为集聚海内外人才开展国际创新协同的重要基地、统筹发展在岸业务和离岸业务的重要枢纽、企业走出去发展壮大的重要跳板、更好利用两个市场两种资源的重要通道、参与国际经济治理的重要试验田(以下简称"五个重要")。要在积极开展风险压力测试的同时,有针对性地进行体制机制创新,做大经济总量,提高经济质量,强化制度建设。

为深入贯彻落实习近平总书记重要指示精神,扎实推进《中国(上海)自由贸易试验区临港新片区总体方案》(以下简称《总体方案》)各项改革试点任务落地见效,加快临港新片区高质量发展,制订如下行动方案。

一、明确指导思想

以习近平新时代中国特色社会主义思想为指导,全面贯彻党的十九大和十九届二中、三中、四中全会精神,深入贯彻习近平总书记考察上海重要讲话精神,落实"人民城市人民建,人民城市为人民"重要理念,以"五个重要"为统领,对标国际上公认的竞争力最强的自由贸易园区,实施差异化政策制度探索,以高水平开放推动高质量发展,加快打造更具国际市场影响力和竞争力的特殊经济功能区、上海强化"四大功能"的核心承载区和开放创新、智慧生态、产城融合、宜业宜居的现代化新城,谱写新时代人民城市新篇章。

二、确立总体目标

到2022年,初步形成"五个重要"基本框架,初步建立高标准的投资贸易自由化便利化制度体系,初步体现上海强化"四大功能"的核心承载区的综合优势,为到2035年全面实现"五个重要"目标奠定扎实基础。

——经济实力明显增强。地区增加值年均增速达到25%;累计完成工业总产值6 000亿元;进出口总额突破1 150亿元,洋山港集装箱吞吐量达到2 300—2 400万标箱。

——发展质量显著提升。在智能汽车、集成电路、高端装备、生物医药领域,培育千亿级产业集群;新增各类高新技术企业和创新型机构不少于1 500家;引进和培育各类总部型机构不少于20家、各类金融及投资机构不少于 200 家;PCT 国际专利申请量突破 500 件。

——发展环境持续优化。建设和引进重大科技创新平台和载体不少于 20 个;金融支持实体经济资金达到 1 500 亿元以上;企业跨境融资额年均增幅 50% 以上;集中承接审批服务事项 100% 可以全程网上办理;全面取消非居民用户供水、供电、供气配套工程费用。

——城市功能加快完善。5G 网络实现基本全覆盖,重点区域实现深度覆盖;公交线网密度增加 20%,站点覆盖率提升 20%,无人驾驶公交应用先行先试;新增建设各类住房总建筑面积 900 万平方米;生活垃圾无害化处理率达到 100%;教育、卫生、养老等社区公共服务设施 15 分钟可达覆盖率 100%。

三、打造国际创新协同高地

(一)高起点建设国际创新协同区

1. 建设提升科技创新策源能力的空间载体。加快建设世界顶尖科学家社区,释放国际大科学合作"强磁场",延揽国内外科学家进驻。到 2022 年,创设 2—3 家由诺贝尔奖等得主领衔的一流实验室。发起科学家成长基金,推进形成国际研发团队混合编队、联合研发新模式。推动世界顶尖科学家社区一期全面开工,建成投用首发会议综合体和配套实验室。建设全球顶尖大学研究院,同步启动配套生活社区及国际学校建设。办好世界顶尖科学家论坛,打造提升科技创新策源能力的重要载体。加快国际创新协同区研发总部、科创总部等功能塑造。到 2022 年,国际创新协同区在建 100 万平方米、建成投用 100 万平方米研发办公物业;累计引进科创企业达到 1 000 家。

2. 打造重大科技创新平台。发布实施临港新片区科技创新型平台管理办法。加快建设朱光亚战略科技研究院、商汤人工智能超算中心等新型科技创新联合体及研发与转化功能平台。推动重型燃气轮机、高效低碳燃气轮机、国家海底观测网等重大科技专项建设。建设全球科技创新成果交易中心。到 2022 年,实现 100 项以上关键技术突破。

3. 构建活力迸发的创新创业生态。发布实施临港新片区科技创新创业孵化载体、众创空间管理办法。设立引导基金,吸引各类社会资本在重点产业领域组建产业发展基金群;依托高新产业和科技创新专项资金,支持临港新片区内企业科技成果转化。建立资本市场服务联动工作机制,加大对科创企业挂牌、上市的培育辅导和财政奖励力度。研究制定临港新片区区域技术先进型服务企业认定标准,并给予相关企业相应扶持。建立科创项目招标云平台,面向全球招标科创项目承接团队。鼓励临港新片区内企业参与长三角区域联动协同创新。培育"长三角科创圈",共同建设长三角科技创新共同体,建立区域科技资源共建共享服务机制。到 2022 年,培育引进 30 家以上高质量科技服务机构、5 家以上国家级和市级创新机构;"双创"空间载体面积达到 20 万平方米,科创群体不少于 5 万人,培育孵化企业超过 3 000 家。

4. 全面提升知识产权保护能力。加快建设制度完备、体系健全、环境优越的国际知识产权保护高地。充分发挥市检察机关临港新片区知识产权保护中心综合性平台作用,推动知识产权政务服务等功能纳入临港新片区知识产权中心,进一步提升知识产权司法保护成效。协同建立知识产权公共服务平台。建立海外知识产权风险预警和快速应对机制。引入知识产权专业审判机构和外国法律查明机制,提供多元化法治服务保障。

(二)着力增强海内外人才集聚能力

5. 打造国内人才创新创业首选地。实施更积极、更开放、更有效的人才政策,加大临港新片区人才引进力度。进一步优化人才直接落户、"居转户"年限缩短、居住证专项加分等政策,拓宽高技能人才引进渠道。加快实施国内高端人才直接经济贡献奖励政策。对不同人才群体分类施策、精准施策,加快人才引进、培育、使用、流转。

6. 打造海外人才踊跃汇聚目的地。建立健全移民与出入境管理服务机制,对临港新片区引进的外籍高层次人才实施更加便利的出入境和停居留政策措施,最大限度释放口岸电子签证政策红利。加快实施境外人才个人所得税税负差额补贴政策。拓展海外引才路径,探索进一步放宽海外人才从业限制。对标海外人才评价标准,探索进一步放宽境外人员参加职业资格考试限制,提高鼓励类产业领域外国人才、技能型人才、符合产业发展方向人才以及创新创业人才工作许可便利度。有效解决外籍高层次人才子女的国际教育个性化需求。

7. 营造人才综合服务栖息地。深化人才管理服务制度改革,放活人才使用、评估、激励体制机制,加快国际人才服务港建设。引进人才知名中介,建设人才中介服务基地。到2022年,集聚20家以上知名人力资源机构。建设留学人员创业园,培育海外引智引才中转站,建立海外创新中心前沿阵地。建设人才安居工程,在临港新片区全域实施人才购房政策,构建多主体供应、多渠道保障、租购并举的人才住房保障体系。

四、建设具有国际市场竞争力的产业集群高地

(三)打造世界级前沿产业集群

8. 推动产业规模能级跨越发展。对临港新片区内符合条件的集成电路、人工智能、生物医药、民用航空等关键领域核心环节生产研发企业,落实自设立之日起5年内减按15%税率征收企业所得税政策。对洋山特殊综合保税区外重点企业积极开展电子监管。精准招引能够填补空白、解决痛点和产业生态带动能力强、具有国际竞争力的项目和企业。加快推动特斯拉、积塔半导体等项目建成投产;加快推动格科微电子、进平新能源、商汤科技、闻泰科技等项目开工建设;加快推动三一重工、君实生物医药等项目产能释放。推动建立重大项目资源储备和实施机制,助力主导、支柱、新兴产业投资,形成良好产业生态。到2022年,新增产业招商签约投资总额不低于4 000亿元,完成产业投资不低于

1 500 亿元。

9. 打造特色品牌园区。加快集成电路、生物医药、智能汽车、民用航空专业园区规划建设。重点围绕芯片设计、制造、封测、装备、材料等关键环节,加快 12 平方公里"东方芯港"建设。打造"生命蓝湾"全新品牌,培育上海生物医药产业集聚发展的新动能、新高地。围绕发展大型客机、航空发动机、卫星制造等重点领域,聚焦总装试飞、装机配套、航空材料等关键环节,加速民用航空产业集聚区"大飞机园"建设。加强资源要素集聚,推动产业链、创新链融合,打造产业高地和具有全球影响力的产业集群。

10. 深化对外合作发展。鼓励临港新片区内企业加强与"一带一路"国家和地区的国际产能合作。建设中日(上海)地方发展合作示范区。支持临港新片区内企业到海外投资,到 2022 年,新增企业境外投资备案数达到 100 家。积极参与国际经济治理,制定实施国际经济组织引进培育扶持政策,建设国际经济组织集聚区。鼓励有实力的临港新片区内企业、机构发起或参与国际标准制定或修订。

(四)加快发展在岸业务和离岸业务

11. 建设国内最高开放形态的洋山特殊综合保税区。对物理围网区域内企业之间的服务交易,推进落实特殊税收政策。全面完成洋山特殊综合保税区封关验收,加快推进二期扩区。完善洋山特殊综合保税区大宗贸易、航运物流、中转集拼、进口分拨等既有功能业态,拓展保税研发、保税制造、保税维修等新业态、新动能,发挥洋山特殊综合保税区作为对标国际上公认的竞争力最强的自由贸易园区的重要载体作用。提高洋山特殊综合保税区内贸易型企业实体化运营比例,支撑区域经济总量增长。培育壮大多层次全球维修检测业务体系,扩大船用发动机跨港维修试点业务范围和规模,推进跨境维修规模化运作。支持开展"两头在外"航空器材包修转包区域流转业务,鼓励飞机维修企业承揽境外航空器材包修转包修理业务。

12. 大力发展总部经济。更好利用两个市场、两种资源,培育壮大总部经济,吸引各类总部机构入驻,建设亚太供应链管理中心,引领供应链和价值链向高端跃升。深化现代服务业对外开放,吸引跨国企业地区总部落户,吸引会计审计、法律服务、信用评级、投资咨询、财经资讯、人力资源等专业服务业机构集聚。着力提升资源配置能力,加快适应境外投资和离岸业务发展的税收政策落地,引进资金管理、研发服务、采购销售等总部级功能平台。聚焦重点产业和技术领域,鼓励临港新片区内企业在长三角区域拓展布局,面向长三角区域构建产业链、创新链、价值链、供应链、服务链。

13. 积极发展离岸贸易、转口贸易和服务贸易。建设离岸集聚中心,优化跨境收支、汇兑便利化等制度体系,推动具有真实贸易背景的离岸贸易企业在临港新片区内集聚。建设上海国际服务贸易示范基地,大力吸引数字贸易、生物医药研发企业等入驻,加快推进金融要素及大宗商品等平台经济项目落地。加快国家外贸转型升级基地(汽车及零配件)建设,支持汽车行业二、三产业联动发展,加快汽车外贸业务创新,丰富汽车外贸模式。深化云服务、数字服务、数字内容等领域开放合作,搭建以海外推介、信息共享、项目对接、版权服务为核心功能的数字贸易促进平台。鼓励跨境电商模式创新,优化监管流程,推动跨境电商业务常态化运作,扩大网购保税进口业务规模。推动研发设计、检测维修、软件信息、建筑服务等服务外包业务发展,促进服务外包产业向价值链高端升级。

14. 打造高能级要素资源交易平台。聚焦有色、石油化工等领域,加快集聚大宗商品产业链主体,持续做强"洋山价格";提升平行进口汽车交易平台、进境水果综合服务平台能级。推进上海天然气定价中心项目落地。支持企业走出去发展壮大,持续提升洋山特殊综合保税区支持服务要素市场国际化战略,鼓励设立离岸业务平台;建立面向全球的跨境技术贸易平台,争取设立国际金融资产交易平台,积极引入国际投资者,提升市场活跃度。

(五)加大金融业支持力度

15. 打造高端金融资源配置高地。加速环滴水湖现代服务业集聚区金融总部楼宇及西岛综合体开工建设,建设总部型或功能性机构、资产管理机构、金融科技集聚地,打造上海金融发展新地标。大力引进持牌金融机构及其专业子公司、SPV、金融领域专业服务业机构、战略性基金或投资平台、金融科技公司及创新头部企业。到2022年,建成100万平方米以上金融物业载体,建设高质量金融机构集聚地、高水平对外投资策源地和高层次金融人才汇集地。

16. 推动金融服务实体经济。综合运用融资担保、贷款贴息、风险补偿等财政政策工具,加大对重点产业信贷支持力度。支持各类金融机构为临港新片区内企业发展提供充足信贷资金,运用再贷款、再贴现资金,扩大信贷投放。鼓励开发性、政策性银行运用特色金融产品支持重大科技创新及研发项目。鼓励企业利用多层次资本市场提升直接融资能级。支持投资临港新片区的重点建设项目股权和未上市企业股权参与企业重组、直接投资等。支持保险机构与临港新片区建设相关的科创类投资基金或直接投资临港新片区内科创企业。创新财政资金使用方式,充分运用政府产业引导资金,扶持前沿产业发展和重大科研创新。到2022年,集聚不少于40支产业基金,资金规模不少于2 000亿元。

17. 推动跨境金融集聚发展。发挥金融改革创新引领作用和金融对外开放先行先试作用,扩大服务出口增值税政策适用范围。鼓励金融机构在依法合规、风险可控、商业可持续的前提下为临港新片区内企业和非居民提供跨境发债、跨境投资并购和跨境资金集中运营等跨境金融服务。推进优质企业跨境人民币结算高水平便利化。完善新型国际贸易与国际市场投融资服务的规则制度,打造供应链金融管理中心。扩大本外币合一跨境资金池试点。加快建立临港新片区金融法治试验区。实施放宽金融机构外资持股比例、拓宽外资金融机构业务经营范围等措施,提升跨境金融供给能力,加快构建区域特色金融体系。

(六)积极发展高端航运服务业

18. 着力提升空港海港服务能级。发展国际中转集拼业务,搭建国际中转集拼服务中心,提升港口综合服务能力,增强国际航运综合枢纽功能。建立船舶安全检查智能选船机制。制定国际船舶登记制度。完善启运港退税相关政策和"中国洋山港"籍船舶登记制度。打造区域性航空总部基地和航空快件国际枢纽中心。吸引全球船舶管理龙头企业集聚,增强航运专业服务、国际船舶管理等服务能力。

19. 着力提升高端航运服务功能。为船舶、飞机跨境融资、跨境租赁提供更加便利的金融外汇服务。简化船舶检验流程。支持开展航运融资、航运保险、智慧航运、航运结算、航材租赁、船舶交易等业务。升级国际航运补给服务体系,提升船舶和航空用品供应、维修、备件、燃料油等综合服务能力。以航运交易、船舶检验、海事法律、航运咨询、海事教育培训等为重点,带动航运融资、航运保险、航运结算、航运仲裁等高端航运产业发展。

(七)大力发展数字经济

20. 加快建设国际数据港。构建安全便利的国际互联网数据专用通道,实施国际互联网数据跨境安全有序流动。推动临港新片区内工业数据、贸易数据、金融数据跨境流通试点。加快建设亚太信息通信枢纽港,启动"信息飞鱼"全球数字经济创新岛规划建设。打造国际领先的信息科技创新产业链。

21. 打响在线新经济品牌。将在线新经济作为数字经济的落脚点,推进人工智能、5G、互联网、大数据、区块链技术与现代生产制造、商务金融、文娱消费、教育健康和交通出行等深度融合,率先培育一批具备"在线、智能、交互"的新业态、新模式。加快建设车路协同无人驾驶道路测试场景。

22. 着力提升工业互联网效能。实施"互联网+先进制造业"战略,打造国际领先、国内一流的工业互联网研发和转化平台。推动工业互联网标杆园区、标杆企业、"两业融合"创新示范项目。加快工业互联网标准实验室建设,强化工业智能融合创新场景示范应用。

五、打造高品质生活的现代化新城

(八)加快建设节点型、枢纽型城市交通体系

23. 构建对外快速交通网络。打造融"海陆空铁"于一体的互联互通交通格局,逐步建成立体交通体系,推动临港新片区向节点型、枢纽型城市迈进。加快推进1个交通枢纽(浦东综合交通枢纽)、2条轨道交通线(16号线提速增能扩容、两港快线)、2条高快速路(两港大道快速路、S3公路)、4条铁路(沪通铁路二期、浦东铁路、沪乍杭铁路和南港支线),构建"153060100"出行服务圈(即从滴水湖出发至浦东枢纽、龙阳路枢纽、虹桥枢纽和长三角毗邻城市,分别用时15、30、60、100分钟),升级临港新片区长三角区域枢纽城市功能。

24. 健全多式联运集疏运设施。统筹区域海港(洋山港、上海南港)、铁路(浦东铁路、沪通铁路、南港支线)、内河航运(大芦线、芦潮港集装箱码头)、公路(G1503、S2—东海大桥)等运输资源,推动不同企业、行业间服务规则衔接,促进各种运输方式间、干线支线间货物高效转换。

25. 加快完善多层次骨干道路网络体系。加快建设两港大道快速路、新元南路主干路等骨干道路

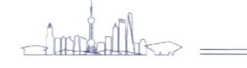

网络体系,加强临港新片区内各功能组团之间的骨干道路联系。加快提高内部道路系统的道路网络密度。加强枢纽与慢行系统的衔接,打造高品质的绿色慢行系统。到2022年,新改建骨干道路达到110公里,骨干道路网络基本建成。

26. 加快实施公交优先发展战略。构建多层次多模式的城市公共交通系统,提高轨道交通供给和站点覆盖,增强轨道交通重要站点与主要集中居住区、重要功能区之间的短驳公交配置。积极推动微循环公交系统和个性化公交服务。开辟临港新片区至浦东国际机场大站快车客运专线。提高区域公交通勤服务品质,先行启动2条中运量公交局域线。到2022年,规划建设4个停保场、5个公交枢纽站。

(九)加强综合基础设施保障

27. 加快建设综合能源服务体系。构建"1+2+6+X"综合能源建设布局体系(即1个综合智慧能源管控平台、2个主干能源网络、6个能源建设重点区域、X个能源细分领域),实现临港新片区"绿色低碳、安全韧性、开放共享、智慧高效"的能源供应保障。加快电力主网架及配电站、燃气管网及调压站、综合能源补给站等基础设施建设。推广氢能、太阳能、分布式供能、热电联产等综合能源的示范利用。整合多种形式能源,打造油氢或油电合建示范项目。开展分布式能源建设,提高能源利用效率。到2022年,建成综合能源管控平台,实现供电可靠率99.999%以上,建成6座现代化能源补给站,打造"一体化智慧城市能源大脑"。

28. 加快新型信息基础设施建设。对标国际最高标准、最好水平,全力打造世界级信息基础设施标杆,发挥"万兆光纤通达企业、5G赋能先进制造"功能。打造上海新一代信息通信枢纽,建成引领全球的通信网络发展示范区。推进IPv6规模部署,统筹规划互联网数据中心(IDC)及边缘数据中心布局。支持基础电信运营商在临港新片区共建、共用、共享5G基础设施,协同建设双千兆网络应用示范区,为数字产业化、产业数字化夯实基础"底座"。

(十)着力优化美化生态环境

29. 加快水绿林一体化建设。加强河流、湖泊、林地等生态空间保护,完善滴水湖调水系统及来水净化系统,加强骨干河道水系贯通建设,推进泐马河及出海闸、人民塘、随塘河等14条(段)河道建设,提升水系资源调度和水体沟通能力。到2022年底,新增河湖水面积0.8平方公里。强化公园体系建设,加快建设星空之境海绵公园、顶科社区公园、赤风港湿地公园,到2022年底,建设公园绿地4.57平方公里。建设沿海防护林、环廊森林片区等集中林地,加快推进滨江沿海岸线绿道、开放型生态廊道和公益林建设,依托水系海岸建设慢行绿道网络,活化滨水空间。完善海绵城市建设技术标准体系,打造亲水美丽的海绵城市。

30. 加快供排水基础设施建设。加快高品质供水体系建设,推进20万吨/天的临港新建水厂一期、水厂原水管线和临港—奉贤地区连通管等项目建设,打造滴水湖核心片区高品质饮用水示范区,全面提高临港新片区供水安全保障能力。全面推广"污水全收集、管网全覆盖、雨污全分流、村庄全治理"模式,推动污水处理厂、排海管、污水主干管、雨污混接改造等工程建设,科学布局污水管网系统。加快建设引清调度河道建设,推进东引河等工程建设,改善内河水质,区域主要水体水质达到Ⅳ类,滴水湖核心片区水体水质力争达到Ⅲ类。

31. 加大环境保护和整治力度。健全生态环境监管体系,提升区域环境监测监控和环境治理能力。建立全面覆盖水、气、声、土壤、地下水、辐射、生物等监测要素和监测指标的生态环境监测评估预警体系。打造一体化智慧环保水务平台,实现监测数据系统互联互享。加紧启动中水回用工程。强化固废处理基础设施建设,打造综合性转运处理基地。加快城市废弃物生化处理中心、工业固废(危废)高值资源化与集约化示范基地项目建设。建成湿垃圾生化处理中心,完善垃圾分类长效常态化管理和点位提质改造,打造生活源固废集运利用综合体,建设全域固废"全网合一"收运处理管控体系,构建生态循环的环卫体系。

(十一)着力完善公共服务事业

32. 加快商文体旅融合发展。加快打造符合临港新片区特点、具有国际特色的文化体育休闲旅游目的地。深度开发滴水湖、上海海昌海洋公园、冰雪之星、上海天文馆、中国航海博物馆等旅游资源,推动全域旅游发展。到 2022 年,年接待旅游客流量达到 800 万人次。以特色生活商业旅游社区为重要空间载体,打造主城区高端消费集聚区,持续扩大境外游客离境和入境消费、境内公民海外消费回流。到 2022 年底,开业、新建商业设施体量不低于 60 万平方米。打造临港高品质水上运动中心和复合型、多功能的临港体育中心。

33. 构建多层次全覆盖的教育体系。引进优质教育集团在临港新片区开办分校或合作办学,推动义务教育阶段学区化、集团化办学全覆盖。推进上海中学东校高中部、临港青少年活动中心建设,引进上海中学国际部办学点。到 2022 年,建设 26 所公建配套学校。推进搭建市民大学、产业大学、"临港大学堂"等平台,推动校内外、社区内外教育资源共建共享,加快国家产教融合示范区核心区建设,提升教育服务临港新片区产业发展能力。

34. 提升医疗康养服务水平。加快社区卫生服务中心和居民区卫生服务站建设。到 2022 年,新建 2 个社区卫生服务中心,新增床位 205 张。支持第六人民医院东院等市级医疗机构在临港新片区发展特色专科,提升市级医学中心医疗服务能力,积极引进海派中医等特色专科医疗机构,加快导入国内外优质资本在临港新片区办医,进一步构建健康资源配置。深化家庭医生签约服务,实现基于居民电子健康档案的动态健康管理。打造高水平养老服务体系,促进医养与康养相结合,加快区级、镇级养老院建设。到 2022 年,新建区级、镇级公办养老院 3 所,新增床位 996 张。

35. 切实提升城市治理能力。抓住城市运行"一网统管""牛鼻子",加强城市运行"一网统管"、政务服务"一网通办"两网数据共享、应用融合,构建适应临港新片区发展的城市运行综合管理体系;形成社区公益性公共服务设施规划设置、建设标准、使用管理规范;进一步加强社区基本管理单元的及时配置和功能建设,构建科学合理、权责明晰、高度集约的公共服务管理体系,进一步提高社区治理能力,提升社区治理精细化水平。到2022年,城市运行工单实现全自动派单,不少于30个城市治理场景实现两网数据融合。健全应急预案体系,加强应急救援队伍建设,强化应急技术支撑,提高各类灾害事故救援能力。

(十二)加强规划引领和土地保障

36. 高起点高标准编制规划。高起点编制临港新片区国土空间总体规划,建立"多规合一"国土空间规划体系,坚持一张蓝图干到底。高起点编制临港新片区"十四五"发展规划,形成发展规划为统领、国土空间规划为基础、专项规划为支撑,各类规划共同组成、相互协调的统一规划体系。加快梳理保障规划落地的重大项目、重大工程、重大平台、重大民生、重大改革,编制好24个专项规划的三年行动计划。

37. 高质量高绩效利用土地。推进临港新片区土地高质量利用,提高土地开发强度,鼓励各类工业、研发用地提容增效(含地下空间开发建设)。鼓励优质产业项目提升容积率,简化产业用地规划调整程序,降低优质产业用地扩建成本,降低园区平台用地成本等。加快房屋征收、居民安置和土地储备,落实用地指标。对临港新片区新增建设用地指标实行市级单列。鼓励土地节约集约利用,推进工业、研发办公、中试生产等功能混合用地,促进科技研发、企业总部管理等创新功能加快集聚。优先推进实施土地库存计划和重点发展区域、重点领域的土地储备。加快盘活存量低效用地,释放存量土地资源。

六、加强支撑保障

(十三)加强党建引领和组织建设

38. 加强党的领导。增强"四个意识"、坚定"四个自信"、做到"两个维护",把党的领导贯穿临港新片区建设全过程。强化党建引领,健全组织体系,深化区域化党建,打造一支思路开阔、专业过硬、能打敢拼的干部队伍。着力营造浓厚的干事创业氛围,把党的政治优势、组织优势转化为临港新片区全面深化改革和扩大开放的坚强保证。

39. 强化组织保障。在中国(上海)自由贸易试验区推进工作领导小组领导下,建立健全临港新片区权责清晰、市区合力、高效运作的区域性综合管理机制。推进事权下放和充分授权,赋予临港新片区更大的自主发展、自主改革和自主创新管理权限,在风险可控前提下,授权临港新片区管理机构自主开展贴近市场的创新业务。

(十四)构建体现国际经济治理水平的营商环境

40. 不断优化营商环境。建立法治保障机制,建立一站式的国际商事纠纷解决机制和临港新片区国际法律服务中心。鼓励境外仲裁机构在临港新片区设立业务机构。积极推进国际商事纠纷审判改革。优化检察机构设置，提升专业化法律监督保障。全面落实上海优化营商环境3.0版工作方案，在跨境贸易、跨境金融、国际化人才服务、国际化法治体系方面加快制度创新，优化涉外营商环境。推广特斯拉模式，构建"18+N"特色营商环境指标评价体系，全面开展营商环境评估，定期发布临港新片区营商环境发展报告。

41. 持续深化"放管服"改革。集中行使好市、区两级授予的行政审批等事权。完善一体化信息管理服务平台及政务服务"一网通办"功能，推动事项从"能办"向"好办"转变。建立全流程风险防范体系，加快一体化信息管理服务平台2.0版上线运行，全面覆盖临港新片区产城融合区域内的经济管理事务。到2022年，不少于15项承接事权实现AI智能辅助无人审批。运用人工智能、区块链、5G、大数据等先进技术手段，整合国家有关主管部门涉及临港新片区的信息和临港新片区运行管理信息，建立基于数字化治理的风险精准监测和预警机制，为高水平开放环境中的风险防控提供可信、可行的技术保障。建立与经济发展和企业发展相适应的事中事后监管体系，深入推进"互联网＋监管"工作模式，提升信用监管的覆盖范围和应用效能，全面实施"双随机、一公开"监管方式，积极推进和完善包容审慎监管。全面试点以事前信用前置审查、事中分类跟踪监管、事后监管结果纳信为特征的告知承诺，推进新兴行业市场准入审批向国际通行的认证规则转变。

42. 积极争取新一轮政策制度创新突破。围绕"五个重要"，对标国际最高标准经贸规则，加快打造更具国际市场影响力和竞争力的特殊经济功能区，积极争取国家有关部门支持，探索实施具有较强国际市场竞争力的开放政策和制度，持续加大开放型经济的风险压力测试力度，为新时代我国全方位扩大开放做出新贡献。

上海市经济和信息化委员会等七部门关于印发《临港新片区创新型产业规划》的通知

浦东新区人民政府、奉贤区人民政府、闵行区人民政府,各有关单位:

《临港新片区创新型产业规划》已经市政府同意,现印发给你们,请按照执行。

上海市经济和信息化委员会
中国(上海)自由贸易试验区临港新片区管委会
上海市发展和改革委员会
上海市商务委员会
上海市科学技术委员会
上海市交通委员会
上海市金融工作局
2020 年 9 月 24 日

临港新片区创新型产业规划

设立临港新片区(以下简称"新片区"),是以习近平同志为核心的党中央总揽全局、科学决策作出的进一步扩大开放重大战略部署,是习近平总书记亲自交给上海的三项新的重大任务之一。为深入贯彻《长江三角洲区域一体化发展规划纲要》《中国(上海)自由贸易试验区临港新片区总体方案》和全市工作部署,推进新片区创新型产业发展,编制本规划。

按照"整体规划、分步实施"原则,聚焦发展 119.5 平方公里先行启动区域,联动布局临港地区 386 平方公里范围,统筹规划包括奉贤、浦东、闵行部分区域在内的 873 平方公里全域,努力将新片区建设成为集聚海内外人才开展国际创新协同的重要基地、统筹发展在岸业务和离岸业务的重要枢纽、企业走出去发展壮大的重要跳板、更好利用两个市场两种资源的重要通道、参与国际经济治理的重要试验田。规划近期至 2025 年,远期展望到 2035 年。

一、发展基础

新片区地处东海之滨,是长江经济带和海上丝绸之路经济带的战略交汇点,是长三角沿海大通道的重要节点,是上海面向未来发展的战略空间,临港地区自 2003 年启动建设以来,呈现出产业基础实、发展潜力大、开放优势强、战略起点高的特点。

1. 初步构建了具有竞争力的先进制造产业体系

以打造中国先进制造业集群发展的重要样板为目标,新片区初步建成了"体现国家战略、体现上海优势、体现国际竞争力"的先进制造业产业基地,高端装备、海洋装备、智能新能源汽车产业集聚发展,民用航空、集成电路、软件和信息服务、节能环保等产业不断壮大,人工智能、机器人等新兴产业加快培育。围绕服务国家战略,"两机专项"等一批重大项目建设推进,实现了一系列核心技术突破,提升了"中国制造"的国际竞争力,有力打响了"上海制造"品牌。

2. 初步形成了面向全球的航运贸易服务功能

依托世界级枢纽海港和空港,新片区初步建成了以临港临空、面向全球、连接国内外为显著特征的航运服务体系,以及大宗商品交易、跨境电子商务、国际分拨配送、国际中转集拼等产业功能。浦东国际机场货邮吞吐量连续十二年位列全球机场第三位,航空货运出港电子运单量跃居世界第一。洋山深水港作为具有20万吨级以上集装箱船舶靠泊能力的集装箱枢纽港,拥有世界上最大的全自动化码头,2019年港区吞吐量达到1 980万标准箱,水水中转辐射整个长江经济带。

3. 初步体现了较强的产业国际协同创新能力

依托上海产业、科技和人才优势,新片区加快集聚国际国内创新资源,一批具有影响力的重大项目、功能平台、龙头企业落地发展,国家工业互联网创新中心、国家海洋工程装备创新中心、朱光亚战略科技研究院、清华大学尖端信息研究室、复旦大学工程与应用技术研究院、上海智能制造研发与转化功能平台、上海交大弗劳恩霍夫项目中心等一批高端创新平台落地,区域创新发展动能不断增强。获批国家新型工业化示范基地、再制造产业示范基地、中德智能制造示范园区、海洋经济创新发展示范城区。

4. 初步构筑了开放便利的营商环境竞争优势

秉承改革开放、创新基因,两轮"双特"政策赋予了临港在财政、人才、土地、管理等方面的特殊制度机制,聚焦行政审批等的改革创新不断探索,率先形成了"事权集成、窗口集成、信息集成、服务集成"四个集成的一站式全流程审批服务新模式,创造了审批验收服务等多项新纪录,体现了"临港速度"和"临港温度"。把握新时代改革开放机遇,市委、市政府进一步聚焦自主改革、人才集聚、产业发展、基础保障等形成新一轮政策体系,区域营商环境和发展潜力不断优化提升。

站立新起点、承担新使命,新片区产业发展已经积累了一定基础,但与国际上公认的竞争力最强的自由贸易园区、打造更具国际市场影响力和竞争力的特殊经济功能区的战略要求相比,仍有较大提升空间,主要是:面向国际高端引领的产业集中度和显示度还不够,全球资源配置能力仍较有限,前沿产业尚处于培育集聚阶段,现代服务业中高端环节占比不高,产业创新能级与国际竞争力、发展质量与经济密度均有待提升,吸引海内外人才汇聚、科技产业创新的配套设施、生态体系、综合服务、产城融合等有待增强完善,对标全球一流营商环境的改革突破仍需精心锤炼和全面打造,承载"五个重要"核心功能的政策制度和要素投入有待持续强化,需要以卓越开放的姿态和务实奋进的开拓,不断提升产业竞争力和创新力。

二、发展环境

面向未来、面向全球,新一轮科技革命孕育兴起,全球治理体系变革加速推进,我国推动更高水平的全方位对外开放,上海全力提升城市能级和核心竞争力,新片区产业发展既面临重大机遇,也面临新的挑战。

1. 国际经贸投资呈现新变化

当今世界处于百年未有之大变局,国际格局面临大发展、大变革、大调整,外部环境不确定因素增多,逆全球化思潮和贸易保护主义抬头,全球贸易和投资体系面临变革。同时开放水平更高、灵活性更强的区域贸易安排蓬勃发展,成为驱动经济全球化的重要引擎,自由贸易制度转向贸易、投资、金融等多领域自由化便利化制度联动创新,以中国为代表的新兴国家仍是外商投资首选地和世界经济增长的稳定动力源。新片区产业发展要服从服务国家战略,主动应对国际环境新变化,以更深层次、更宽领域、更大力度的全方位高水平开放,打造成为我国参与国际经济治理的重要试验田。

2. 全球产业变革面临新形势

新一轮科技革命和产业变革蓬勃兴起,创新范式更趋多样,信息技术、新材料技术、新能源技术、生物技术等融合突破,颠覆性、变革性技术持续涌现,创新活动网络化、全球化特征突出,多节点、多中心、多层级的全球创新网络正在形成。主要国家加强前沿产业布局和抢占未来竞争制高点,更多企业在全球范围配置资源,布局贴近消费市场的近岸在岸生产,扩大国际创新合作。新片区产业发展要主动融入全球协同创新网络,在开放融通中推进产业升级,突出关键核心技术、前沿引领技术等的创新,打造具有竞争力的现代产业集群和创新型企业群体,更高水平参与国际合作与竞争。

3. 我国改革开放进入新时代

我国正处于"两个一百年"奋斗目标的历史交汇期,以开放促改革促发展促创新的战略方针深入实施,全面深化改革纵深推进,全面开放新格局加快形成,国内国际双循环相互促进,区域协调发展统筹推进,我国经济转向高质量发展阶段,加快质量变革、效率变革、动力变革。自由贸易试验区被赋予更大改革自主权,实施高水平贸易和投资便利化自由化,引领构筑开放型经济新优势。新片区产业发展要紧扣新发展理念,推动"引进来"和"走出去"双向互动,加快向规则等制度型开放转变,率先构建开放型经济新体制,在实现高质量发展上走在全国前列,辐射联动长三角,共同完善沿海对外开放空间布局。

4. 上海城市发展迈向新阶段

作为全国最大的经济中心城市,上海正在全面落实党中央交付的"三项新的重大任务",强化全球资源配置、科技创新策源、高端产业引领、开放枢纽门户"四大功能",深入推进"五个中心"建设,全力打响"四大品牌",不断提升城市能级和核心竞争力,不断提高社会主义现代化国际大都市治理能力和水平。新片区产业发展要立足上海城市发展目标和战略使命,抢抓历史机遇,强化功能构筑,为上海经济发展注入新动力,在全市发展格局中发挥好增长极和发动机作用,助力提升上海"五个中心"建设能级和"四大功能"核心竞争力,创造新时代产业发展新传奇。

三、总体要求

(一)指导思想

以习近平新时代中国特色社会主义思想为指导,深入学习贯彻习近平总书记考察上海重要讲话精神,全面贯彻落实党的十九大和十九届二中、三中、四中全会精神,坚持新发展理念,坚持高质量发展,推进更深层次、更宽领域、更大力度的全方位高水平开放,全力集要素、兴产业、强功能、优生态,加快建设具有国际市场竞争力和影响力的现代化开放型产业体系与特殊经济功能区,将新片区建设成为集聚海内外人才开展国际创新协同的重要基地、统筹发展在岸业务和离岸业务的重要枢纽、企业走出去发展壮大的重要跳板、更好利用两个市场两种资源的重要通道、参与国际经济治理的重要试验田,为更好服务国家对外开放总体战略布局,提升上海城市能级和核心竞争力做出积极贡献。

(二)基本原则

坚持高端引领,一流发展。以全球视野和世界眼光,加强国际顶尖对标,统筹发展在岸业务和离岸业务,推动高端产业、高能级要素和核心功能集聚,迈向全球产业链、价值链、创新链、服务链高端环节,构筑国际竞争力和影响力。

坚持创新驱动,开放发展。以开放促改革促创新促发展,积极融入布局全球科技和产业协同创新网络,广聚海内外创新创业人才,加强独立自主和开放合作相促进,统筹利用国际国内两个市场两种资源,发展更高层次开放型经济。

坚持智慧生态,融合发展。顺应新技术革命浪潮,把握产业跨界融合、绿色发展大趋势,鼓励发展"智能""绿色""创意"等新理念新技术新模式,引领建设高度智慧生态、高效融合共生、高频创新互动的产业新生态。

坚持区域联动,协同发展。服务服从国家战略,主动融入长三角、长江经济带和"一带一路"建设合作,不断增强面向全球、衔接亚太、服务长三角的辐射带动力,提升产业链水平,增强产业链韧性,构筑产业协同发展大格局。

(三)发展定位

全球资源配置的战略枢纽。着力增强面向国际国内"两个扇面"的集聚和辐射能力,建设全球要素资源互联互通、集成增效的制度体系和功能平台,吸引全球资金、信息、技术、人才、货物等资源在新片区便利进出、高效增值和安全有序流动,成为全球经济网络资源配置的重要枢纽。

国际新兴产业的创新高峰。着力培育全球化、开放式产业创新生态,加强创新能力开放合作,推进跨地区跨领域跨行业协同创新,推动涌现一批基础研究和应用基础研究的原创性成果,持续突破一批关键核心技术,显著增强新兴产业原始创新力,打造具有国际竞争力的产业集群。

承载大国重器的国家名片。着力提升新片区在大国重器领域的基础优势,大力推动产业基础高级化和产业链现代化,加快向极端制造、精密制造、集成制造、智能制造等高附加值环节升级,摘取更多制造业的"皇冠明珠",成为引领我国制造业高端跃升、承载大国重器的国家名片。

产业开放合作的前沿门户。着力发挥改革开放试验田作用,对标国际最高标准、最好水平,强化制度创新先发优势,加大开放型经济的风险压力测试,高水准推动由商品和要素流动型开放向规则等制度型开放转变,在深度融入经济全球化中打造更高层次的产业开放合作新高地。

产城深度融合的品质标杆。着力促进新片区产业发展与城市建设紧密结合,精心营造优良人居环境和空间品质,精准优化配置生活要素和产业资源,加快构建国际一流城市形态,以品质卓越的城市功能引才聚才,推动以城兴业、以产兴城,成为人才近悦远来、扎根创业的沃土。

(四)发展目标

到2025年,新片区经济实力和经济总量大幅跃升,经济密度明显提升,产业基础能力和创新能力显著增强,一批世界一流企业、高开放度功能性平台和国内外高层次人才加速集聚,初步构建前沿产业和现代服务业协同发展的开放型产业体系,基本形成比较成熟的投资贸易自由化便利化制度体系。

高端引领的产业集群显示度明显提升。前沿产业重大项目持续落户,制造业总产值保持较快增速,新片区对全市制造业增长贡献达到1/3以上。新型国际贸易、跨境金融服务、前沿科技研发、高端航运服务等功能实现重要突破,离岸贸易、跨境金融交易有力增长。

开放融合的产业创新生态逐渐成形。创新环境包容开放、创新要素自由流动,一批技术先进的研发创新平台、国际科技人才和创新团队、国家技术创新平台、新型研发机构和各类创新创业主体集聚发展,一批重点领域关键核心技术和创新产品攻关突破,区域创新生态更具活力。

接轨国际的产业发展环境不断完善。聚焦高质量产业发展、高水平对外开放、高标准营商环境的改革创新深入推进,支持新片区先行先试的投资、贸易、资金、运输、人员从业自由、信息便捷联通,以及具有竞争力的税收政策等落地实施,服务支撑功能创新和产业发展的制度环境吸引力持续增强。

到2035年,新片区生产总值达到1万亿元,发展质量和效益显著提高,产业结构优化升级,前沿产业集中度和显示度大幅提升,集成电路、生物医药、人工智能、民用航空等重点领域产业竞争力国际领先,现代服务业水平高度发达,形成更加成熟定型的制度成果,打造全球高端资源要素配置的核心功能,建成具有较强国际市场影响力和竞争力的特殊经济功能区,成为我国深度融入经济和产业全球化的重要载体。

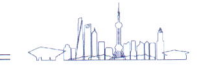

四、产业发展重点

围绕国家战略需要、国际市场需求大、对外开放度要求高的重点领域,集聚发展集成电路、人工智能、生物医药、民用航空等前沿产业集群,提升发展新型国际贸易、跨境金融、高能级航运、信息服务、专业服务等高端服务功能,培育发展离岸经济、智能经济、总部经济、蓝色经济等创新经济业态,建设具有国际市场影响力和竞争力的开放型产业体系。

(一)突破关键核心技术,打造具有国际竞争力的前沿产业集群

1. 全产业链融合的集成电路产业

聚焦重点突破,带动全链提升,建设国家级集成电路综合性产业基地和具有国际影响力的核心产业集聚区。加快核心技术源头创新。聚焦高端芯片、关键器件、特色工艺、核心装备和关键材料领域,推进 EDA 工具、新型存储、功率器件、汽车电子等一批核心产品技术突破,加快特色工艺研发和产业化,加强薄膜、湿法、掺杂、检测等设备、核心零部件和光刻胶、硅材料、化合物半导体等关键材料协同研发。提高产业集聚度显示度,加快发展集成电路高端装备、先进材料、特色工艺等领域,吸引国内外一流企业落地,鼓励跨国公司设立区域总部、离岸研发中心和制造中心,联动张江构建结构优化、技术领先的集成电路产业链,全面提升产业综合竞争力。建设开放合作的研发、制造、贸易平台,建设化合物半导体量产线,推进以射频、毫米波、光电、电力电子为代表的核心器件研发与产业化,研究设立国产设备材料验证中心,探索打造辐射亚太的集成电路芯片、装备及零部件贸易平台。

2. 开源创新赋能的人工智能产业

以技术创新为引领、多元场景应用为支撑,集合国际创新元素,搭建开放前沿的创新平台,建设人工智能创新和应用示范区。加快建设基础支撑平台。针对人工智能深度学习、数据挖掘、自主协同控制等基础理论,计算机视觉、自然语言处理、新型人机交互等核心技术,建立高质量、开放式人工智能训练数据集、算法模型库、标准测试数据集等资源库,布局高性能算力服务平台。推动智能核心产业集聚发展。加快发展智能芯片、智能传感器、智能硬件,培育智能机器人、智能驾驶等高附加值新兴产业,发挥人工智能投资基金引导作用,集聚发展人工智能核心软硬件。打造世界级应用场景示范。实施新片区"AI"行动,围绕航运物流、装备制造、医疗健康、城市管理、金融商贸等重点领域,引导全球人工智能最新成果在新片区"首发首秀",打造自动驾驶、工业智能、金融科技等具有影响力的应用示范项目。构建面向国际的开源开放生态。建设国际化人工智能研究机构,汇聚国内外开发者智慧,打造开源开放社区平台,推进人工智能软件框架研发和开放,在重点领域形成"算法、数据、场景"一体的开发者社区,建设国际人工智能开发生态网络的关键节点。

3. 面向高端前沿的生物医药产业

瞄准生物医药和生命健康产业前沿,聚焦创新药物和高端医疗器械,打造具有国际竞争力的生物

医药研发制造基地和服务中心。加快关键核心技术攻关突破。在抗体、免疫治疗等高端生物制品、新型药物研发及产业化,高端影像设备、植介入器械与治疗设备等重点领域,支持市场主体开展关键技术、核心部件及基础材料等的攻关。加强生物医药产业链布局。围绕高端"研发制造服务"布局,鼓励再生医学、组织器官再造等前沿科技研究,聚焦创新药物、高端医疗器械、精准医疗等领域,加快落地高端生物医药产业化项目,建设高标生产基地和研发中心,联动张江药谷和东方美谷,构建生命科技产业链。优化生物医药研发货物进口流程,支持规模化CMO生产平台建设,深化MAH制度改革,鼓励总部经济模式。发展生物制品、高端化学药物、高端医疗器械研发制造等关键环节的服务外包。推进高端平台载体建设。高水平建设临床医院和临床医学中心,强化医疗服务对产业的支撑力度。构建医药医疗大数据平台,推进人工智能、区块链等新技术应用。支持企业联合高校、科研院所共建生物医药创新中心、共性技术研究和成果转化平台。

4. 集成创新驱动的民用航空产业

集聚发展设计、研发、制造、应用与服务,建设具有全球影响力的民用航空产业集群,布局发展航天产业。加强核心技术和产品攻关。围绕发展大型客机、航空发动机、通用航空等重点领域,聚焦总装试飞、装机配套、生产支持、工装设备、发动机零部件、复材结构件制造等关键环节及核心材料,加强前沿技术和关键核心技术研发。推进创新要素和产业集聚。推进大飞机创新谷和大飞机产业园建设,聚集创新人才、创新装置、创新机构等要素,加速基础研究、技术开发、产品研制、试验验证等配套功能集聚,推动总装交付、关键配套、生产支持、科技研发、航空文旅、运营服务等全产业链发展,形成关键核心技术自主可控的产业载体,建成具有全球影响力的大飞机科创中心和世界级航空产业基地。推动航天领域延伸布局。聚焦卫星产业链,加强卫星制造、卫星测运控及应用等的资源整合,推进智慧天网工程实施与成果转化,加快构建卫星互联网应用产业新生态圈,助力大数据、云计算、车联网、物联网等新兴产业发展。

5. 深度跨界融合的智能新能源汽车产业

以跨界融合、绿色智能为驱动,推进智能网联示范应用,成为上海建设世界级汽车产业中心的重要增长极。聚焦关键技术研发和产业化。支持开展新能源汽车新一代电池、动力系统一体化集成、燃料电池,以及智能网联汽车机器视觉环境感知、人工智能决策、线控制动及转向控制执行、V2X通信、信息安全、高精度地图定位等技术攻关,加强核心零部件研发及产业化。优化智能新能源汽车产业布局。引入全球领先的智能新能源汽车整车企业及产业链上下游企业,构建智能新能源汽车核心部件创新产业集群,鼓励整车、重点零部件企业、高校和科研机构组建国家智能汽车研发应用平台,加快自动驾驶及智慧交通云平台建设。开展智能网联示范应用。全面开展基于多场景的示范应用,加强车路协同技术的智慧道路基础设施建设,优化智能网联汽车综合测试示范区功能,推进洋山港智能重卡示范运营和规模化应用,扩大自动驾驶特定场景应用,探索智能网联汽车市场化应用模式,培育"平台生态"服务新模式。

6. 体现尖端硬核的高端装备制造产业

以智能制造为引领，以主攻高端、精密提升、拓展服务、智能升级为重点，打造世界级智能制造产业中心。提升发展高端装备制造。培育发展机器人与增材设备、智能测控装备、精密仪器仪表、智能关键基础零部件等智能制造装备产业；以深海开发、系统配套为重点，加强海洋动力、深海工程等装备研制；推动核电、风电、太阳能等能源装备核心技术突破；吸引和培育具备国际竞争力的智能制造装备供应商、系统解决方案供应商，推进产业链协同发展。加快集聚智能制造功能载体。建设国际先进的一体化太赫兹研发与测试平台，做强智能制造、工业互联网、海洋高端装备等功能型平台，加快共性关键技术研发与应用成熟度提升，赋能传统产业升级。着力开展智能制造模式示范。推动5G、人工智能、区块链等新兴技术深度应用，在民用航空、汽车、海工、医药等领域试点示范智能制造新模式，加快建立以状态感知、实时分析、自主决策、精准执行、学习提升为特征的智能制造系统，打响新片区"智能制造"品牌。

7. 循环价值引领的绿色再制造产业

实施绿色制造，推动绿色发展，以高技术含量、高可靠性、高附加值为核心特性，建设国家级绿色再制造和面向"一带一路"的高端智能再制造创新示范区。加强绿色再制造技术创新。发展绿色再制造设计，建设高端智能再制造技术研发中心，加快增材制造、特种材料、智能加工、无损检测与评估等再制造关键技术创新，提升再制造产品综合性能。聚焦重点领域高端化应用。支持在特殊综合保税区开展数控机床、工程设备等产品全球维修和再制造。培育汽车零部件、港口机械等高附加值关键工艺再制造项目，推进航空发动机与燃气轮机、工业机器人、高端医疗设备等高端再制造技术创新应用，形成一批国际知名再制造企业和品牌产品。拓展绿色再制造新模式。建设再制造产品检测认证、智能损伤检测与寿命评估等专业化服务平台，建立绿色认证和评级体系，发展全托式维保、再役再制造等新模式，培育再制造高技术服务业，支持企业"走出去"，服务"一带一路"沿线国家制造业绿色发展。

(二)链接世界服务网络，打造具有全球辐射力的现代服务产业集群

1. 服务全球的新型国际贸易

积极发挥贸易便利化自由化优势，大力推动新型国际贸易创新发展，打造全球供应链管理中心和服务贸易新高地，建设具有较强国际竞争力的新型国际贸易枢纽。加快离岸和转口贸易发展。实施更高水平的贸易自由化便利化监管措施，提升离岸贸易结算和营运功能，提供高效集拼、分拨和交割业务，服务跨国公司总部国际性业务需要，加大开放风险压力测试，增强全球资源调配功能，打造全球及亚太供应链管理中心。做大做强新兴服务贸易。加快文化服务、技术贸易、信息通讯、检验认证、医疗健康等新兴服务贸易发展，大力推动生物医药、软件信息、研发设计、检测维修等离岸服务外包业务发展。集聚新型跨境电商总部、综合服务平台，试点跨境电商进口供应链业务、B2B出口业务等模式，

鼓励新片区企业建设跨境电商海外仓和海外运营中心。大力发展数字贸易。推动完善数字贸易要素流动机制，引进和培育一批数字贸易创新市场主体，发展数字娱乐、数字出版等高附加值数字内容跨境贸易，不断深化云服务、数字服务等领域的开放合作，打造数字贸易类示范基地，建设数字贸易企业合作生态圈。

2. 创新安全的跨境金融服务

对标国际通行规则，推动金融制度、业务与产品创新，提升跨境金融服务能力，高标准建设金融开放创新试验区和国际金融服务区。大力发展跨境金融。发展跨境发债、跨境投资并购、跨境再保险和跨境资金集中运营等跨境金融，研究具有国际竞争力的跨境金融税收安排。探索本外币合一跨境资金池试点。稳步推进资本项目可兑换，提升贸易外汇收支和资本项目收支便利化水平。支持金融要素市场创新发展，探索建设国际金融资产交易平台。积极发展国际资产管理和股权投资。吸引集聚跨国公司资金管理中心，显著增强财资管理等功能，成为配置全球金融资源的重要突破口。探索设立美元基金、欧元基金，开展外币资产管理。创新投资基金管理机制，吸引国内外知名机构设立私募、风投和产业投资基金。鼓励银行、保险等资金投资新片区重点产业，开展未上市企业股权投资和直接投资等。加快培育特色金融优势。积极发展飞机、船舶、医疗设备等融资租赁，优化航运金融服务。推动贸易融资资产跨境转让，支持开展人民币跨境贸易融资和再融资。吸引金融机构和大型科技企业设立金融科技公司，加快金融科技创新应用，探索"监管沙箱"制度。

3. 高效便捷的现代航运服务

拓展提升航海航空国际枢纽港功能，建设航空总部基地和国际领先的航运物流中心，增强全球航运资源配置能力。加快高能级全球航运枢纽建设。支持浦东国际机场建设品质领先的世界级航空枢纽，建设具有物流、分拣和监管集成功能的航空货站，打造区域性航空总部基地和航空快件国际枢纽中心。高水准推进洋山港建设运营，推动小洋山北侧综合开发，建设可靠、高效、具有世界先进水平的自动化集装箱码头，提高对国际航线、货物资源的集聚和配置能力。提升全球航运服务功能。探索发展航运指数衍生品业务，鼓励开发利用航运大数据资源。吸引现代航运产业链高端环节和新兴业态集聚，推动沿海捎带、船舶检验业务开放试点，推动国际船舶登记业务发展，支持内外资企业机构开展航运融资、航运保险、航运结算、航材租赁、船舶交易和航运仲裁等高附加值业务，深化航运标准体系建设。提升国际中转能力，打造集拼物流信息平台，推动境内外快速集拼、快速集运。加强区域港航合作。利用浦东国际机场与"一带一路"沿线国家和地区扩大航权安排，吸引航空公司开辟经停航线。以洋山深水港、浦东国际机场、芦潮港铁路集装箱中心站为载体，加强海空铁运输信息共享，提高多式联运的运行效率。

4. 融合开放的信息服务

强化数字赋能，发展数据产业，探索建立安全高效的跨境数据流动机制，建设信息服务开放合作的"连接器"和"数字丝路"的枢纽口岸。推动数据产业新技术新应用。优先发展与新片区产业融合度高、国际合作性强的工业软件、云计算、大数据、离岸信息服务等产业,增强信息技术创新能力,大力推进基础软件、行业应用软件、信息安全软件、区块链、边缘计算等的研发应用,支持高端化数据处理、数据分析、数据挖掘等数据增值服务。建设标志性国际化产业集聚区。深化信息服务业扩大对外开放,推动完善云计算等新兴业态外资准入与监管,试点增值电信业务告知承诺制度,高标准建设国际数据产业园,集聚国际领军企业和重大项目。探索数据跨境流动机制。以安全有序为前提,探索国际互联网数据交换和转接等业务,聚焦人工智能、生物医药、智能制造、总部经济等关键领域,探索国际化数据流通机制,加强数据资源汇聚,增强流通活跃度,强化数据安全管理,成为参与全球数字经济发展与国际合作的重要平台。

5. 优质高效的专业服务

发挥与科创中心联动优势,加快集聚高能级全球专业服务机构和高端化科技服务资源要素,建设具有国际影响力的专业服务示范区和国际技术交易枢纽。搭建科技服务新平台新载体。积极争取国家重大科技基础设施、技术创新中心、工程技术研究中心等布局新片区,建设一批具有产业带动力的新型研发机构和功能型平台,打造一批创新资源共享、创新载体共建的国际化科技服务新平台新载体,增加科技服务源头供给。加快提升科技服务专业服务功能。服务上海科创中心建设,加快集聚全球高端专业服务机构和科技服务资源,培育发展全球研发设计、技术转移、创业孵化、知识产权、科技咨询及检验检测认证等科技服务功能。提升专业服务合作发展环境。扩大服务业对外开放,吸引高端专业服务领域国际行业组织、专业咨询、创意设计、法律服务等机构落户新片区,放宽专业服务业从业人员限制,发展一批国际知名专业服务机构和品牌。依托上海技术交易所,搭建跨境专业技术服务平台。建设以"一带一路"为重点的国际技术产权交易、技术转移转化平台,构建跨国技术交易和转移全球网络,提供技术转移服务及中试和技术熟化等集成服务,促进国际科技创新大循环。

(三)培育特色驱动优势,打造具有时代影响力的开放创新经济业态

1. 自由便利的离岸经济

依托新片区贸易投资便利化自由化,强化金融创新、海关特殊监管等的重要支撑,打造统筹发展在岸业务和离岸业务的重要枢纽。积极发展离岸贸易。优化资金跨境结算等便利化制度环境,加快集聚跨国贸易中间商,鼓励新片区内企业开展真实、合法的离岸转手买卖业务。试点发展离岸金融。在风险安全可控的前提下,创新发展离岸金融业务,服务区内离岸转手买卖、境外投资、离岸租赁和跨境保税转租赁等离岸业务发展,不断提升金融服务全球经济贸易的适配性。鼓励发展离岸研发。支持国际企业在新片区建立离岸研发中心,推动研发业务外包,支持开展境内外孵化器双向孵化。大力发展离岸生产。鼓励内外资以离岸方式参与整合产业链,依托新片区产业优势,发展高端离岸生产和制造业。

2. 引领未来的智能经济

以智能技术为核心驱动,推进全要素智能化革新,实现智能产业化和产业智能化,引领打造智能经济创新发展试验区。强化新一代智能技术基础工程。加强底层技术攻关,加速大数据技术创新,构建更高质量数据集,夯实智能运行数字底座。提升标识解析国家顶级节点枢纽功能,推动扩容提质增能。融合赋能产业链创新链。聚焦新片区重点产业实施"灯塔工程",创新"5GAI未来技术"的融合发展新模式,打造工业互联网功能型平台增强版,建设智能新技术、新模式、新业态综合测试床,培育国家级标杆平台和龙头企业,创新智能技术对金融航运、文化创意、健康管理等的全面赋能发展。构建开放融通的创新生态。示范建设"开源平台领军企业行业应用"的生态架构,构建多产业链、多系统联动集成的智能运行体系,积极培育知识驱动、人机协同、跨界融合、共创分享的智能经济形态。

3. 高端聚能的总部经济

营造国际最高标准、最好水平的总部经济生态环境,打造新兴总部经济集聚区。集聚全球功能型企业总部。发挥新片区贸易投资便利化自由化优势,集聚发展跨国公司营运管理总部、资金结算总部、离岸业务总部、制造业总部等,推动跨国公司总部向研发、制造、贸易、结算、数据等多功能总部拓展,支持大型央企、国企和民企设立总部机构或投资性平台。探索实施更加开放的总部政策。服务跨国公司总部开展国际性业务需要,在新片区探索实施更加开放、更有针对性和更具吸引力的政策,提升总部全球资源调配功能。对接进口博览会等重大平台,聚焦跨国公司、行业领先企业,加强总部企业对接服务,建立更具竞争力和影响力的总部经济发展平台。

4. 面向大洋的蓝色经济

服务海洋强国战略,拓展经济发展深蓝空间,打造上海建设全球海洋中心城市的核心承载区。构建创新型海洋产业体系。加强陆海资源统筹,培育壮大海洋高端装备、海洋生物医药、海洋新材料和可再生能源利用等海洋战略性新兴产业,促进信息技术与海洋产业的深度融合,发展海洋信息服务业,推动海洋文化旅游发展,建设全国海洋经济创新发展示范城市。发展海洋高新技术。加快深水、绿色、安全的海洋高技术创新,发挥国家海底观测网临港基地、深渊科学技术流动实验室等功能载体作用,推进深海和极地资源勘探利用,推动关键系统和专用设备研发制造。加强全球和区域协同发展。联动长三角打造海洋经济发展引领区,深度融入"21世纪海上丝绸之路"建设,加强海洋科技和产业投资合作,开展海洋科技教育、海洋生态环境合作交流,拓展海洋经济新空间。

五、产业空间布局

(一)总体布局

立足新片区空间方位、交通布局、产业基础和功能建设,着力建设两港发展带、沿湾发展带,打造新兴产业创新走廊,差异化布局多功能产业组团,形成"两带一廊多组团"产业空间发展格局。以

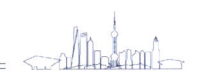

119.5平方公里为先行启动区,联动布局临港地区386平方公里,加快产城融合发展,统筹推进873平方公里规划建设,为新片区前沿产业发展和现代服务业集聚提供载体支撑。

1. 两大发展带

以环滴水湖核心区为重要链接点,建设两港、沿湾两大产业发展带。(1)两港发展带。依托空港、海港南北联动优势,连接浦东机场南侧区域、综合区及先行区、现代服务业开放区、滴水湖核心区以及小洋山岛区域,布局民用航空等高端产业,提升航运服务功能,加快发展高能级、开放型现代服务业,引入培育未来产业,集聚吸引总部经济。(2)沿湾发展带。连接国际创新协同区、特殊综合保税区芦潮港区域、前沿产业区、生命科技产业区、星火开发区,吸引全球顶尖科学家和创新创业精英,布局研发设计中心、创意孵化基地,建设多功能特殊综合保税区,集聚发展集成电路、人工智能、生物医药、高端装备等前沿产业。两带延伸拓展。依托沪通铁路、沪乍杭铁路、南北空港海港等大通道大枢纽,辐射联动长三角,带动提升沿江沿海产业能级。

2. 新兴产业创新走廊

与临港环湖核心区、两港发展带及沿湾发展带联动发展,聚焦书院、万祥、海港、青村、奉城、金汇等重点园区,由东南向西北串联布局多组团,重点聚焦前沿产业、高端生产性服务业和科技创新服务,形成生态良好、绿色发展、功能互补、产城融合的新兴产业创新廊道。

3. 多功能产业组团

依托空间要素和自然条件,强化协同联动、功能置换,显著提升公共服务配套密度与品质,打造多节点组团式发展格局。万祥书院组团,加大创新创意要素导入,联动综合区规划建设具有承载力和影响力的国际信息产业园,为集成电路等前沿产业发展预留战略空间。四团海港组团,整合四团、海港板块,着力提升物流服务功能,布局智能新能源汽车上下游产业链,建设先进制造产业和生产性服务业集聚区。奉城青村组团,重点布局高端智能制造、轻质精密制造,推动研发设计、检验检测、供应链管理、平台经济等生产性服务业集聚发展,打造产业融合发展示范区。星火开发区,加快承接生物医药高端前沿技术成果转化,联动张江药谷、东方美谷布局高端生物医药产业化,培育科技运动装备等特色产业,提升智能制造能级。金汇组团,逐步释放滨水空间,联动交通大学、紫竹科技园等校区园区,积极承接张江科创资源溢出,打造生态型科创组团、未来产业发展空间和现代都市产业集聚区,建设一流滨水数智湾。

(二)先行启动区

聚焦119.5平方公里先行启动区,率先集聚一批功能性、标志性重大项目,高标准集约建设前沿产业集聚区、现代服务业开放区、国际创新协同区、特殊综合保税区、南北两翼功能区,彰显特殊经济功能,发挥辐射带动作用。

1. 前沿产业集聚区

围绕高端制造功能,聚焦关键核心技术、过硬质量品质、优势集群创建,建设卓越制造基地。依托临港前沿产业园、生命科技产业园、综合区先行区等区域,重点布局集成电路等新一代信息技术、生物医药、高端装备产业。建设集成电路产业化承载区,集聚发展特色工艺、关键装备、基础材料、高端封测等产业项目。提升装备制造能级,以国家重大战略需求为牵引,聚焦海洋高端装备、能源装备、精密工程等优势领域,加快关键核心装置研制,推动高端制造与绿色再制造的协同发展,树立智能制造示范、标杆工厂。积极引入氢能源汽车产业项目,依托智能新能源汽车龙头企业,集聚发展以关键配件为基础的产业集群。推动量子通信技术发展,依托上海微小卫星工程中心,加大吨级卫星、小微卫星装备的研发力度,打造全国先进卫星科学技术研发中心、航天科技成果转化基地。加快生命科技产业园建设,积极引入创新药物研发生产和高端医疗器械企业,建立产学研医用合作大平台,引入行业领先孵化器资源,提供从生命科技产业的研发到产业化、从创业到发展壮大等全过程的服务支持。

2. 现代服务业开放区

围绕现代服务功能,建设特色鲜明、业态高端、能级突出、功能集聚的开放服务示范区,打造环湖中央活力区,发展跨境金融、新型国际贸易、信息服务、高端专业服务等开放型现代服务业,加快总部经济集聚。吸引设立银行保险证券跨境金融业务总部、金融科技公司、融资租赁公司、航运保险中心、再保险(分)公司,以及大型企业集团金融控股公司、资金管理中心等。鼓励私募股权投资基金、风险投资资金和产业基金投资落地。探索设立境内贸易融资资产跨境转让等跨境金融资产交易平台。结合新片区人工智能等新兴产业发展,创新金融科技应用场景。扩大文化、医疗、数字贸易等新兴服务贸易开放力度,吸引高能级主体落地,打造服务贸易总部基地。加快吸引新型跨境电商,建设海外运营中心,充分融入境外零售体系。推动医疗服务扩大开放,推进跨境医疗保险产品开发和国际医疗保险结算试点。吸引境内外金融、法律、建筑、规划、设计等高端专业人才集聚,积极发展人才中介服务。

3. 国际创新协同区

围绕创新协同功能,打造创新涌动、活力迸发、开放包容的国际创新协同先行区。发挥临港科技城集聚优势,汇聚国内外创新资源和智力元素,搭建具有全球影响力的国际科学交流平台,推动创新创意孵化,加快前沿产业技术研发。建设世界顶尖科学家科学社区和联合创新实验室,积极引进一批国际顶尖科学家,国内外创新实验室、研发设计中心、中央研究院,推进研发与转化功能型平台落地,推动重大科技成果转移转化。聚焦人工智能、智能网联汽车、生物医药、集成电路等领域,打造一批全球化合作、市场化运作的共性技术研发和产业促进服务平台,加快吸引行业龙头企业、创新创业企业和专业性服务机构入驻,培育新型孵化器、加速器。建设"国际数据港",探索推进工业互联网、跨境金融贸易等数据资源国际互联互通。发展特色临床医学研究中心,建设衔接国际规范和技术标准的创新医药临床研究机构和资源服务公共平台。建立共享共创新载体,提升高校科技成果转化效率,促进高校科技成果就近转化孵化。

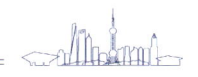

4. 特殊综合保税区

充分发挥特殊综合保税区政策创新优势，立足芦潮港、小洋山岛、浦东机场南部区位特色，加强区内区外融合发展，提升高端制造、保税研发、保税维修、现代航运服务功能，打造国内开放层级最高、自由便利程度最优、综合功能最显著的海关特殊监管区域。拓展特殊综合保税区航运功能，培育中转集拼、冷链物流、智慧物流等特色增值服务，建设国际物流分拨中心。发展跨境电商、转口贸易、文化艺术品展览展示交易、供应链管理、平行汽车进口等新型国际贸易，建设服务全国、面向国际、内外链接、期现联动的大宗商品仓储交易平台。大力支持保税研发，探索技术成果、技术产品的跨境交易。发展大型设备、无形资产融资租赁、航材交易等金融服务，吸引国内外融资租赁企业区内设立SPV项目公司。开展高技术含量、高附加值保税维修业务和绿色再制造，建设绿色全球维修、成套设备全球检测调试等补给服务基地。探索实质性加工认定和适应性制度安排，推动高端制造与服务贸易、货物贸易的集成发展，推进集成电路、生物医药、民用航空、高端装备等先进制造业集聚发展，支持重点产业领域核心企业统筹利用国际国内两个市场、两种资源，建设具有国际竞争力的高端研发与制造中心。

5. 南北两翼功能区

围绕高端制造和现代服务综合功能，放大浦东机场南片区、小洋山岛区位优势，重点发展现代航空产业以及现代航运服务业，构筑"两翼齐飞"航空航海功能区。加快浦东机场南侧开发，对标世界一流航空城，着力推进大飞机产业园和大飞机创新谷建设，集约建设规模化产业集聚区，培育集聚总装交付、关键配套、生产支持、科技研发、航空文旅、运营服务等产业链，推进大飞机制造向中高端跃升，高标准建成国际航空城和临空产业示范区。拓展浦东机场国际航线覆盖面，强化洲际转运功能，提升航空总部、航空补给、航空物流能级，发展特色冷链等航空运输服务。依托洋山深水港，推进小洋山北侧综合开发，完善航线资源配置，加快发展国际中转集拼，提升船舶运输管理、船舶备件供应、物料供应、燃料油供应等综合服务，多措并举增强港区集疏运能力，加快形成更高效、更具国际竞争力的国际航运物流供应链服务体系。

六、保障措施

（一）加强政策突破创新

以规划引领产业创新发展，优化新片区功能空间格局，提高建设强度和经济密度，促进资源要素高效率配置。围绕落实总体方案要求，持续深化全方位、深层次、根本性制度创新改革，强化首创性、差别化产业政策探索，加强开放战略前瞻性研究，探索突破前沿产业和离岸业务发展的政策制约，厚植新片区特殊经济功能区根植性竞争力，加快形成成熟定型的开放型产业制度支撑体系。实施更大力度、更加有效的管理体制机制创新，赋予新片区更大的自主管理权限。建立健全符合国际惯例、体现新片区功能特点的统计监测体系，加强对创新型产业发展的监测、预测和分析，为新片区政策制修订提供依据。

（二）优化投资服务网络

创新投资合作方式，加强国际招商合作，强化制度招商、功能聚商、开放引商和服务亲商，面向全球吸引高端产业和创新资源要素。设立新片区招投联动平台，搭建国内外各类投资机构等与新片区企业的嫁接桥梁，创新股权投资等方式，带动社会资本投向重大产业项目和初创型企业，积极引进一批高新技术成果转化及产业化投资项目，加快集聚一批功能型、辐射型重大合作平台，开展"总部经济生产基地科技研发"等的联合招商。积极开展"一带一路"经贸合作，支持服务企业"走出去"发展，搭建国际投资促进服务平台，鼓励合作建设境外经贸合作区等产业园区，加强全球新兴产业和创新技术等的对接合作。

（三）提升基础设施配套

加快布局数字"新基建"，推进以5G、云计算、物联网、车联网等为代表的新一代信息基础设施建设，实现5G网络、超高速光纤网、新型城域物联专网等全覆盖，构建安全便利、信息畅通的全球数据枢纽平台、互联网数据专用通道等国际通信设施。超前谋划适应未来发展的"海陆空天"一体化信息基础设施建设，形成一流网络接入能力、服务质量和国际化应用水平。完善区域综合交通网络体系，构建高效连接世界、畅达联通区域、快速衔接市区、便捷服务新片区的综合立体交通网络，显著增强区域内交通供给，加快建设快速便捷连接市区的交通网络，优化多式联运集疏运体系，加强产业特殊运输通道保障，形成与新片区城市形态、产业发展、人口分布相匹配的多层级综合交通体系。

（四）强化资源要素保障

加大财税支持力度，探索实施适应境外投资和离岸业务发展的税收政策，加快落地实施各项具有国际竞争力的税收制度安排。建立新片区专项发展资金，统筹用于创新创业扶持、人才引进培养等，制定重点产业项目长期低息贷款并吸引保险资本支持的政策。积极探索"国际科技创新券"，推动新片区国际科技成果转化。加强空间资源高效利用，实施存量用地更新计划，新片区新增建设用地指标实行单列，与减量化指标脱钩，试点项目环评审批优化简化，推进重点产业区域环评，新建重大项目争取国家能耗单列，以弹性约束保障产业高质量发展。对符合新片区产业功能的项目，提高工业、研发用地容积率，实行集约高效的混合用地、创新型产业用地政策。

（五）打造一流人才生态

实施人才优先发展战略，探索建设集"人才交流集聚、创新创业示范、人才改革试验、综合服务生态"为一体的国际人才自由港。积极拓宽海外引才渠道，放宽现代服务业从业限制，引进国际化专业技术职业培训项目，设立境外人才工作和创业绿色通道，创建外国人才服务港湾和海外留学人员创业园。实施更加开放有效的创新创业激励政策，优化人才发展的事业环境、生活环境，充分利用户籍等制度突破，引进培育高层次创新人才和高技能人才，加快技能型人才目录制定，支持校企共建国际化产教融合实训基地、科研成果转化平台,强化人才住房保障,为新片区青年群体提供稳定可负担的住房,加快形成国际融合、梯次合理、活力四射的人才队伍体系。

(六)推进产城深度融合

丰富城市服务功能,强化优质均衡、便利可及的基本公共服务保障,加大义务教育、公共文化、就医养老、综合能源等公共服务的就近供给,鼓励高能级、高品质的特色化服务,建设宜业宜居现代化国际新城。支持引进高水平国际学校和国际顶尖教育资源,推进区内高校高水平发展,加快建设一流学科。加强国际医疗资源导入,支持境外医疗机构区内办医。加快推进艺术中心、文化体育、商业网点、国际社区、蓝绿生态走廊等重点城市功能项目建设,打造令人向往、彰显品质、舒适怡然的公共空间。推进城市治理模式创新、手段创新和制度创新,建设智慧城市治理的国际典范。

(七)营造更优营商环境

对标国际最高标准、最好水平,以提升获得感和满意度为根本,复制推广"特斯拉"速度,深化"放管服"改革,加快营造法治化、国际化、便利化的营商环境。推动知识产权、要素流动、竞争政策、争端解决等的制度探索。加强知识产权保护和执法,鼓励参与国际规则制定,强化知识价值创造保护运用。建立公平竞争制度,进一步放宽市场主体准入。支持建设国际商事纠纷审判组织。以信用承诺、技术赋能、制度创新为核心,打造"信用监管"新片区样板。以风险防控为底线,推行"极简审批"制度,优化事中事后监管,建立与国际接轨的监管标准和规范制度,打造一流营商环境新高地。

中国(上海)自由贸易试验区临港新片区管理委员会关于印发《中国(上海)自由贸易试验区临港新片区科技创新型平台管理办法(试行)》的通知

管委会各部门、各直属单位,临港新片区各镇、各开发公司、各有关单位:

现将《中国(上海)自由贸易试验区临港新片区科技创新型平台管理办法(试行)》印发给你们,请认真按照执行。

特此通知。

中国(上海)自由贸易试验区临港新片区管理委员会
2020 年 3 月 26 日

中国(上海)自由贸易试验区临港新片区科技创新型平台管理办法(试行)

第一章 总 则

第一条 为进一步贯彻落实《关于促进中国(上海)自由贸易试验区临港新片区高质量发展实施特殊支持政策的若干意见》(沪委发〔2019〕20号)、《中国(上海)自由贸易试验区临港新片区促进产业发展若干政策》(沪自贸临管经〔2019〕12号)等文件精神,促进中国(上海)自由贸易试验区临港新片区(以下简称"临港新片区")产业高质量发展,着力打造世界级前沿产业集群,提升科技创新和产业融合能力,规范和加强辖区科技创新型平台(以下简称"科创型平台")的建设和运行管理,制定本办法。

第二条 科创型平台是临港新片区服务上海建设具有全球影响力科技创新中心、提升全球创新策源能力的重要载体,是面向产业创新需求、促进科技创新资源开放协同的新型研发与转化组织。其主要功能包括:支撑产业链创新,形成对产业链各环节技术研发成果转化过程的技术服务供给;支撑重大产品研发,提供共享设备,开展共性关键技术和产品攻关及应用;支撑创新创业,以资源汇集和专业化科技服务为抓手,为各类创新创业活动提供引导和支撑;支撑科创企业和项目孵化,以多元化形式参与培育、孵化产业链相关环节的科技创新型企业及项目。

第三条 科创型平台的建设运行遵循政府主导、社会参与、市场化运作原则,注重引导社会各方资源参与,并采取新的科研管理体制,以专业化运作方式,在组织架构、体制机制上创新突破。

第二章 建设条件和认定程序

第四条 承建科创型平台的单位(机构)应当具备以下基本条件:

1. 推动前沿产业创新。对接国家、上海和临港新片区产业发展战略目标,顺应产业创新发展的重大需求,能够促进创新资源开放协同,并为产业共性技术研发转化和创新链发展提供服务和支撑。

2. 具有核心服务能力。结合所在行业技术创新特点,掌握有利于研发与转化的科学装置、工程化平台、中间试验线、工艺试验线、检测评价服务、数据标准库等,形成对产业链创新、重大产品研发、创新创业的条件支撑、资源集聚和解决方案供给能力,在行业领域中具有较高地位和影响力;具备产业链相关科技创新型企业和项目培育引进的能力。

3. 拥有高水平人才队伍。拥有高水平且结构合理的科技创新团队和管理队伍,其中领军人才具有行业公认的个人成就与号召力,熟悉相关领域情况和技术发展态势,能够集聚一批国内外优秀人才和各类创新资源。

4. 形成科学高效的管理机制。明确公共科研和非营利属性,采取市场化、实体化运作模式,具备清晰的发展目标和相匹配的科研管理体制和运行机制,形成合理的科研组织、资金筹集、人才发展、创新合作机制,并应逐步具备市场化能力,能够可持续发展。

第五条 科创型平台建设按以下程序进行认定:

1. 推荐。临港新片区管委会相关部门依据科创型平台建设的基本条件,向临港新片区管委会推荐平台筹建单位,指导督促平台筹建单位提交建设运营方案等材料。

2. 论证。由临港新片区管委会高新产业和科技创新处组织开展对筹建单位和建设方案进行综合论证工作,可委托有资质的第三方进行评估,形成包含建设和运营支持方案的立项评估报告;建立会商联审机制,结合立项评估报告,提出包含项目实施任务、财政投入金额、考核目标等建设方案的综合意见。

3. 立项。对经过综合论证的筹建单位和建设运营方案提交临港新片区管委会审议。对审议通过的予以立项,纳入临港新片区科创型平台建设布局。

第三章 运行管理

第六条 对立项建设的科创型平台,实施合同式管理。由承建单位与临港新片区管委会签署并以合同形式约定平台建设的目标、内容、财政资金投入、评估考核指标等。科创型平台的运行管理内容包括:

1. 企业化实体运作机制。鼓励承建单位在组织架构、体制机制上开展创新突破,不断提升平台运作效率。

2. 多元化资金筹集机制。充分发挥财政投入资金的引导性作用,拓展平台多元融资渠道,吸引社会资本共同投入,支持平台以自有资金成立投资基金开展市场化、专业化运作,不断培育衍生项目及企业,实现良性互动和持续发展。

3. 开放式人才管理机制。实施社会化招聘、企业化管理的用人机制,引进和培养一流领军人才,打造多元化人才队伍。探索中高级专业技术人才双向挂职、短期工作、项目合作等柔性流动方式,探索采用年薪制、协议工资制、项目工资等方式,建立有利于人才良性流动、科学考核的管理机制。

4. 创新开放合作机制。引导科创型平台面向行业开放共享创新资源,提供共性支撑与专业服务。加强与国内外、区内外高校院所、企业的联系,在临港新片区开展项目联合攻关、共建研发基地和创新联盟、支持孵化创业企业、打造产业集群、提供咨询服务、举办国际会议等多种形式的合作交流。

5. 健全考核评估机制。对科创型平台开展年度考核评估,设立研发办公空间使用效率、共性技术攻关与服务、科技成果转化、知识产权保护及运用、主导或参与标准制定、科创企业和项目孵化、人才培养引进、产学研合作、产教融合、国内外科技合作交流、多元化资金筹措、科研设备设施共享、科普教育基地建设等考核指标体系;相关指标由临港新片区管委会相关部门根据实际情况,可进行阶段性调整更新。

第七条 科创型平台财政资金使用管理主要原则为:

1. 财政资金投入的50%可用于平台自身的建设、运营和管理,50%可用于以股权等多元投资形式培育孵化与平台主导产业方向相关的科技创新型企业和项目。

2. 科创型平台可以项目形式申请临港新片区与科技创新、产业促进等相关的专项资金,但同一项目仍需按照"从优不重复"的原则,不能重复享受临港新片区出台的支持政策。

3. 科创型平台培育孵化的企业或项目,可以独立企业法人申请临港新片区相关支持政策和专项扶持政策。

4. 对由剥离竞争性成熟技术而孵化成立的衍生企业和项目,科创型平台的持股比例应有利于保持平台的中立性。

第八条 科创型平台应向临港新片区管委会相关部门报告技术研发、目标任务推进进展、重要人事变更等信息,报送年度报告、绩效目标年度完成情况及下一年度工作计划。

第四章 投资培育企业和项目

第九条 开展科创型平台使用财政扶持资金投资培育科创企业和项目试点工作,纳入试点的科创型平台可将财政资金投入总额50%的经费,用于以股权投资等多元化形式培育孵化符合临港新片区产业导向科技创新型企业和项目,并负责项目投资签约、跟踪管理、投资退出等工作。试点平台作为投资主体,应"一企一策"制定具体实施细则,并报临港新片区管委会相关部门备案通过后作为相关投资协议的附件。

第十条 科创型平台投资培育的企业(项目)应具备以下基本条件:

1. 与临港新片区产业发展导向和科创型平台自身建设目标任务相符,注册地、实际运营地、财税户管地均在临港新片区、具备独立法人资格的企业且注册资本不低于500万元,实到资金不低于70%。

2. 掌握核心技术或必备的研发、生产技术,具备研发人才队伍和生产必需的设施设备。

3. 产品竞争力强、市场潜力大、成长性好,市场运作模式新颖,具有示范引导和带动作用。

4. 有优秀、稳定的管理团队,企业发展思路明确;团队具有较强的业务能力、良好的职业道德和敬业精神;企业及其实际控制人诚信记录良好,拥有自主知识产权且权属清晰。

5. 财务管理制度健全,会计核算规范。

第十一条 科创型平台投资培育科技创新型企业和项目,其资金使用及管理包括:

1. 根据相关要求和规范,经过公开申报、专家推荐、综合评审、平台决策机构合议等流程,报临港新片区管委会相关部门备案后,科创型平台与被投资企业签订投资协议,办理相关股权投资手续,向临港新片区管委会提出拨款申请。

2. 相关投资资金比例由科创型平台和其培育孵化的项目团队根据市场规则事前商议确定。单笔投资最高不超过2000万元,特别重大投资项目不受上限限制。出资比例原则上不超过被投资企业注册资本的30%,且科创型平台不得作为最大股东。

3. 投资资金应"同股同权",产生的盈利和分红经临港新片区管委会备案后可用于平台建设和运行管理以及核心骨干人员的激励。

4. 投资资金可不按国资管理方式、程序进行管理。

第十二条 科创型平台投资资金退出按以下原则程序进行:

1. 投资形成股权原则上应按市场化运作,"同股同权",投资应持续稳定,3年内不得退出。如有投资协议约定并事前报港新片区管委会备案后,也可按协议约定在3年内退出,但科创型平台退出的投资股权应按照投资时原值及同期基准贷款利率利息之和优先转让给项目团队。

2. 投资资金退出时,对于确因市场或不可抗力因素造成投资损失的,科创型平台委托专业机构出具书面评估报告,报经临港新片区管委会同意后,可按规定核销资金、资产损失。

3. 被投资企业出现以下情况,科创型平台可以启动退出程序:(1)被投资企业违反国家法律、法规或投资协议约定的;(2)被投资企业发生重大变故,无法继续经营的;(3)被投资企业搬离临港新片区,或未将获得的投资资金用于临港新片区项目发展的;(4)其他导致投资主体退出的情况。

对投资资金在(1)、(2)条件下退出的,根据相关法律及投资协议约定,按原值退出;在(3)条件下退出的,按评估机构评估并经科创型平台核准后且企业股东会确认的实际价值退出。

第五章 财政资金投入模式

第十三条 科创型平台财政投入资金由临港新片区管委会在高新产业和科技创新发展专项资金中统筹安排,按特定出资事项予以管理。

第十四条 对科创型平台的财政投入资金,采取机构式资助和项目资助相结合的方式。围绕建设任务和考核目标,推行稳定资助和经费自主使用,建立符合创新规律、以质量绩效为导向的财政科研经费投入机制和管理模式。

财政投入资金由科创型平台的承建单位统筹用于行业共性关键技术研发、科技成果转化、公益技术服务、研发办公场所装修、研发办公生产场地租赁、投资孵化科创企业和项目等方面的相关支出,具体由合同约定,但不得用于土地购置、楼堂馆所建设、超标接待、公费旅游等。委托外部发生的费用不得超过一定比例,具体比例应在合同中约定。

财政投入资金经费实行总额控制、专账核算。运行资金各项费用之间可以调剂使用,经费变化超过总额20%的需向临港新片区管委会备案。项目经费使用应厉行节约,加强内部信息公开与科研诚信管理。

第十五条 积极探索财政投入"退坡"机制,鼓励科创型平台不断增强市场化服务、技术许可能力和投资收益能力。对于合同期内,每年度综合考核评估为优秀的平台,政府资助经费中可用于企业项目培育孵化的50%经费在合同期满后可不予收回,循环用于平台投资。

第六章 考核与评估

第十六条 临港新片区管委会相关部门将组织对科创型平台的整体运行和建设成效进行考核评估。具体包括:

1. 考核指标。由政府主管部门与平台承建单位在合同中约定。
2. 考核周期。合同已约定的,从约定;无约定的,按照财政资金投入周期而定。
3. 考核费用。由临港新片区管委会在高新产业和科技创新专项资金中统筹安排。

第十七条 临港新片区管委会根据考核完成情况,确定科创型平台评估等级。具体包括:

1. 评估等级分为优秀、良好、合格与不合格四类。
2. 对于评估等级在良好以上的平台,按合同继续给予支持。
3. 对于评估等级未达到良好以上的平台,根据评估结果责令其进行整改,整改完成后报临港新片区管委会审议是否继续支持。
4. 对于连续两年评估等级为不合格的平台,合同终止,不再支持。

第十八条 对于科创型平台论证和考核过程中提供虚假材料的单位,经核实后,撤销支持,追回已拨经费,5 年内不得申报临港新片区各项优惠政策的经费资助。相关记录按照规定上报并纳入本市公共信用信息服务平台。

第七章　附　则

第十九条　本办法由临港新片区管委会解释。

第二十条　本办法自 2020 年 4 月 1 日起试行,有效期至 2022 年 3 月 31 日。

中国（上海）自由贸易试验区临港新片区管理委员会关于印发《中国（上海）自由贸易试验区临港新片区高新产业和科技创新专项实施细则（2020版）》的通知

管委会各部门、各直属单位，临港新片区各镇、各开发公司、各有关单位：

《中国（上海）自由贸易试验区临港新片区高新产业和科技创新专项实施细则（2020版）》已经临港新片区管委会2020年第7次主任办公会审议通过，现印发给你们，请认真遵照执行。

中国（上海）自由贸易试验区临港新片区管理委员会
2020年4月10日

中国（上海）自由贸易试验区临港新片区高新产业和科技创新专项实施细则（2020版）

第一条（目的和依据）

为促进中国（上海）自贸试验区临港新片区（以下简称"临港新片区"）产业发展，进一步发挥财政政策的作用，根据《中国（上海）自由贸易试验区临港新片区促进产业发展若干政策》（沪自贸临管经〔2019〕12号）、《中国（上海）自由贸易试验区临港新片区集聚发展集成电路产业若干措施》（沪自贸临管经〔2019〕13号）、《中国（上海）自由贸易试验区临港新片区集聚发展人工智能产业若干措施》（沪自贸临管经〔2019〕14号）、《中国（上海）自由贸易试验区临港新片区集聚发展生物医药产业若干措施》（沪自贸临管经〔2019〕15号）、《中国（上海）自由贸易试验区临港新片区集聚发展航空航天产业若干措施》（沪自贸临管经〔2019〕16号），按照国家和上海市有关法律法规和规章政策等规定，结合临港新片区实际，特制定本实施细则。

第二条（使用原则）

高新产业和科技创新专项支持资金（以下简称"专项支持资金"）的使用应当符合国家、本市及临港新片区产业发展的政策导向，符合财政预算管理的有关规定，聚焦高新产业和科技创新领域，创新支持方式，坚持公开、公平、公正，确保资金使用的安全和高效。

第三条（管理职责）

临港新片区管委会负责制定专项实施有关政策及细则，组织编制年度计划指南并负责推进计划执行，组织项目申报、立项、中评、验收、调整、撤销等工作的评估与审核，统筹项目的过程管理。

第四条(支持对象)

专项支持的对象必须符合《中国(上海)自由贸易试验区临港新片区促进产业发展若干政策》等相关管理办法、申报通知等的规定,原则上还须同时满足以下条件:

1. 工商注册地、实际经营地和财税户管地在临港新片区具有独立法人资格的单位;

2. 所支持项目的办公、研发、科技成果转化及产业化等原则上均应在临港新片区开展;

3. 申报单位要求运行管理规范、经营状态正常、具有独立承担民事责任能力、法人治理结构规范、财务管理制度健全、信用记录良好、无违法违规行为、具有承担项目建设的相应能力。

4. 临港新片区管委会确定的其他必要条件。

第五条(支持方向)

支持符合临港新片区政策导向、对临港新片区具有全局带动和重大引领作用、推动临港新片区产业发展的研发和产业化项目建设。优先支持临港新片区重点发展的集成电路、人工智能、生物医药、航空航天四大产业领域重点项目和与之相关的配套服务项目。重点支持新一代信息技术、高端装备制造、智能网联汽车、新材料、新能源、节能环保等先进制造业和战略性新兴产业领域中重点项目和与之相关的配套服务项目。配套支持国家和上海市立项的重大项目以及特定出资事项。

第六条(支持范围、条件、方式和标准)

(一)关键核心技术研发专项支持

1. 支持范围

支持临港新片区重点产业方向技术产品以及关键核心技术的研发项目。重点支持新片区四大产业中能够填补国内空白、加强国产化能力、带动一批产业链上下游国产企业发展、代表国家体现国际竞争力的技术研发项目。聚焦临港新片区产业重点发展方向,围绕产业链关键环节和瓶颈问题,支持企业联合高校、科研院所开展联合攻关。

2. 申报条件

(1)项目新增投资不低于总投资的80%,自有资金不低于总投资的30%;

(2)申报单位须具有较强的技术开发、资金筹措和项目实施能力,项目方案合理可行;

(3)项目单位必须有较强的研究团队和较好的前期研发基础,并承诺投入必要的资金及落实实力相当的研发团队以保证项目顺利实施;

(4)能形成自主知识产权(包括专利权、软件著作权和集成电路布图设计专有权等);

(5)申报项目为正在研发或即将启动的研发项目,且项目的主要研发人员、研发场所需在临港新片区内。

3. 支持方式和标准

专项支持资金采用无偿资助方式安排使用。项目支持额度一般不超过项目新增总投资的50%。

原则上一般技术研发项目支持金额不超过1 000万元,重点技术研发项目支持金额不超过3 000万元,重大技术攻关项目支持金额不超过5 000万元。新片区重点发展的四大产业中能够填补国内空白、加强国产化能力、带动一批产业链上下游国产企业发展、代表国家体现国际竞争力的项目,可以加大资助扶持力度。

(二)重大技术装备或核心部件首台(套、批)专项支持

1. 支持范围

支持临港新片区高端智能装备及关键部件实现首台(套、批)突破,临港企业和用户开展联合研制并协同创新。重点支持集成电路、人工智能、生物医药、民用航空等先进制造业集群发展需要,属于高端智能制造装备、新能源与智能网联汽车装备、信息网络装备、集成电路及专用装备、航空航天装备、高端医疗器械、高端能源装备等重点领域的高技术装备。

"首台(套、批)装备"是指经过创新后相关装备的品种、规格或技术参数等有重大突破,具有自主知识产权但尚未取得市场业绩的国际或国内首台、首套或首批次的高端装备,包括高端单机装备、高端成套装备和高端核心部件。其中首台、首套装备是指用户首次使用的前三台或前三套高端装备产品;首批次装备是指用户首次使用的同品种、同技术规格参数、同批签订合同、同批生产的高端装备产品。

2. 申报条件

(1)首台装备突破项目应为临港装备研制企业牵头与其用户单位合作申报,形成销售合同的项目;同批签订合同原则要求研制企业与用户单位签订的合同不超过3个,且合同之间的时间跨度不超过半年。

(2)研制企业经过技术创新,在国内外依法拥有该装备的核心自主知识产权。

(3)通过省级及以上相关资质的检验机构或实验室的认定检测。

(4)获得两名及以上具有高级专业技术职称以上的相关行业专家出具的推荐为国际或国内首台的信函。

(5)项目合同是研制企业与最终用户单位签订,并且研制企业已经获得不少于15%的合同首付款。

3. 支持方式和标准

专项支持资金采用无偿资助方式安排使用。对被评为国际首台装备项目,按合同金额的20%—30%比例进行支持,支持金额不超过3 000万元;对被评为国内首台装备项目,按合同金额的10%—20%比例进行支持,支持金额不超过2 000万元。

(三)智能化建设示范应用专项支持

1. 支持范围

支持集成电路、人工智能、生物医药、航空航天、高端装备制造、智能网联汽车、新材料、新能源、节能环保等先进制造业和战略性新兴产业领域的企业,积极运用智能制造、工业互联网、人工智能、5G等相关技术进行数字化、信息化、网络化、智能化的示范应用。

2. 申报条件

(1)原则上项目总投资不低于200万元,项目新增投资不低于总投资的80%,自有资金不低于总投资的30%。

(2)申报项目为在建或待建项目,项目需在临港新片区内实施,已初步落实立项、规划、环评、资金等实施条件。

(3)项目方案合理可行,具有较好的社会和经济效益。

3. 支持方式和支持标准

专项支持资金采用无偿资助方式安排使用。按照项目新增总投资的10%—30%比例给予支持,单个项目支持金额不超过5 000万元。

(四)产业转型升级专项支持

1. 支持范围

支持企业采用新技术、新工艺、新设备、新材料对现有设施、工艺条件及生产服务等进行技术改造提升,淘汰落后产能,促进产业转型升级的项目。

2. 申报条件

(1)原则上项目总投资不低于2 000万元,项目新增投资不低于总投资的80%,自有资金不低于总投资的30%,其中固定资产投资占项目总投资的比例不低于60%。

(2)申报项目为在建正在实施的项目,项目需在临港新片区内实施,项目所必需的固定资产投资备案(核准)、环保等方面的前期各类手续已经落实、资金到位。

(3)项目方案合理可行,具有较好的社会和经济效益。

3. 支持方式和标准

专项支持资金采用无偿资助方式安排使用。支持项目分为重点项目和一般项目。一般转型升级项目支持额度不超过项目总投资的10%,支持金额不超过1 000万元。总投入达到1亿元以上的重点转型升级项目支持额度不超过项目总投资20%,支持金额不超过5 000万元。

(五)科技"小巨人"专项支持

1. 支持范围

支持从事符合国家、本市、临港新片区产业发展方向的高新技术领域产品开发、生产、经营和技术(工程)服务的科技型企业,并应有较完善的企业创新体系、创新机制及与之相适应的科研投入,自主知识产权的品牌产品,一定的经济规模和良好成长性,良好的信用和较强的融资能力。

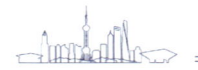

2. 申报条件

支持对象分为科技"小巨人"培育企业和科技"小巨人"企业两类。

申报科技"小巨人"培育企业主要条件：

（1）制造类企业的研发人员人数不低于企业当年职工总数的10%，软件或科技服务类企业的研发人员人数不低于企业当年职工总数的30%；

（2）企业近三个会计年度的研究开发费用总额占主营业务收入总额的比例不低于5%；

（3）制造类企业上年度主营业务收入在3 000万元至1亿元之间，软件或科技服务类企业上年度主营业务收入在2 000万元至6 000万元之间，且企业前三年主营业务收入或净利润的平均增长率在20%以上；

（4）企业有规范健全的经营管理团队、财务制度，较强的市场应变能力，灵活的激励机制。

申报科技"小巨人"企业主要条件：

（1）制造类企业的研发人员人数不低于企业当年职工总数的20%，软件或科技服务类企业的研发人员人数不低于企业当年职工总数的50%；

（2）企业近三个会计年度的研究开发费用总额占主营业务收入总额的比例不低于5%；

（3）制造类企业上年度主营业务收入在1亿元至10亿元之间，软件或科技服务类企业上年度主营业务收入在6 000万元至10亿元之间，且企业前三年主营业务收入或净利润的平均增长率在20%以上；

（4）企业应有研发机构（技术中心、实验室、测试平台等）、研发计划及与之相适应的知识产权保护、人才培养（含引进）、创新激励等运作机制和较完善的规范化管理制度，并有优秀的经营管理团队，有较强的风险控制机制和健全的规章制度。

3. 支持方式和标准

专项支持资金采用无偿资助方式安排使用，采取事前立项事后补助方式，立项企业先行投入资金开展与创新能力提升直接相关的工作，在项目取得成果并通过验收评估后，根据不同的项目评审结果，按照不超过实施周期内项目总投入50%，科技"小巨人"企业的补助额度最高不超过300万元，科技"小巨人"培育企业补助额度最高不超过200万元。

第七条（项目申报和评审）

1. 临港新片区管委会高新产业和科技创新处按照以上支持范围和条件，根据相关规划和政策导向，结合年度产业发展和科技创新工作重点，按程序编制发布项目申报通知，明确支持方向、重点、申报时间、受理地点等具体要求。符合年度项目申报通知要求的企业可以在规定时间进行申报。项目申报单位对申报材料的真实性、合规性和合法性负责。

2. 各相关镇政府、开发公司、园区等单位负责对项目进行预审，重点审核申报单位申报资格、申报

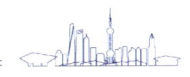

材料的一致性和齐全性,并给出预审建议。

3. 临港新片区投资促进服务中心负责对项目进行初审,重点审核申报材料详细信息、现场勘察情况、项目查重,并给出初审建议。

4. 临港新片区管委会高新产业和科技创新处负责对项目进行复审。

5. 对需要评审的项目,由临港新片区管委会高新产业和科技创新处委托有资质的第三方机构,按照"公开、公平、公正"的原则,组织有关专家对项目进行评估评审,项目评审可采取材料审核、会议评审、现场考察等方式,并给出评审结论报告等。

6. 根据评审情况,通过项目联审会、报批程序等确定拟给予专项资金支持的项目。

第八条(项目公示)

拟给予专项资金支持的项目,由临港新片区管委会向社会公示,公示期限一般为5个工作日。对公示期间有异议的项目,由临港新片区管委会高新产业和科技创新处会同有关单位、部门及时组织调查核实。

第九条(项目立项)

经联审、报批、公示后确定给予支持的专项项目,由临港新片区管委会下达专项支持资金计划。

第十条(项目协议)

临港新片区管委会应当与项目单位签订项目协议。项目协议需明确项目总投入、具体内容、实施期限、资金支持额度、资金支持方式、项目建设目标、违约责任等内容。未经临港新片区管委会书面同意,项目单位不得擅自调整项目协议内容。

第十一条(资金拨付)

专项支持资金根据项目具体评估情况采取以下拨付方式:

1. 一次核定支持金额、分次拨付的方式。项目资金计划下达后,拨付专项支持资金核定支持金额的50%,项目验收评估后,根据项目验收情况,拨付相应后续资金。

2. 一次核定支持金额、验收评估后根据项目验收情况,一次性拨付相应资金。

第十二条(项目管理)

项目执行过程中,项目单位应当按照协议的约定实施项目,按照要求定期报送项目进展及专项支持资金使用情况。临港新片区管委会委托临港新片区投资促进服务中心或相关第三方机构对项目承担单位进行项目过程管理和服务。

第十三条(项目验收)

项目完成后,项目单位应当在项目执行期结束后3个月内备齐验收所需材料,向临港新片区管委会提出验收申请,由临港新片区管委会高新产业和科技创新处根据项目相关验收管理办法,委托有资质的第三方机构按照项目协议约定等规则对项目进行验收。

第十四条(项目变更)

项目发生以下重大变更事项的:

1. 项目法人或主体发生变更;

2. 项目实施区域(地点)发生变更;

3. 项目主要内容、性质发生变化;

4. 项目实施期限发生变化;

5. 项目总投入或固定资产投资额减少10%及以上、投资预算构成细目变更50%以上;

6. 其他重要变更事项等。

项目单位应当及时向临港新片区管委会说明变更事项和理由,并将有关材料递交至临港新片区管委会高新产业和科技创新处经联审、报批等程序后审核确认方可完成变更手续。

第十五条(项目撤销)

有下列情形之一的,临港新片区管委会原则上可以做出撤销专项资金支持项目的决定,并限期收回已拨付的专项资金:

1. 项目实施条件发生重大变化,导致项目无法继续实施;

2. 项目单位未经申请批准擅自变更项目实施内容和目标,与签订的项目协议明显不符;

3. 经审计后实际完成项目投资额或固定资产投资额减少超过30%;

4. 因项目管理不善造成阶段性任务不能完成的;

5. 项目经延期1年后仍不能完成的;

6. 超出项目执行期3个月,未及时提出验收或延期申请;

7. 自立项之日起5年以内改变在新片区的纳税义务,无正当理由迁离新片区;

8. 其他依照法律、法规、规章或规范性文件规定,应当予以撤销项目的情形。

专项支持资金项目撤销的,临港新片区管委会高新产业和科技创新处应协同财政处督促项目单位在规定期限内将已拨付的专项支持资金按原渠道一次性退缴到临港新片区管委会指定账户。

第十六条(管理费用)

因加强项目管理、规范资金使用、进行项目绩效评价等发生的监督、检查、调研、评估、验收等费用,可在专项支持资金中列支。

第十七条(财务监督)

项目单位应当严格执行财政资金管理的有关规定,专项支持资金必须专款专用、专户管理、单独核算,严禁截留、挪用。对于违规使用资金情况,按照财政资金管理有关规定处理。

第十八条(责任追究)

对弄虚作假骗取专项支持资金、擅自改变专项支持资金用途等违反国家法律法规或者有关纪律的行为,按照规定追究项目单位和主要负责人的责任,并由临港新片区管委会高新产业和科技创新处协同办公室(审计室)、财政处等部门追回已拨付的专项支持资金。

第十九条(信息公开)

临港新片区管委会高新产业和科技创新处协同办公室(审计室)等部门,根据政府信息公开的有关要求,做好专项支持资金信息公开工作。

第二十条(信用管理)

对项目单位开展信用管理,在项目申报阶段实行守信承诺和信用审查制,记录项目单位在项目立项、实施、验收、评估等不同阶段的失信行为信息,并按规定将有关信息提供市公共信用信息服务平台。对于情节严重的失信行为,取消相关单位三年内申报临港新片区各类专项支持资金和奖励、补贴资金的资格。

第二十一条(监督考核和绩效评价)

临港新片区管委会办公室(审计室)、财政处等部门应当对专项支持资金的使用情况进行绩效评价和审计。项目完成后,临港新片区管委会办公室(审计室)、财政处可以自行或者委托有资质第三方机构对项目预算执行情况、资金使用效果、资金管理情况等进行监督和追踪问效。

第二十二条(应用解释和实施日期)

本实施细则自发布之日起实施,有效期至 2023 年 8 月 31 日,具体应用由临港新片区管委会负责解释。

实施期间若部分条目发生调整,以补充文件或新制定文件为准。

中国(上海)自由贸易试验区临港新片区管理委员会关于印发《中国(上海)自由贸易试验区临港新片区促进文化产业发展若干政策》的通知

管委会各部门、各直属单位,临港新片区各镇、各开发公司、各有关单位:

为贯彻落实《中国(上海)自由贸易试验区临港新片区管理办法》(沪府令19号)和《关于促进中国(上海)自由贸易试验区临港新片区高质量发展实施特殊支持政策的若干意见》(沪委发〔2019〕20号)的文件精神,进一步加大对临港新片区文化产业发展的支持力度,特制定《中国(上海)自由贸易试验区临港新片区促进文化产业发展若干政策》,并经我委2020年第6次主任办公会审议通过,现印发给你们,请遵照执行。

中国(上海)自由贸易试验区临港新片区管理委员会
2020年4月10日

中国(上海)自由贸易试验区临港新片区促进文化产业发展若干政策

为促进中国(上海)自由贸易试验区临港新片区(以下简称"临港新片区")文化产业发展,切实提升规模总量及质量效益,推动文化产业成为临港新片区城市功能发展的重要支撑,根据《中国(上海)自由贸易试验区临港新片区总体方案》(国发〔2019〕15号)、《中国(上海)自由贸易试验区临港新片区管理办法》(沪府令19号)和《关于促进中国(上海)自由贸易试验区临港新片区高质量发展实施特殊支持政策的若干意见》(沪委发〔2019〕20号),以及《关于加快本市文化创意产业创新发展的若干意见》和《全力打响"上海文化"品牌加快建成国际文化大都市三年行动计划(2018—2020年)》等文件精神,特制定本政策。

一、支持范围

工商注册地、实际经营地和财税户管地在临港新片区的文化产业领域企业、机构和与之相关的配套服务企业、机构,以及经认定后可列入支持范围的与文化产业相关的重大项目和品牌活动。

二、支持内容

支持临港新片区范围内影视、演艺、数字文化、艺术品、创意设计、出版、文化装备制造等文化产业发展，促进文化与旅游、体育、科技、商业、金融、贸易等产业的融合发展，打造具有国际市场影响力和竞争力的文化产业体系和市场体系。

（一）支持影视产业发展

1. 深化影视产业工业化发展，支持建设符合国际行业标准的高科技影视摄制基地。支持市场主体投资建设影视综合基地、影视后期制作、特效技术应用与研发、影视大型活动综合配套等项目。对总投资额达到5 000万元及以上的，综合考虑项目质量，经评审认定，按不超过总投资额的30%给予补贴，最高补贴金额不超过3 000万元。

2. 搭建影视产业公共服务平台，支持影视后期制作及专业服务企业发展。支持市场主体在影视创作、发行、票务、后期制作等关键领域投资建设影视产权交易、技术服务、设备租赁、衍生品开发、智能票务服务、资源共享和人才培训平台等公共服务平台。对市场紧缺且具有关键性引领作用的公共服务平台，经评审认定，给予最高不超过1 000万元的补贴。

3. 繁荣影视剧作品创制，支持电影、电视作品在临港新片区取景、摄制和后期制作。

（1）对临港新片区企业作为第一出品方投资拍摄，并在上海完成立项的电影或电视作品，获得国际A类电影节主要奖项或国内著名电影电视节主要奖项的，区域经济贡献达到一定标准，经评审认定，给予最高不超过300万元的奖励。

（2）对临港新片区企业作为第一出品方投资拍摄，并在上海完成立项的电影作品在全国院线放映，票房达到1亿元至5亿元（不含5亿元）、5亿元至10亿元（不含10亿元）、10亿元及以上的，区域经济贡献达到一定标准，经评审认定，分别给予最高不超过200万元、500万元、800万元的奖励；在国内主要视频网络平台播出的，区域经济贡献达到一定标准，根据作品内容和点播量等市场表现，经评审认定，给予最高不超过200万元的奖励。

（3）对临港新片区企业作为第一出品方投资拍摄，并在上海完成立项的电视剧、网络自制剧、网络综艺等，在中央电视台主要频道或收视率排名前五的省级卫视黄金时间段首播的，区域经济贡献达到一定标准，经评审认定，给予每集最高不超过3万元的奖励；在国内主要视频网络平台播出的，区域经济贡献达到一定标准，经评审认定，给予最高不超过100万元的奖励。

（4）对临港新片区企业参与出品（出品排序前三名），且在临港新片区取景拍摄或后期制作的影视作品等，在院线、电视台、国内主要视频网络平台上映、播出的，区域经济贡献达到一定标准，根据市场表现，经评审认定，给予最高不超过100万元的奖励。

（二）支持演艺产业发展

4. 推进演艺场馆建设，拓展多点布局、多元融合、品类齐全的演艺空间。支持市场主体在滴水湖环湖景观带、城市公园带、绿地广场、商业综合体、办公楼宇、产业园区等区域建设演艺场馆。经评审认定，按不超过总投资额的30%给予补贴，最高补贴金额不超过3 000万元。

5. 繁荣演艺新业态，支持精品剧目的创作、孵化和展演。支持孵化、创作传承中华传统优秀文化、弘扬社会主义核心价值观、彰显中华民族伟大复兴梦等主题的精品力作。对在临港新片区创作、排练并首演的优秀原创剧目，经评审认定，给予最高不超过50万元的补贴；对年演出量达到50场及以上的优秀驻场剧目，经评审认定，给予最高不超过100万元的补贴。

6. 培育演艺精品，支持提升演艺场馆运营专业化、市场化水平。对演出内容积极健康、年演出量达到200场及以上的经营场馆，经评审认定，给予最高不超过100万元的补贴；对年引进国际国内顶级演出项目2个及以上的经营场馆，根据项目数量、质量和市场表现，经评审认定，给予最高不超过100万元的补贴。

7. 打造优质演艺链，支持各类演出经纪机构健康发展。充分激发演出经纪机构活力，鼓励开展培训、演出、创作、直播等经营活动。对年运作1个及以上具有国际知名度的海外项目或2个及以上国家级项目来临港新片区演出并获得广泛社会影响的演出经纪机构，经评审认定，给予最高不超过200万元的奖励；对年运作1个及以上国家级项目或3个及以上省级项目来临港新片区演出并获得广泛社会影响的演出经纪机构，经评审认定，给予最高不超过100万元的奖励。

（三）支持数字文化产业发展

8. 深挖动漫游戏文化潜力，支持原创动漫游戏的创作和推广。鼓励市场主体充分挖掘反映中华优秀传统文化及社会主义核心价值观的动漫游戏题材，投资创作或改编漫画、电视动画、网络动漫、网络游戏、手游等优秀原创项目。对入选中国民族网络游戏出版工程、国家动漫品牌建设和保护计划等国家级重大项目，以及中国文化艺术政府奖动漫奖等国家级重大奖项的优秀原创动漫游戏作品，经评审认定，给予最高不超过500万元的奖励。

9. 提升动漫游戏企业产能，支持壮大原创动漫游戏产业规模。对具有自主知识产权的动漫游戏企业，年营业收入首次突破1亿元、5亿元、10亿元的，经评审认定，分别给予最高不超过100万元、300万元、500万元的奖励。对投资建设动漫游戏特色小镇或动漫游戏文化体验馆等设施的，总投资额达到5 000万元及以上的，经评审认定，按不超过总投资额的30%给予补贴，最高补贴金额不超过3 000万元。

10. 丰富电竞产业元素，支持做强本土电竞品牌。支持原创游戏开发、电竞俱乐部、赛事运营公司等开展培训、赛事、直播、交易等活动。对投资建设符合国际赛事标准的电竞场馆，总投资额达到5 000万元及以上的，经评审认定，按不超过总投资额的30%给予补贴，最高补贴金额不超过3 000万元；对在临港新片区设立的电竞俱乐部，参加总奖金额达到100万美元及以上的国际电竞职业大赛或总奖金额达到300万元及以上的全国电竞职业联赛，获得冠、亚、季军的，经评审认定，分别给予最高不超过300万元、200万元和100万元的奖励，每个俱乐部单个年度获得的奖励总额不超过1 000万元。

11. 打造精品网络视听内容,支持和培育网络视听和企业集聚发展。支持优秀原创网络剧、网络电影、网络音乐、网络节目、网络演出、网络表演等的创作和生产,对内容积极向上、正面引导性强,具有较好预期收益的作品,经评审认定,按不超过作品创制费用的30%给予补贴,最高补贴金额不超过100万元。对临港新片区网络视听企业打造各类网络视听服务平台的,经评审认定,按不超过总投资额的30%给予补贴,最高补贴金额不超过300万元。

(四)支持艺术品产业发展

12. 促进海内外艺术品交易,打造艺术品展示交易平台。积极构建集艺术创作、保税展示、鉴定评估、拍卖交易、仓储物流、教育培训、金融服务等功能为一体的艺术品产业链,打造吸引全球知名艺术品经营机构、艺术家、收藏家、古董商、专业观众集聚的全球艺术品展示交易平台。支持符合政策条件的外商独资企业开展面向全球的文化艺术品(文物)展示、拍卖和交易。对临港新片区艺术品拍卖机构,在临港新片区年举办1场及以上、单场实际成交金额超过1亿元的高水准艺术品拍卖会的,经评审认定,给予最高不超过500万元的补贴。

13. 强化艺术品牌建设,形成艺术品产业集聚区。支持市场主体参与博物馆、美术馆、艺术馆、展览馆等特色文化艺术场馆建设,经评审认定,按不超过总投资额的30%给予补贴,最高补贴金额不超过3 000万元。支持市场主体参与博物馆、美术馆、艺术馆、展览馆等场馆的运营管理,对于运营效益良好、服务满意度较高的市场主体,经评审认定,按不超过运营费的30%给予补贴,最高补贴金额不超过300万元。支持有资质的艺术品物流、仓储、咨询、保险、支付、评估鉴定等专业配套服务机构落户临港新片区,经评审认定,对服务成效显著的艺术品机构给予最高不超过200万元的补贴。

(五)支持创意与设计产业发展

14. 大力推进设计产业发展,支持并鼓励打造创意设计中心。支持工业设计、时尚设计、建筑设计、广告设计、平面与多媒体设计等各类市场主体投资建设集聚名品优品、名家大家的创意设计中心,总投资额达到5 000万元及以上的,经评审认定,按不超过总投资额的30%给予补贴,最高补贴金额不超过2 000万元。

15. 促进时尚创意产业发展,支持并鼓励打造时尚精品地标。支持市场主体在公共文化空间、创意园区、商圈、展馆等区域打造集聚时尚创意品牌、时尚创意产品、时尚创意人物、时尚创意活动为一体的时尚精品地标,总投资额达到5 000万元及以上的,经评审认定,按不超过总投资额的30%给予补贴,最高补贴金额不超过2 000万元。

(六)支持出版产业发展

16. 拓展版权开发及保护,支持建设版权贸易基地。支持国有出版单位、民营图书策划制作机构等开展版权评估与交易、纠纷调解、知识付费、金融服务等业务,促进数字出版,提升图书质量,优化行业标准,加大品牌建设。对总投资额达到5 000万元及以上,能够引领行业发展的版权贸易基地,经评审认定,按不超过总投资额的 30% 给予补贴,最高补贴金额不超过 3 000 万元。

17. 大力推进全民阅读,支持实体书店可持续发展。支持实体书店与影视娱乐、创意设计、文化旅游等相关行业融合发展,打造多元经营的文化休闲空间。对新入驻的实体书店,综合考虑经济和社会效益,经评审认定,给予最高不超过 500 万元的补贴。

（七）支持文化装备产业发展

18. 加强产业科技创新,支持文化重点领域设备研发、生产。支持符合政策条件的内外资企业从事游戏游艺设备生产和销售,经内容审核后面向国内市场销售。支持探索以文化装备总成为主要特征的境内外保税租赁贸易。支持技术研发和首台首套产品生产、销售,对被评为国内首台首套的装备项目,经评审认定,按照不超过销售合同总额的 20% 给予奖励,最高奖励金额不超过 2 000 万元;对被评为国际首台首套的装备项目,经评审认定,按照不超过销售合同总额的 30% 给予奖励,最高奖励金额不超过 3 000 万元。

19. 推动跨领域合作,支持拓展和提升文化装备产业发展空间和能级。推进市级重点文化装备类产业基地、园区落地,鼓励打造科技体验型文旅项目,经评审认定,按不超过总投资额的 30% 给予补贴,最高补贴金额不超过 3 000 万元。鼓励搭建文化装备产业公共服务平台,开展产业数据统计、行业资质认证、重点项目发布等服务。鼓励文化装备行业协会参与制定国家专项文化装备行业标准。支持搭建海外推广和交易平台,促进国际贸易、企业合作、产品对话和项目投资,经评审认定,给予最高不超过 200 万元的补贴。

（八）支持开展对外文化贸易

20. 积极开拓国际市场,支持提升文化贸易服务能力。鼓励开展文化出口业务,支持文化创意企业参加境外艺术节、动漫展、影视展、演艺展、游艺游戏设备展览等国际大型展会和文化活动。对首次被评定为国家级、市级文化出口重点项目的,经评审认定,分别给予最高不超过 100 万元、50 万元的奖励。对积极参加境外知名文化创意产业展会,能有力提升临港新片区文化品牌影响力的,经评审认定,给予最高不超过展位费 30% 的补贴,最高补贴金额不超过 50 万元。

（九）支持提升文化金融服务

21. 构建投融资体系,支持各类金融机构面向文化企业提供信贷服务。支持金融机构为临港新片区重点文化企业提供特色化、综合化金融服务方案。对已经获得贷款的企业,按照贷款贴息的方式给予扶持,具体按照《中国(上海)自由贸易试验区临港新片区重点企业贷款贴息的实施意见》执行。

22. 撬动资金杠杆,支持有条件的各类资本创设文化产业投资基金。加快建设政府资金引导、社会资本参与的文化产业基金,鼓励有实力的企业、团体、个人依法发起组建各类文化产业投资基金、机构,并积极投资种子期和起步期的文化企业。对年成功孵化 2 个及以上临港新片区优质文化企业的文化产业基金或机构,经评审认定,给予最高不超过 300 万元的奖励。

（十）支持文化企业上市融资

23. 做强文化资本市场，支持符合条件的文化企业上市融资。鼓励文化企业通过上市、发行企业债券、短期融资券和中期票据等方式融资。对成功在主板、中小板、创业板及海外上市的企业，或成功在新三板挂牌的企业，经评审认定，给予最高不超过300万元的奖励。

（十一）支持引进优质文化企业和机构

24. 支持具有国际影响力的文化企业和机构落户临港新片区。

（1）对新引进的文化领域领军企业在临港新片区设立的地区总部、板块业务总部、研发中心、技术研究院等，区域经济贡献达到一定标准，经评审认定，给予最高不超过300万元的补贴；对新引进的文化领域专业组织、服务机构等，经评审认定，给予最高不超过200万元的补贴。

（2）对新引进的文化领域领军企业和机构，租赁本区域内办公场地自用的，区域经济贡献达到一定标准，经评审认定，按不超过年租金的30%给予补贴，最高补贴金额不超过200万元；购置本区域内办公场地自用的，经评审认定，按不超过购房金额的30%给予补贴，最高补贴金额不超过300万元。

（3）对临港新片区企业获得国际、国家、市级文化创意相关资质、荣誉等称号的（评选和授予单位应是政府机构或经政府主管部门批准成立的行业组织），经评审认定，按照国际、国家、市级标准分别给予最高不超过150万元、100万元、50万元的奖励。

（十二）支持引进高层次文化人才

25. 引进国内外高层次文化人才，加大对文化领域领军人才的扶持力度。

（1）对符合条件的国内外高层次文化人才，按照《中国（上海）自由贸易试验区临港新片区支持人才发展若干措施》执行，可享受居住证专项加分、居转户、直接落户、人才专项奖励、执业创业便利等政策支持。

（2）鼓励并支持文化领域的名家、名人、名师在临港新片区设立文化艺术人才工作室、紧缺文艺人才创新工作室。对在临港新片区实际开展各类文化活动且具有国际影响力、全国影响力的名家工作室，经评审认定，分别给予最高不超过150万元、90万元的补贴。

（3）鼓励并支持高校、科研院所、企业和园区合作培育文化人才，共建人才培养实训基地等，加快复合型专业人才培养。对建立文化人才培养基地或搭建培训平台的，经评审认定，给予最高不超过300万元的补贴。

（十三）支持举办大型文旅活动

26. 提升各类文旅节展活动品质，支持举办具有行业影响力的大型文旅活动。对于承诺在临港新片区至少连续三届主办或承办具有国内外重大影响力的音乐节、艺术节、博览会、交易会、展览、演出、赛事、评选、论坛、峰会等文旅活动项目，经评审认定，国际级项目运营费用达到800万元及以上的，按不超过运营费用的40%给予补贴，最高补贴金额不超过800万元；国家级项目运营费用到达500万元及以上的,按不超过运营费用的40%给予补贴,最高补贴金额不超过500万元;市级项目运营费用超过300万元及以上的,按不超过运营费用的40%给予补贴,最高补贴金额不超过300万元。单个项目补贴期限不超过三届。对于其他有利于提升临港新片区形象和影响力的原创文旅品牌或公益性文旅活动,经评审认定,按"一事一议"原则酌情给予扶持。

(十四)支持开展产业专项研究

27. 制定文化产业可持续发展战略,支持开展文化产业专项研究工作。支持并鼓励专业院校、科研院所、咨询公司等第三方专业机构开展涉及临港新片区文化产业发展规划、产业细分、行业前景、经济效益、设计方案、技术服务、统计分析、网络与信息安全等课题研究,并形成高质量、可操作、能落地的研究成果,经评审认定,按不超过实际发生的课题费用的30%给予补贴,最高不超过100万元。

三、附则

1. 本政策条款若与临港新片区管委会制定的其他政策有重复交叉的,按照从高不重复原则予以落实。

2. 属于临港新片区公共财政保障范围内的事业单位,不得享受本政策的扶持。

3. 扶持对象自享受扶持政策起,应在临港新片区继续服务不低于三年,若三年服务期内迁出,则后续扶持资金自然终止。扶持对象享受的各类补贴总和原则上不得超过扶持期内对临港新片区的经济贡献值。

4. 扶持对象如通过弄虚作假等不正当手段骗取扶持资金,一经查实,将立即取消一切扶持资格并追缴资金。情节严重的,将依法追究法律责任。失信行为将根据有关规定纳入公共信用信息数据平台。

5. 本政策由中国(上海)自由贸易试验区临港新片区管理委员会负责解释,涉及特殊的重大项目及活动的扶持事项,将通过"一事一议"、"一企一策"方式研究确定。

6. 本政策自2020年1月1日起实施,有效期至2022年12月31日。

中国(上海)自由贸易试验区临港新片区管理委员会关于印发《中国(上海)自由贸易试验区临港新片区进一步促进服务业高质量发展的实施意见》的通知

管委会各部门、各直属单位,临港新片区各镇、各开发公司、各有关单位:

《中国(上海)自由贸易试验区临港新片区进一步促进服务业高质量发展的实施意见》已经新片区管委会2020年4月23日主任办公会审议通过,现印发给你们,请遵照执行。

中国(上海)自由贸易试验区临港新片区管理委员会
2020年5月4日

中国(上海)自由贸易试验区临港新片区进一步促进服务业高质量发展的实施意见

为进一步贯彻落实习近平总书记"五个重要"指示精神,推动中国(上海)自由贸易试验区临港新片区(以下简称"临港新片区")打造更具国际市场影响力和竞争力的特殊经济功能区和开放创新、智慧生态、产城融合、宜业宜居的现代化新城,进一步促进服务业高质量发展,创造高品质生活,根据《关于推动我市服务业高质量发展的若干意见》(沪委办〔2019〕43号),制定本实施意见。

一、指导思想

坚持以习近平新时代中国特色社会主义思想为指导,深入学习贯彻习近平总书记考察上海重要讲话精神,增强"四个意识"、坚定"四个自信"、做到"两个维护",以习近平总书记关于临港新片区建设发展"五个重要"战略目标定位为统领,全面贯彻落实党的十九大和十九届二中、三中、四中全会、十一届上海市委八次全会精神,立足更好为上海、长三角区域、全国的经济社会发展、深化改革和扩大开放、推动高质量发展和创造高品质生活服务,进一步促进临港新片区服务业高质量发展,提升服务业发展能级和核心竞争力,为临港新片区开放型经济集聚、建设特殊经济功能区和现代化新城助力,为上海强化"四大功能"、建设"五个中心"、打响"四大品牌"、加快建设具有世界影响力的社会主义现代化国际大都市、奋力创造新时代的新奇迹、新传奇,贡献临港智慧、提供临港样板。

二、发展原则

扩大开放,创新动力。对标国际上公认的竞争力最强的自由贸易园区,推进服务业全方位高水平对外开放,进行更大力度、更大范围的扩大开放压力测试,营造一个服务业发展各类要素集聚、资源配置的载体和平台,以开放促改革、以创新为动力,打造临港新片区开放型经济深度融入经济全球化的服务业样本。

增强能级,提高效益。体现特殊经济功能区和开放型经济体系优势的新型国际贸易、跨境金融服务、高端航运服务、专业服务、信息服务,商文旅体、健康、会展等高端服务业,现代化新城城市功能配套关键服务业,持续发力提高竞争力、附加值,常抓不懈提高知识密度、资金密度、人才密度,加快服务手段的高技术化、服务水平的高层次化,集聚高能级服务主体,大力发展总部经济、平台经济,培育一批具有国际竞争力的本地跨国服务业企业和知名服务品牌。

做强特色,打响品牌。紧密依托临港新片区的制度优势和政策高地,因地制宜、因时而动、因势利导,在发展特色服务业上下功夫,做到"人无我有、人有我优、人优我特",持续做大做强做优建设特殊经济功能区、打造现代化新城、促进人民群众高品质生活的特色服务细分行业,凸显服务经济的发展引擎功能、现代金融的资源配置功能、跨境贸易的中心枢纽功能、高端航运的综合服务功能、专业服务的赋能提效功能、城市配套的宜居宜业功能,人才汇聚、要素集聚、资源配置、枢纽组织、平台服务作用显著增强,对内集聚度和对外辐射度进一步提升。

三、发展目标

按照当好新时代上海、长三角区域、全国的改革开放排头兵、创新发展先行者的要求,全面贯彻新发展理念,落实高质量发展要求,坚持以供给侧结构性改革为主线,在服务业发展的质量变革、效率变革、动力变革上持续发力,打响"临港新片区服务"的特殊经济功能标识、特色区域品牌,推动产业链、价值链、创新链集聚,形成高端、现代、开放的服务业集聚效应。

到2025年,建立比较成熟的服务业投资贸易自由化便利化制度体系,打造一批服务业更高开放度的功能型平台,生产性服务业促进前沿产业集群高质量发展,生活性服务业保障现代化新城城市功能完善和人民高品质生活,第三产业增加值年均增长超过20%,集中优势资源打造3—5个打响"中国临港"系列细分服务品牌的高端服务业集聚区。

在产业结构上,初步实现向以服务经济为引领、产业经济为支撑、二三产协同发展、战略性新兴产业中服务业与制造业均衡发展的转变。

在重点领域上,体现开放型经济体系的新型国际贸易、跨境金融服务、高端航运服务、专业服务、信息服务等现代服务业细分行业的关键领域和薄弱环节的发展能级和国际竞争力显著增强。

在质量效益上,初步形成要素集聚、功能复合、服务优质、开放融合的服务业发展格局,产业体系较为完整,产业生态较为良好,国内国际人才集聚,在岸离岸业务有效统筹、两个市场两种资源充分利用,服务业对经济社会发展的贡献度显著提高,服务业对高品质国际化城市功能的集聚作用明显。

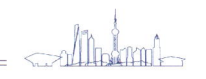

四、重点领域

（一）大力发展新型国际贸易，打造贸易服务集聚区

加快创新驱动，推动总部经济发展，扩大贸易规模、深化服务贸易改革、加快离岸贸易发展，增添贸易发展新动能，提高贸易发展质效和能级，拓展贸易发展新空间。

1. 加快总部经济集聚发展。完善促进总部经济发展的支持政策，鼓励跨国公司地区总部、贸易型总部、民营企业总部和国际组织（机构）地区总部等各类功能性总部机构在新片区集聚，到2025年，集聚不少于100家经新片区管委会认定的总部机构。鼓励引进集投资、研发、运营、结算、人力资源等复合功能的综合性功能总部，提升全球资源配置能力，打造亚太供应链管理中心。加快推进大宗商品现货市场、能源交易中心等平台经济项目落地，加快重大功能平台和载体集聚形成规模效益。深化油气体制改革，支持临港新片区内符合条件的企业开展原油进口业务。在长三角一体化背景下深化全产业链价值链开放发展。实施高标准的贸易自由化，总部性机构经认定享受海关高级认证待遇，获得最高等级的通关便利，建设与国际通行规则相衔接的法治、税收和外汇管理制度，促进总部经济集聚发展。

2. 打造离岸贸易先行区。以洋山特殊综合保税区为主要载体，借助长三角经济一体化战略布局，大力推动临港新片区内企业开展真实、合法的转口贸易和离岸转手买卖业务。支持开展本外币合一的跨境资金池业务，在符合条件的跨国贸易主体集团境内外成员之间实现本外币资金余缺调剂和归集业务，资金按实需兑换。鼓励金融机构在"展业三原则"基础上，为区内企业开展新型国际贸易提供高效便利金融服务，支持新型国际贸易发展。支持跨境电商总部型机构加快集聚发展。鼓励跨境电商在临港新片区内建立国际配送平台和海外仓。优化监管流程，进一步扩大保税备货进口业务规模，推动跨境电商业务常态化运作。

3. 加快服务贸易集聚发展。推动服务贸易示范基地建设，加快文化服务、技术产品、信息通讯、检验认证等资本技术密集型服务贸易发展。大力发展数字贸易，推动云服务、数字服务、数字内容等领域开放合作。鼓励服务外包重点领域加快发展，支持企业承接生物医药、软件信息、研发设计、检测维修、建筑服务等国际服务外包业务，培育创新环境，促进创新合作，推动服务外包产业向价值链中高端转型升级。

（二）加快跨境金融发展，建设金融服务集聚区

进一步加大金融业对外开放，持续加大金融机构的引进力度，实施资金便利收付的跨境金融管理制度，实现更高标准更高水平的投资贸易自由化便利化，承担更大的风险压力测试，加大金融服务创新、科技创新、监管创新力度，加大金融服务实体经济力度。

4. 加快"环滴水湖金融街"建设。到2025年，各类持牌金融机构、新型金融机构、投资类企业和金

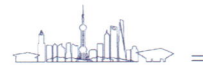

融功能性机构(不少于500家)入驻,建设统筹在岸业务与离岸业务发展的国际金融枢纽。鼓励跨国公司在临港新片区设立全球或区域资金管理中心等总部型机构。跨国公司设立的资金管理中心,符合条件的鼓励进入外汇等资本市场交易。鼓励国内各级各类企业集团在临港新片区设立跨境资金管理、资本运营等功能性总部型机构,打造离岸金融结算中心,抢占产业链和价值链高地。积极承接国家金融管理部门的全国性功能平台,鼓励各级各类金融要素市场在临港新片区设立面向国际的金融市场平台,提升金融定价话语权。加快推进105地块金融机构集聚区及西岛高水平开发,凸显临港新片区金融集聚区的功能风貌,全力推动环滴水湖金融街建设。

5. 推动跨境资金管理便利化。实施资金更加便利收付的跨境金融管理,鼓励金融机构参照国际通行规则提供跨境发债、跨境投资并购和跨境资金集中运营等跨境金融服务。探索取消外商直接投资人民币资本金专用账户,完善本外币合一跨境资金池试点,开展境内贸易融资资产跨境转让业务。建立本外币一体化账户体系,便利金融机构拓展业务。对标国际最高标准和最好水平,探索"沙箱监管"机制,进一步加大金融开放风险压力测试。建立适用于临港新片区发展的金融稳定评估系统,编制金融稳定指数,搭建金融风险信息共享平台。

6. 提升新片区人民币跨境使用能级。推进离岸人民币结算,鼓励发行离岸人民币债券,构建专业融资租赁服务平台。进一步扩大债券市场对外开放,进一步便利境外投资者备案入市。推动境内结算代理行向托管行转型,为境外投资者进入银行间债券市场提供多元化服务。发展人民币利率、外汇衍生产品市场,推出人民币利率期权。进一步丰富外汇期权等产品类型。优化境外机构金融投资项下汇率风险管理,便利境外机构因投资境内债券市场产生的头寸进入银行间外汇市场平盘。

7. 完善金融市场要素集聚功能。依托全国唯一的洋山特殊综合保税区,推进期货保税交割业务,提升期货市场国际化水平。加快进口原油等大宗商品现货市场建设,扩大现货离岸交易规模。推动现货市场与期货市场联动发展。鼓励商业银行在风险可控前提下,自主开展大宗商品质押融资业务、大宗商品现货和衍生品交易项下结售汇业务,按照国际通行规则为大宗商品现货离岸交易和期货保税交割提供基于自由贸易账户的跨境金融服务。

(三)大力发展高能级航运服务,打造全球航运枢纽港

围绕建设高能级全球枢纽港、增强全球航运资源配置、服务供给能力,以高附加值、高技术含量、创新商业模式、高端客户服务对象、全球服务范围、抢占价值链支配地位为导向,促进各类高端航运要素集聚,持续提高开放水平和国际竞争力,打造建设上海国际航运中心的主战场、高端国际航运的服务高地、现代航运文化发展的示范区。到2025年,实现货物进出口总额突破1 500亿元,港口集装箱吞吐量达到2 400万标箱。

8. 推动临港高端航运服务集聚发展。充分发挥临港新片区海港空港集聚、多种交通运输方式汇集等优势,加快高端航运要素集聚,提升全球枢纽港功能。依托浦东综合交通枢纽重点发展临空航运

服务发展区,依托洋山港、上海南港重点发展临海航运综合服务发展区,做到分工明确、功能互补,打响"中国临港航运"高端服务品牌。对标国际一流水平,在中转集拼、沿海捎带、国际船舶登记、国际航权开放等方面加强探索,进一步提高对国际航线、货物资源的集聚和配置能力。以更大力度支持各类企业在临港新片区内开展航运融资、航运保险、航材租赁、船舶交易、航运争端解决、航运咨询、航运人才培训等高端航运业务。探索开展航运指数衍生品等创新业务,吸引专业机构集聚,进一步提升航运服务功能。

9. 增强高水平全球航运服务供给能力。实施高水平开放的运输管理,推进国际航行船舶进出境、保税燃料油跨港区供应等制度创新,实现更高程度运输自由。进一步完善启运港退税政策,扩大实施中资方便旗船沿海捎带政策,在对等原则下推动外籍国际航行船舶开展以洋山港为国际中转港的外贸集装箱沿海捎带业务。完善洋山港国际中转集拼服务平台功能,吸引海运中转集拼龙头企业集聚。建设国际航运补给服务体系,提升船舶和航空用品供应、维修、备件、燃料油等综合服务能力。推进集装箱堆场的电子化监管,推进提还集装箱环节箱体损坏、污染、灭失等保险产品开发和推广。推动浦东机场与"一带一路"沿线国家和地区间扩大航权安排,吸引相关国家和地区航空公司开辟经停航线。结合新冠疫情防控经验,扩大浦东机场国际中转集拼业务试点范围,拓展航空物流功能,加快航空货站建设,增强浦东机场世界级航空枢纽功能,推动货邮航运企业总部集聚功能提升。以洋山港、浦东机场、铁路浦东东站、芦潮港铁路集装箱中心站等为载体,推动海运、空运、铁路、内河和公路运输多式联运,提升辐射度和集聚力。

10. 提升特殊综合保税区业态能级。完善洋山特殊综合保税区既有功能业态,用足用好政策,拓展保税研发、保税制造、保税维修等新业态、新动能。大力发展医疗健康、智能制造等保税研发业务,推动"洋山研发"成为海内外人才国际创新协同的重要平台。积极引进高端加工制造企业,推动洋山保税加工制造产业集聚发展,推动前沿产业集群急需的"卡脖子"技术、装备和材料等重点领域跨越发展。培育壮大多层次全球维修检测业务体系,扩大船用发动机跨港维修试点业务范围和规模,推进跨境维修规模化运作。对境内制造船舶在"中国洋山港"登记从事国际运输的,视同出口给予出口退税,鼓励船舶管理龙头企业集聚。推进符合条件的外国船级社对"中国洋山港"内登记的国际航行船舶实施法定检验和单一船级检验,促进外国船级社实施有条件的法定船用产品检验互认,形成船舶检验领域的良性竞争。鼓励开展"两头在外"航空器材包修转包区域流转试点,鼓励飞机维修企业承揽境外航空器材包修转包修理业务,鼓励设立外商独资飞机维修企业。

(四)加快专业服务发展,打造专业服务高地

着力发挥专业服务对临港产业集群发展的支撑带动作用,集聚更高能级国际机构,提升专业服务业的品牌影响力和核心竞争力。优化专业服务结构、业态、模式等,基本形成结构优化、服务优质、布局合理、融合共享的发展新格局,培育一批服务前沿产业、在国内国际上具有引领作用的旗舰企业,形

成一批信誉度高、具有核心竞争力的服务品牌。

11. 发展优质高效专业服务产业集群。鼓励国内国际知名公司在临港新片区设立服务临港产业集群、立足国内、面向全球的研发、咨询、法律等专业服务机构，引导各类科研院所、研发机构、检验检测机构、法律仲裁机构、专业咨询机构等集聚，着力培育研发设计、技术转移、创业孵化、知识产权、科技咨询、科技金融、检验检测认证等专业科技服务和综合科技服务功能，加快建设自由开放、高效便捷的专业服务示范区。不断拓展对外开放的广度和深度，构建全球化服务网络，打造专业服务业试点区，支持企业通过新设、并购、合作等方式开展境外投资合作，进一步加大人力资源、法律、会计审计等专业服务领域的开放力度。

12. 完善技术转移服务体系。强化对专利、版权、企业商业秘密等权利及数据的保护力度，鼓励知识产权交易和流转，打造IP商业运营集聚区。鼓励企业开展高质量知识产权申请、海外知识产权布局和运营。实施技术转移服务机构培育计划，鼓励技术转移服务机构在技术评估、技术概念验证、技术投融资、国际技术转移等方面形成临港服务模式、创新临港服务产品、构建临港服务生态。建设临港新片区跨境技术转移交易平台，构建互联互通的技术交易网络，服务临港新片区产业发展，促进提升技术转移服务水平。

13. 加快汇聚创新创业载体平台。聚焦前沿产业，立足"卡脖子"和新兴产业关键技术环节的创新发展，加速引进各类研发机构落户临港新片区，打造高质量的科技和产业创新平台，提高临港新片区科技创新策源的重要作用。持续发挥世界顶尖科学家论坛的集聚作用，加快推进顶尖科学社区建设，加快引进世界级高水平研究型高等院校和科研院所，全力打造"世界顶级科学家"工程，汇集全世界最顶级、最高端人才团队和智力成果，加强源头创新，加速临港新片区国际创新协同。建设朱光亚战略科技研究院、人工智能超算中心等20余个高端创新研发、共性服务平台，吸引、培育高新技术企业集聚，打造良好科技、产业融合发展生态。推进科技创新服务对外开放，实施全球服务商计划，鼓励专业细分领域的海内外重量级机构落户临港新片区，打造专业领域服务集聚区。鼓励高校、科研院所、企业等联手在临港新片区建立"人才蓄水池"，打造创新创业良好生态。发挥临港大学城优势，大力建设海洋特色大学科学园区。持续推进人力、人才资源供给侧结构性改革，结合前沿产业集群发展，加大高能级人才培养和引进力度，全力打造产教融合示范区。

14. 打造科技金融融合发展良好生态。推动金融与科技联动发展，鼓励临港新片区创投产业发展，拓宽企业直接融资渠道，扶持临港新片区企业在境内外上市。完善临港新片区引导基金机制，发挥财政资金引领效应，放大资金乘数效应。扩大知识产权质押融资覆盖范围，提高信贷风险补偿资金规模，扩大受惠企业面。推进跨境科技金融服务，建设面向国际的科技金融市场平台。探索建立科技金融交易平台，推进科技金融衍生品创新，提高全球资源配置能力。鼓励开展金融科技创新，探索新兴技术在跨境科技金融领域的应用。

(五)推动信息服务快速发展,打造国际数据港

加快推动新一代信息技术创新发展,促进信息科技与临港新片区前沿产业集群、现代服务业深度融合,促进信息服务跨越式发展,提升信息服务业自主创新能力,以核心技术突破和新兴应用拓展为抓手,强化对核心技术和高端环节的控制能力,加快培育基于人工智能、智慧城市、工业互联网、车联网、大数据、云计算、物联网等新型基础设施和科技创新的现代信息服务和在线新经济。

15. 全力提升数据贸易发展能级。加强顶层设计,打通数据通道,强化数据的综合利用开发。搭建数字服务体系,构建适宜数字贸易发展的软环境,培育良性生态环境。围绕数字产业化、产业数字化,加快数字经济转型升级,建设数字贸易交易促进平台,拓展与国际标准相接轨的数字版权确权、估价和交易流程服务功能,以数字游戏、数字音乐、数字电影、电子商务、在线旅游、数字文学、在线广告等重点领域为先导,建设数字内容和产品资源库,探索形成高水平的跨境数据流动开放体系。推进国际数据港、跨境数据流动实验室的建设。集聚一批引领数字贸易发展、具备产业链整合能力的数字跨国公司;培育一批国内本土发展潜力巨大、具有国际竞争力的独角兽级创新企业,不断扩大数字贸易企业规模,提升数字贸易企业的综合竞争力。引进和培育一批数字贸易创新市场主体,深化云服务、数字服务、数字内容等领域的开放合作,建设数字贸易企业合作生态圈。

16. 创新信息服务生产生活。增强信息技术创新能力,推动新技术与服务业深度融合,创新要素配置方式,推动服务产品数字化、智能化、多样化。推进信息技术与前沿产业集群融合发展,利用新一代信息技术提升先进制造业。深刻领会习近平总书记"疫情对产业发展既是一种挑战也是一种机遇"的重要指示精神,加快培育基于移动互联网、大数据、云计算、物联网等新技术的信息服务,大力发展在线新经济,与临港新片区的高端产业发展、现代生产制造、商务金融贸易、文化娱乐消费、文化教育健康、现代物流流通、智能网联出行等深度融合,为培育消费新需求、打造经济新引擎、营造产业新生态、催生发展新模式赋能助力。在基础软件、人工智能应用、工业互联网、大数据技术和应用、云计算、移动互联网、智能网联汽车、信息消费、网络安全等领域,形成一批国际国内领先水平的"独角兽"和"领头羊"企业。运用人工智能、区块链、5G、大数据等先进技术手段,推进各类数据互联互通共享,建立以一体化信息管理服务平台为核心的风险防控体系。

(六)推动有温度的商文体旅服务业发展,打造城市会客厅

结合临港新片区丰富的商文体旅等资源优势,打造产城融合现代化新城所需的高品质生活配套服务体系,提升城市品质、丰富城市功能,进而服务上海、辐射长三角、全国,乃至全球。到2025年,旅游接待达到1000万人次/年。

17. 提升跨境高端购物业态。对标迪拜、新加坡等自由贸易港的商业消费模式,借助临港新片区保税、跨境及交通等优势,打造主城区面向海外、辐射长三角、影响全国的高端消费集聚区,不断扩大国内消费吸引力,持续扩大境外游客离境和入境消费、境内公民海外消费回流。改善社区商业布局,

提升商业业态品质,加快形成便利百姓、惠及民生的商业零售服务网络体系。

18. 打造海派文化都市品牌。加快高端文化产业发展,吸引国内外知名文化领域领军企业落户临港新片区。加快影视产业发展,打造影视工业4.0实践区。鼓励演艺产业发展,加快推进综合场馆建设,鼓励举办具有行业影响力的大型文化活动繁荣演艺市场。鼓励海内外文创产品、艺术品交易,打造全球文创产品、艺术品展示拍卖交易平台。推动创意设计产业发展,打造创意设计中心。拓展版权开发保护,建设版权贸易基地。鼓励文化装备产业发展。

19. 推动国际旅游城市、体育名城建设。加快国际旅游、体育产业发展,鼓励海内外资本投资开发具有临港新片区特色的体育、旅游设施和服务产品。加快集聚旅游、体育产业链上下游标杆性企业,提供高效能公共智慧服务,建设活力、开放、精致、生态的休闲旅游与体育产业集聚区。高水平、高质量开发上海天文馆、冰雪之星、海昌海洋公园、中国航海博物馆、滴水湖、星空之境等资源,打造国际化城市地标。结合前沿产业集聚的独特优势,大力发展工业旅游。鼓励举办高能级、高品质的旅游活动、节庆活动。加快开发特色主题游览线路,吸引海内外游客,形成国际旅游目的地。丰富出境游境外目的地资源,鼓励外资在临港新片区设立外商独资旅行社经营中国公民出境旅游业务。鼓励国际级、国家级体育机构在临港新片区设立分支机构、开展各项体育赛事、论坛和训练活动。

20. 集聚高端健康医疗服务发展。鼓励中外医学技术交流和发展,完善外国医师来华短期行医管理,鼓励优秀外国医师来临港新片区提供医疗服务。完善来临港新片区就医清单管理机制,为境外人员就医提供出入境便利,鼓励开发跨境医疗保险产品。放宽外资准入限制,加快引进重大医药、高端诊疗项目,补齐生命科技产业园诊疗服务功能,推进医疗科技领域项目国际合作,吸引社会资本在临港新片区开设高端医疗机构。建设国际医疗服务集聚区,支持与境外机构合作开发跨境医疗保险产品,开展国际医疗保险结算试点。

21. 推动高端会展经济发展。加快现代会展产业发展,充分发挥会展、论坛等在临港新片区建设和开放型经济发展中的重要平台作用。对标世界经济论坛、博鳌亚洲论坛等国际国内顶级论坛,对接世界顶尖科学资源,推动世界顶尖科学家论坛提升影响力和显著度。鼓励境外机构试点独立举办经济技术展览会,增强会展市场活力,推动会展服务向国际化、专业化、市场化、品牌化发展。加快上海临港国际会议中心建设,鼓励海内外资本投资建设高标准会展设施,提升临港新片区会展产业能级。加快集聚会展产业链上下游优质企业,全力打造临港会展产业高地。

五、重点布局

结合临港新片区未来发展空间布局,强化重点服务业集聚区的示范引领,打造一批特色鲜明、业态高端、能级突出、功能集成的发展示范区,建设服务业开放创新的新高地,打造服务经济新的增长极。

1. 跨境金融、新型国际贸易等现代服务业集聚区。以 105 区域为重要空间载体,以"全域统筹、区域联动、生态宜居、高端集聚"作为建设要求,充分发挥临港新片区开放型制度体系政策优势,重点集聚发展跨境金融、新型国际贸易、数字经济等现代服务业,持续提升全球资源要素的配置能力。

2. 专业服务业集聚区。以 103 国际创新协同区为重要空间载体,建设顶尖科学家社区等功能板块,与临港大学城联动,与临港前沿产业集群协同,重点集聚发展科技服务等现代服务业,提升科技创新策源能力。以临港新片区产业技术创新带等区域为发展载体,持续推进第二、三产业的有机融合,加快形成围绕临港新片区主导产业、支柱产业提供研发、设计、营销等高水平高附加值配套服务的生产性服务业集聚区。

3. 高端航运服务业集聚区。充分发挥临港新片区开放型经济优势,充分挖掘交通、区位等优势,以洋山特殊综合保税区为重要空间载体,持续提高对国内国际人流、物流、价值流、信息流等资源的集聚和配置能力,提升拓展全球综合枢纽港功能。

4. 国际化现代化城市生活服务业集聚区。以 101 区域为重要空间载体,打造凸现临港新片区特色的商、文、体、旅、康等生活性服务业集聚、生活休憩功能复合的国际化现代化综合社区,形成"要休闲,到临港;要生活,住临港"的良好口碑。

六、保障措施

(一)加强组织领导

建立临港新片区管委会服务业发展推进领导小组,加强统筹协调,建立常态化工作推进机制,协调重大政策、研究重大问题、沟通重要信息,构建畅通高效的工作机制,切实形成推进合力。

(二)营造良好环境

加快推进法制建设,加快建设与国际接轨的规则体系。推动"放管服"改革,深化"一网通办",多措并举孵育公平竞争的市场环境,推进政务服务赋能提效。推动与现代服务业发展相适应的税收政策落地,完善财政、金融、人才等扶持政策体系,打造发展福地。

七、其他

本实施意见,由中国(上海)自由贸易试验区临港新片区管理委员会负责解释。相关配套扶持政策另行制定发布。

本实施意见,施行有效期至 2025 年 12 月 31 日。

中国(上海)自由贸易试验区临港新片区管理委员会关于印发《中国(上海)自由贸易试验区临港新片区新型基础设施建设项目贴息管理的实施细则》的通知

沪自贸临管委〔2020〕566号

管委会各部门、各直属单位,临港新片区各镇、各开发公司、各有关单位:

《中国(上海)自由贸易试验区临港新片区新型基础设施建设项目贴息管理的实施细则》已经临港新片区管委会2020年第14次主任办公会审议通过并于即日起正式实施,现印发给你们,请认真遵照执行。

中国(上海)自由贸易试验区临港新片区管理委员会
2020年7月28日

中国(上海)自由贸易试验区临港新片区新型基础设施建设项目贴息管理的实施细则

第一章 总 则

第一条(目的和依据)

为贯彻落实《上海市推进新型基础设施建设行动方案(2020—2022年)》,进一步加大对中国(上海)自由贸易试验区临港新片区新型基础设施建设项目的支持力度,坚持市场化、法治化、专业化的原则,鼓励和引导社会资金加快新型基础设施建设,根据《上海市新型基础设施建设项目贴息管理指导意见》,结合《中国(上海)自由贸易试验区临港新片区重点企业贷款贴息的实施意见》(沪自贸临管委〔2020〕198号)的文件精神,特制定本实施细则。

第二条(专项资金支持方向)

临港新片区新型基础设施建设项目贴息资金(以下简称"专项贴息资金")重点支持以下领域:

1. 新型网络基础设施(新网络):5G、物联网、工业互联网等为代表的新一代通信网络基础设施。

2. 新型科技基础设施(新设施):重大科技基础设施、科教基础设施、产业创新基础设施等为代表的科技基础设施。

3. 新型平台基础设施(新平台):以互联网数据中心、人工智能、云计算、大数据、区块链等为代表的平台型基础设施。

4. 新型终端基础设施(新终端):面向城市管理或社会服务重点领域的传统基础设施智能化改造或智能终端系统,包括智能交通基础设施、智能消费基础设施、智慧能源基础设施以及互联网教育、医疗、文化基础设施等。

第三条(资金来源)

专项贴息资金来源为临港新片区专项发展资金,由临港新片区管理委员会(以下简称"新片区管委会")财政处统筹安排,原则上在临港新片区高新产业和科技创新专项资金中列支。

第四条(使用方向)

专项贴息资金重点对以企事业单位自筹资金为主、能形成显著规模和经济社会影响力的建设项目,按有关规定进行贴息支持:

1. 专项资金用于支持临港新片区(386平方公里)内新型基础设施建设项目。鼓励支持新建项目实施主体在临港新片区内办理税务登记。

2. 原则上对数据中心等竞争性配置公共资源指标的项目,购买土地或不含重要功能的房屋建设项目,以流动资金贷款为主的项目,以及已享受临港新片区重点企业贷款贴息、上海市市级新型基础设施建设项目贴息和有关政府资金其他贴息的项目,不享受本贴息支持。

3. 以下项目不予贴息:材料弄虚作假;未办理有关开工手续或不具备开工条件;未经有关部门批准,延长项目建设期发生的借款利息;已办理竣工结算或已交付使用但未按规定办理竣工决算的建设项目贷款;在贴息范围内未按合同规定归还的逾期贷款利息、加息、罚息。

第五条(责任部门)

新片区管委会负责贴息政策的制定和解读,高新产业和科技创新处牵头与管委会各相关处室组建工作小组。投资促进服务中心负责受理并预审申报单位贴息申请,发展改革处、高新产业和科技创新处负责对申请贴息项目进行认定、评估和复审,金融贸易处负责核定贴息金额以及贴息事项的综合统计和日常管理,财政处负责财政资金的统筹安排和贴息资金的拨付。

第六条(合作银行)

合作银行负责组织受理信贷项目,开展独立审贷和信贷风险控制,对项目进行贷款和日常监管。

1. 合作银行须为临港新片区银行,实行名单制管理(首批合作银行见附件)。
2. 合作银行应设置快速审批通道优先安排审批,一般在4周内完成贷款审批工作。
3. 合作银行建立专门服务力量,针对"新基建"建立专门信贷制度和团队。

第二章 贴息规则

第七条(贴息方式)

1. 贴息资金实行先付后贴的原则。项目单位必须凭提供贷款的合作银行开具的利息支付清单，按季度向新片区管委会申请贴息。

2. 申请贴息的贷款合作银行应提供专门优惠利率。在符合有关监管规定的前提下，原则上优惠贷款利率应在同期中国人民银行公布的贷款市场报价利率（LPR）基础上予以一定优惠：3 年（含）以下为一年期 LPR 减 40 个基点，3 年至 5 年（含）为一年期 LPR 减 10 个基点，5 年以上贷款利率不高于 4%。

贷款贴息期间，贷款市场报价利率（LPR）出现重大调整，由新片区管委会视情况调整优惠利率及贴息标准。

3. 申请贴息的贷款原则上为人民币贷款，以项目贷款为主，可包括部分中期流动资金贷款，但必须与项目建设内容直接相关，且规模不高于项目总投资的 30%。

第八条（贴息标准）

对于符合本实施细则第二、四条标准的支持对象，根据不同实施主体和贷款品种，给予相应额度的贴息支持：

1. 对于用于新片区内新基建项目建设的固定资产贷款，原则上按每年单笔不超过 100 基点给予贴息支持。项目实施主体税收户管地在临港新片区内的，可上调贴息标准，最高按不超过 150 基点给予贴息支持。

2. 对于用于与新基建项目相关的日常经营周转的流动资金贷款，原则上按每年单笔不超过 50 基点给予贴息支持。

申报项目每年贴息金额不超过该年贷款利息总额；当合作银行优惠利率低于 2% 时，贴息自动停止。对于已享受其他贴息政策的申请企业，按照"从优不重复"的原则核定其贴息规模。

新片区管委会不承担除贴息以外的任何信贷风险。

第九条（贴息期限）

原则上按项目建设期限进行贴息，贴息范围为自 2019 年 8 月起提款的金额，且提款日不晚于 2022 年 7 月底。首轮贷款贴息一般不超过 3 年，最晚贴息至 2023 年 6 月底。特别重大项目经新片区管委会报市政府批准后，可适当延长贴息期限。高新产业和科技创新处根据首轮贴息执行情况和成效，研究滚动实施政策。

第三章　申报与审核

第十条（申报）

1. 符合本细则规定贴息范围的项目，由项目单位申报贴息。

2. 申请单位应根据要求向合作银行提交贴息申请材料，申请材料包括：

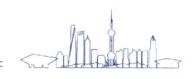

(1)《临港新片区新型基础设施项目贴息申请表》;

(2)提交项目资金申请报告,并附项目备案或批复文件;

(3)企业信用报告;

(4)银行贷款合同;

(5)银行放款凭证;

(6)银行贷款利息回单;

(7)企业法人营业执照;

(8)企业上年度所得税汇算清缴材料;

(9)证明企业经营所在地的相关资料;

(10)新片区管委会要求的其他相关资料。

合作银行汇总审核无误后,出具推荐意见。

3. 新片区管委会定期或不定期向合作银行提供相关企业和项目信息,合作银行也可以自行向新片区管委会推荐相关项目。

第十一条(审核流程)

(一)新增申报项目审核

1. 资料预审。由申报单位向投资促进服务中心提交贴息申请资料。投资促进服务中心负责对申报资料完整性进行形式审查,确认申报单位注册地址、税收户管地等信息。对于符合预审标准的项目,经投资促进服务中心负责人签字确认后,交发展改革处、高新产业和科技创新处共同进行项目初审和评估复核。

2. 项目初审和评估复核。发展改革处、高新产业和科技创新处共同审核申报项目是否为临港新片区内新型基础设施建设项目,并确认申报项目是否属于本实施细则支持对象范围。对于初审通过的企业同步进行复审,如有必要可委托第三方评估机构对项目资金申请报告及相关贴息材料进行评估和审核,确定拟支持项目。对复审通过的申请企业,经发展改革处、高新产业和科技创新处负责人共同签字确认后,转交金融贸易处核定贴息金额。

3. 核定贴息金额。金融贸易处根据本实施细则审查贴息贷款是否符合贴息标准,并核对该申报项目是否已享受其他贴息政策。对于符合贴息标准的申请,根据银行贷款资料核定贴息金额。贴息金额经金融贸易处负责人签字确认后,转交财政处统筹安排财力资金。高新产业和科技创新处应按有关程序向合作银行和项目单位反馈项目审核结果和核定贴息金额。

4. 资金拨付。财政处对贴息金额进行复核,根据核定的贴息金额安排向项目单位拨付资金。

(二)存量申报项目审核

对于已通过审核的存量申报项目,在项目建设期内的贷款贴息审核可实行简易流程。由合作银

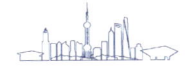

行按季将贷款合同和贷款利息回单报送投资促进服务中心。投资促进服务中心直接会签金融贸易处核定贴息金额，并交财政处拨付财力资金。

第四章　贴息实施及监督管理

第十二条（财务处理）

项目单位收到财政贴息资金后，在建项目作冲减工程成本处理，竣工项目作冲减财务费用处理。

第十三条（专款专用）

财政贴息资金必须保证专款专用，任何单位不得以任何理由和任何形式截留、挪用贴息资金。贴息资金定期打入项目单位在合作银行的指定账户，由合作银行进行日常监管。

第十四条（贷款监督）

金融贸易处应联合相关合作银行跟踪贷款情况。各合作银行应加强对贷款申请、发放及贷后审查的监督管理，确保贷款使用合规，若贷款发生异常应及时通知新片区管委会。

第十五条（监督管理）

合作银行应定期将贷款和贴息执行情况报新片区管委会，新片区管委会应每年对贴息资金的使用进行绩效评估，根据评估情况适当调整工作安排。

各项目单位要严格按照有关规定提供相关贴息申请材料，对弄虚作假或违法违规的项目，新片区管委会有权终止该项目贴息并追回已拨付的贴息资金，取消该企业申请贴息资金的资格，并将相关单位及其法人代表失信信息纳入上海市公共信用信息服务平台。构成违法犯罪的将移交有关部门处理。

第十六条（协调机制）

发展改革处会同高新产业和科技创新处定期向合作银行提供本市新型基础设施建设重大项目和工程清单，确定联络员保持与合作银行日常沟通联系。

项目单位可在名单内自行择优选择合作银行，合作银行之间应当保持相互沟通协作，避免恶意竞争。

第五章　附　则

第十七条（实施期限）

本实施细则自发布之日起实施，有效期至 2025 年 7 月 30 日。

附件：1. 合作银行名单
　　　2. 中国（上海）自由贸易试验区临港新片区新型基础设施项目贴息申请表

中国(上海)自由贸易试验区临港新片区管理委员会关于印发
《中国(上海)自由贸易试验区临港新片区促进法律服务业
发展若干政策》的通知

沪自贸临管委〔2020〕350号

管委会各部门、各直属单位,临港新片区各镇、各开发公司、各有关单位:

《中国(上海)自由贸易试验区临港新片区促进法律服务业发展若干政策》已经新片区管委会2020年5月15日主任办公会审议通过,现印发给你们,请遵照执行。

中国(上海)自由贸易试验区临港新片区管理委员会
2020年5月19日

中国(上海)自由贸易试验区临港新片区促进法律服务业发展若干政策

为促进中国(上海)自由贸易试验区临港新片区(以下简称"临港新片区")集聚境内外知名法律服务机构和高端法律服务人才,完善临港新片区商事纠纷"诉讼、调解、仲裁"一站式解决功能,推进临港新片区国际法律服务中心建设,着力营造一流的国际化、法治化营商环境,根据《中国(上海)自由贸易试验区临港新片区总体方案》(国发〔2019〕15号)、《中国(上海)自由贸易试验区临港新片区管理办法》(沪府令19号)和《中共上海市委上海市人民政府关于促进中国(上海)自由贸易试验区临港新片区高质量发展实施特殊支持政策的若干意见》(沪委发〔2019〕20号)等文件精神,结合临港新片区实际,特制定本政策。

一、支持范围

本政策适用于注册登记地、实际经营地和财税户管地在临港新片区的境内外法律服务机构及有关组织。

1. 境内外仲裁机构、调解机构等争议解决机构在临港新片区设立的业务机构。

2. 律师事务所(含国内律师事务所分所、外国及港澳律师事务所代表机构、联营律师事务所)、公证、司法鉴定、域外法律查明等法律服务组织或机构。

3. 其他有利于临港新片区法律服务业国际化或加强国际法律合作交流的组织或机构。

二、支持内容

(一)机构落户奖励

1. 鼓励境内外知名法律服务机构在临港新片区设立总部或业务机构;鼓励相关机构或个人在临港新片区设立各类法律服务机构。

(1)对在临港新片区设立总部的律师事务所,经司法部或中华全国律师协会评定为全国优秀律师事务所,或上一年度入选世界著名法律评级机构榜单的,可申请一次性专项奖励100万元。前来临港新片区设立分所或代表机构的,可申请一次性专项奖励50万元。

(2)对在临港新片区设立总部的律师事务所,经省级司法行政部门或律师协会评定为省级优秀律师事务所的,可申请一次性专项奖励50万元。前来临港新片区设立分所的,可申请一次性专项奖励20万元。

(3)对在临港新片区设立中外或港澳联营律师事务所的,可申请一次性专项奖励100万元。

(4)在临港新片区设立业务机构的国际商事海事仲裁机构、调解机构等争议解决机构,可申请一次性专项奖励100万元。

(5)在临港新片区设立公证、司法鉴定、域外法律查明等其他法律服务机构,可申请一次性专项奖励20万元。

(6)经中央国家机关(含全国人大常委会、最高人民法院、最高人民检察院、司法部等)批准同意在临港新片区设立、有利于推动临港新片区法律服务业国际化或加强国际法律合作交流的组织或机构,给予100万元一次性专项奖励。

(7)落户临港新片区,对临港新片区法律服务业国际化具有特别重大意义的组织或机构,可以按照"一事一议"原则,给予专项奖励。

(二)办公用房扶持

2. 对在临港新片区租赁自用办公用房的法律服务机构,根据实际租赁办公面积和用途,经测量核实确认后,由临港新片区管委会按照1.00元/m²/天的补贴标准,拨付至楼宇(园区)运营主体,由运营主体视具体情况统筹分配。对在临港新片区租赁自用办公用房的非营利性法律服务机构,根据实际租赁办公面积,按年租金最高100%的比例给予补贴。

3. 对在临港新片区建设法律服务集聚区的开发主体,按装修设计和年租金最高100%的比例给予补贴,并可给予一定运营补贴。

(三)人才保障与便利

4. 人才生活保障和便利。按照临港新片区相关人才引进与保障政策,法律服务机构中的法律人才享受专项奖励等人才奖励,人才公寓、公租房等安居保障,以及子女入学、医疗保障等便利条件。

5. 直接贡献奖励。对符合本政策规定的法律服务机构中的法律人才,可以申请认定为高端人才,按其上一年度对临港新片区地方经济发展贡献给予一定奖励。

6. 人才出入境及停居留便利。在临港新片区法律服务机构工作的外籍法律人才享受电子口岸签证便利;对拟长期工作的,进一步放宽其年龄、学历和工作经历等限制,可一次性给予2年及以上的工作许可;符合认定标准的,可直接申请在华永久居留,并缩短审批时限。在临港新片区法律服务机构工作的入外籍留学回国人员,可直接办理长期(最长有效期10年)海外人才居住证B证,免办工作许可。

(四)高端法律服务奖励

7. 经济贡献奖励。对落户临港新片区的法律服务机构,按其上一年度对临港新片区地方经济发展贡献给予一定奖励。对为临港新片区提供实质帮助、重要信息、主导推进具有重大影响力和贡献度的招商引资等项目的法律服务机构,可以按照"一事一议"原则,给予专项奖励。

8. 专业服务奖励。为临港新片区各级管理机构、企事业单位及海外企业的重大政府/商事谈判、诉讼、仲裁、调解、主导国际行业标准制定并发布、参与国际条约制定或修改等涉外法律服务事项做在突出贡献,挽回或获得重大权益,产生重大国内外影响的法律服务机构,经临港新片区管委会组织外部评议后,给予最高100万元专项奖励。其中,在最高人民法院、国际仲裁机构、G20成员国家、"一带一路"沿线国家司法机关或仲裁机构取得胜诉裁判,或被司法部等国务院相关部门或全国性行业协会向全国表彰推广的,每个项目一次性给予最高10万元的奖励,每个法律服务机构每年度给予最高50万元的奖励。

9. 举办活动奖励。对在临港新片区召开与法治营商环境、国际化法律服务等主题相关的具有国内外重要影响力的会议、论坛或培训的,经临港新片区管委会会同有关行政主管部门事先审核同意,可按照实际支出费用最高40%的标准,给予每场活动最高5万元、每个法律服务机构每年度最高20万元的补贴。

(五)其他扶持措施

10. 支持临港新片区内银行在"展业三原则"的基础上,凭收付款指令直接为法律服务机构办理跨境贸易人民币结算业务,直接办理法律服务业务下的跨境人民币收入在境内支付使用。

11. 探索针对法律服务机构的特殊税收优惠政策,实施"无税无票不申报"制度,对当期无应税收入且未做票种核定的法律服务机构,免于办理部分税种的申报纳税。对在临港新片区工作的境外法律服务人才个人所得税税负差额部分给予补贴。

三、附则

1. 本政策条款若与临港新片区管委会制定的其他政策有重复交叉的,按照从高不重复原则予以

落实。

2. 扶持对象应承诺自享受扶持政策起,5年内不迁离临港新片区,否则应返还已领取或享受的相关奖励与补贴。扶持对象享受的各类奖励与补贴总和原则上不得超过扶持期内对临港新片区的地方经济发展贡献额。

3. 扶持对象如通过弄虚作假等不正当手段骗取扶持资金,一经查实,将立即取消一切扶持资格并追缴资金。情节严重的,将依法追究法律责任。失信行为将根据有关规定纳入公共信用信息数据平台。

4. 本政策由中国(上海)自由贸易试验区临港新片区管理委员会负责解释。

5. 本政策自2020年1月1日起实施,有效期至2022年12月31日。

中国(上海)自由贸易试验区临港新片区管理委员会关于印发《中国(上海)自由贸易试验区临港新片区集聚发展人工智能产业若干措施》的通知

各办、各开发公司、各相关单位：

现将《中国(上海)自由贸易试验区临港新片区集聚发展人工智能产业若干措施》印发给你们，请认真按照执行。

中国(上海)自由贸易试验区临港新片区管理委员会
2019 年 10 月 22 日

中国(上海)自由贸易试验区临港新片区集聚发展人工智能产业若干措施

为促进中国(上海)自由贸易试验区临港新片区(以下简称"临港新片区")人工智能产业的集聚和发展，根据《中国(上海)自由贸易试验区临港新片区总体方案》(国发〔2019〕15 号)、《中国(上海)自由贸易试验区临港新片区管理办法》(沪府令 19 号)和《关于促进中国(上海)自由贸易试验区临港新片区高质量发展实施特殊支持政策的若干意见》(沪委发〔2019〕20 号)等文件精神，配套细化《中国(上海)自由贸易试验区临港新片区促进产业发展若干政策》(沪自贸临管经〔2019〕12 号)，特制定本政策。

一、支持范围

工商注册地、实际经营地和财税户管地在临港新片区内的人工智能产业领域企业和与之相关的配套服务企业，以及经临港新片区管委会认定后列入可支持范围的相关科研机构、高等院校、功能平台、创新载体等机构在临港新片区实施的与人工智能产业相关的项目。

二、支持内容

1. 支持重大项目集聚。根据功能定位和产业基础，支持人工智能技术与集成电路、生物医药、航空航天、高端装备制造及战略性新兴产业等方面的深度融合，支持人工智能产业推动智能网联汽车、智能制造、智能机器人等新产业新业态发展，具体奖励、支持措施由临港新片区管委会专项审议确定。

2. 支持关键技术源头创新。支持企业围绕人工智能芯片、核心算法、操作系统及基础软件、智能传感器等基础核心技术和关键共性技术开展攻关,对引领产业发展或取得颠覆性突破的项目,根据技术创新性和投资额给予最高2 000万元资金支持。对于特别重大的项目,原则上可根据项目开展情况连续支持三年。

3. 支持丰富场景实现示范应用。支持在临港新片区打造和丰富世界级的场景应用,通过聚焦经济高质量发展、人民高品质生活、城市高效率运行,实施"临港新片区AI+"行动,引导全球人工智能最新成果在临港"先试先行",打造一批面向全球、面向未来的创新应用。其中:

(1)对列入国家、上海市认定的人工智能试点应用场景的重大专项项目,除国家给予的专项支持和上海市的专项支持外,再由临港新片区给予一次性的配套奖励分别为300万元和200万元。

(2)采取"双向"奖励制度加速场景丰富及实际应用,经认定后,给予示范项目及场景投资提供主体在人工智能技术、产品及服务部分投资采购额度30%的奖励,最高300万元,给予技术、产品及服务提供机构的实际研发投入50%的奖励、最高200万元。申报本政策的同一企业或同一项目,不再重复享受《中国(上海)自由贸易试验区临港新片区促进产业发展若干政策》中第3条相关支持政策。

(3)经评审对临港新片区内产生的应用场景解决方案的创新产品,推荐纳入《上海市创新产品推荐目录》(以下简称"推荐目录");同时支持深化建设公共服务"示范项目",新片区各党政机关、企事业单位应根据实际需要、按照规范流程,优先采购"推荐目录"中临港新片区推荐纳入的创新产品,每年重点打造并宣传若干人工智能公共示范项目,在率先运用人工智能提升业务效率和管理服务水平的同时,为企业拓展国内外市场提供"试验性"的应用示范。

(4)鼓励有条件的企业、高校院所、科研单位和行业协会等机构在新片区面向全球,建设传统行业(各行各业)对人工智能技术和服务需求发布、人工智能企业解决方案发布的供需信息快捷高效地匹配对接"线上"网络平台,根据平台建设投入及对接成果,给予年度运营经费50%、单个平台最高100万元的补贴。

(5)结合临港新片区智慧城市、智慧产业、智慧旅游建设中能够支撑打造特殊经济功能区、现代化新城的关键核心项目,最高给予项目100%的资金支持,通过项目支持发现、遴选并推动各类场景方建立人工智能联合应用测试平台,定期向新片区人工智能企业公布,为创新产品和服务提供真实测试环境。

(6)鼓励企业、高校院所、科研机构在新片区建设开源开放、共享协同的人工智能数据归集、算法汇聚、算力开放及检验检测的创新支撑平台,对企业采购平台服务的,按实际采购费用给予30%补贴,同一企业最高50万元。

4. 支持基础设施优化完善和率先应用。加快推进完备的国际通信设施建设,加快推进第五代移动通信技术(5G)、互联网协议第6版(IPv6)、云计算、物联网、车联网等新一代信息基础设施建设以及网络智能化改造和新型工业互联网络规模化部署,率先实现移动通信网络和固定宽带网络"双千兆"

全覆盖,为人工智能深度广泛应用提供信息高速公路。人工智能类型企业应用上述信息设施设备进行研发和生产时,对支付给信息运营服务商费用给予10%比例、最高10万元的年度补贴。

5. 支持企业规模化发展。对人工智能企业主营业务收入首次超过500万元、1 000万元、2 000万元、5 000万元、1亿元的企业,按照晋级补差原则分别给予20万元、30万元、50万元、100万元、200万元的奖励。

6. 支持企业落户新片区。其中：

(1)支持国内外人工智能企业来新片区落户,对注册并实到资本金2 000万元(含)以上的,按其实缴资本的5%给予奖励、最高500万元。奖励金额按照企业首次达到上述标准时的实缴资本进行核定,分三年按40%、30%、30%的比例兑现奖励。

(2)由天使投资、风险投资、创业投资等基金投资入股的新注册或新迁入人工智能企业,按基金投入资金的10%给予一次性的落户支持,最高不超过500万元。

7. 支持重点领域创新资源库建设。针对人工智能核心算法、深度学习、自主协同控制等基础理论领域和智能芯片、人机交互、数据挖掘等核心关键技术领域,面向计算机视觉、自然语言处理、自动驾驶等重点攻关方向、重点产品研发需求,支持建立高质量、开放式的人工智能训练数据集、标准测试数据集等资源库,为技术研发提供基础支撑。相关支持措施根据产业实际、资源库对人工智能产业发展综合贡献度另行制定。

8. 支持产教深度融合。对在临港新片区高校利用原有的计算机、计算数学、软件开发、信息控制工程等专业优势,升级建设人工智能专业和学科,对于成功建成专业和学科的学校和学院,经综合评估对产业的支撑和绩效作用后,给予每个专业和学科最高200万元的一次性奖励。

9. 支持打造顶级活动。对新片区相关开发主体、园区和人工智能领域相关行业协会、产业联盟或重点企业,承办国家、上海市、临港新片区人工智能及相关领域的学术会议、具有重要影响力的交流活动、创新创业大赛等重大赛事活动的,经事前认定备案,以后补助形式给予承办单位50%的补贴、最高200万元。举办有重大国际影响或国家级人工智能为主要内容的活动,可根据实际情况一事一议。

10. 其他支持措施。建立临港新片区人工智能优势企业(单位)库并做相关分类,结合企业和项目实际精准施策、优先支持、组合扶持。组建专业服务团队,对入库企业(单位)辅导申报国家、上海市和临港新片区出台的各项资源要素(提高土地利用效率等)、财税金融(包括所得税、投融资、上市奖励等)、招商引企(包括企业落户、总部经济等)、人才[包括人才引进、培养培训、住(租)房保障、医疗保障、子女就学、奖励补贴等]、产业促进(包括关键核心技术与产品突破、产业能力提升等)、产教融合(包括"产学研"、技能人才培养等)、科技创新(包括功能平台、研发经费补贴奖励等)、数据跨境流动、研发用房补贴等方面扶持政策。

乡村振兴政策专篇

上海市农业农村委员会等关于印发《关于加快推进农业机械化和农机装备产业转型升级的实施意见》的通知

各相关区人民政府、各相关部门：

经市政府同意，现将《关于加快推进农业机械化和农机装备产业转型升级的实施意见》印发给你们，请结合实际，认真抓好贯彻落实。

上海市农业农村委员会
上海市经济和信息化委员会
上海市发展和改革委员会
上海市财政局
上海市科学技术委员会
上海市规划和自然资源局
2020 年 3 月 4 日

关于加快推进农业机械化和农机装备产业转型升级的实施意见

为贯彻落实《国务院关于加快推进农业机械化和农机装备产业转型升级的指导意见》（国发〔2018〕42 号），深入实施乡村振兴战略，加快推进都市现代绿色农业发展，结合我市实际，提出如下实施意见。

一、总体要求

（一）指导思想

以习近平新时代中国特色社会主义思想为指导，认真落实党中央、国务院乡村振兴战略部署，以农机农艺融合、机械化信息化融合、农机服务模式与农业适度规模经营相适应、机械化生产与农田建设相适应为路径，以科技创新、机制创新、政策创新为动力，面向全球、面向未来，对标国际最高标准、最好水平，重点提升蔬菜林果生产机械化水平，积极发展自动化、智能化农机装备，扎实推动农机装备和农业机械化向高质量、高效能转型升级，率先实现农业现代化。

（二）发展目标

到 2025 年，农机装备结构科学合理，作业条件基本完善，农机库房、维修网络、粮食烘干、育苗育秧、农产品初加工、冷藏冷链等产业链规划布局合理、设施设备基本配套。农机社会化服务体系机制创新完善,服务覆盖率达85%。建成10个以上"农机服务"新型组织,为农业生产提供"一站式"、综合性服务。推动智慧农机发展,建成一批不同类型的规模化生产、智能化管理的智慧农业示范农场。主要农作物耕种收综合机械化率达到98%以上,蔬菜生产"机器换人"初步实现,设施菜田绿叶菜生产机械化水平达到60%。桃、梨、葡萄、鲜食玉米等主要特色经济作物机械化技术路线基本形成,果园水肥一体化、自动控制系统等关键技术应用率达到50%以上。建成5—8个林果机械化生产示范基地,机械化率达到60%。绿色生态、清洁高效的设施农业和畜禽水产养殖等机械化水平位居全国前列。

二、重点工作

(一)加快推动农机装备产业高质量发展

1. 完善农机装备创新体系。以农机装备需求为牵引,聚焦农机装备制造关键环节,建立以企业为主体、市场为导向的协同创新体系。支持产学研推用深度融合,增强科研院所的研究创新能力,重点支持智能农机、设施农业智能控制系统、农用无人机等设施装备关键技术研究,推动高端智能农机装备产业发展。(市经济信息化委、市发展改革委、市科委、市农业农村委等负责。列第一位者为牵头单位,下同)

2. 推进农机装备全产业链协同发展。以整机企业技术需求为目标,鼓励农机装备产业链上下游企业联合攻关,开展先进技术装备的引进消化吸收再创新。推动整机企业加强技术创新和内部管理,优化生产流程,带动产业链上下游企业联合进行智能化升级。探索开展网络精准营销、在线支持服务等新型商业模式。(市经济信息化委、市发展改革委、市科委、市农业农村委、市商务委等负责)

3. 优化农机装备产业结构布局。鼓励农机生产企业由单机制造为主向成套装备集成为主转变,扶持中小企业发展。支持企业加强农机装备研发生产,推动品牌建设,培育具有市场知名度的农机装备生产企业。支持蔬菜等园艺农作物生产、畜禽水产养殖、农产品初加工等领域农机装备企业发展,开发智能化、精准化、节能化、低排放农机产品。(市经济信息化委、市发展改革委、市农业农村委、市商务委、市国资委等负责)

4. 加强农机装备质量可靠性建设。强化企业质量主体责任,督促农机装备行业开展诚信自律行动和质量提升行动。加强农机产品质量监管,加大对质量违法和假冒品牌行为的打击和惩处力度,提升高质量农机产品市场占有率和有效供给水平。加快制定精准农业、智能农机、绿色装备等地方标准,提升农业机械试验、检测和鉴定能力。(市市场监管局、市经济信息化委、市农业农村委等负责)

(二)加快实现农作物生产全程全面机械化

1. 推动粮食作物机械化向更高层次发展。继续支持水稻机械化育苗、种植、粮食烘干能力、稻米加工能力建设,促进区域平衡发展。稳步推进水稻机械化种植,加快高效植保、粮食烘干、秸秆综合利用等环节机械化的集成配套。加快农作物生产全程机械化技术集成与示范,推进整建制创建"全国主要农作物生产全程机械化示范省(市)"。(市农业农村委、市经济信息化委等负责)

2. 加快补齐经济作物机械化生产短板。聚焦薄弱环节,坚持引进消化吸收和自主研发相结合,加大新农机、新技术试验示范、推广应用和服务支持力度。大力发展蔬菜机械化生产,针对蔬菜露地生产、8米单体棚、连栋温室等不同类型,围绕高质量作畦、高速高密度移栽和采收等关键环节,加快引进吸收、研发创新农机装备与技术,以点带面、分环节突破,逐步实现蔬菜生产"机器换人"。积极发展林果、花卉、鲜食玉米生产机械化,加快水肥一体化、高效植保、多功能操作平台等农机装备和技术推广,加强果园智能化管理系统的研发推广。(市农业农村委、市经济信息化委、市财政局等负责)

3. 加快构建高效机械化生产体系。推广"宜机化"生产方式,将"宜机化"作为农作物品种审定、耕作制度变革、产后加工工艺改进、高标准农田建设等的必要条件。按照划定的粮食生产功能区、蔬菜生产保护区和特色农产品优势区,加快育苗中心、农产品分级加工、冷藏冷链、农机库房和维修网点的规划布局与设施用地供应,加快选育、推广适于机械化作业、轻简化栽培的绿色农作物品种,加强良种、良法、良地、良机等集成配套,为机械化作业、规模化生产创造条件。支持产学研推用联合攻关,推动品种农艺装备等多学科、产前产中产后各环节协同联动。(市农业农村委、市科委、市财政局等负责)

(三)大力推广先进适用农机装备与机械化技术

1. 示范推广绿色生态新机具新技术。围绕农业绿色生产,重点支持精量播种、精准施药、高效施肥、水肥一体化、节水灌溉、残膜回收以及畜禽粪污资源化利用、水产养殖尾水处理等生态环保、绿色高效农机装备与技术的推广应用。围绕上海农业结构调整,积极开展农机新产品补贴试点,加大国外先进农机装备的引进、示范、推广力度,重点支持蔬菜花卉育苗、高速高密度移栽、采收、林果采摘、综合管理操作平台等农机装备技术的引进示范。开展农机报废更新试点工作,研究相关更新补贴政策,提升农机装备绿色环保水平。(市农业农村委、市科委、市经济信息化委、市财政局等负责)

2. 推动智慧农机提升发展。推进移动互联网、物联网、大数据、智能控制、卫星定位导航等信息技术在农机装备和农机作业上的应用。结合上海智慧农业的"一网、一图、一库"建设,加快构建上海农机装备信息化管理平台,完善农机作业监测、维修诊断、远程调度等信息化服务,提高农业机械化管理水平和效率。积极探索水稻生产无人农场、蔬菜生产、畜禽水产养殖智能化农场等现代绿色农业示范基地建设。大力支持以北斗导航为技术支撑的无人驾驶系统,采摘、除草机器人,农用无人机等先进农机装备以及温室智能控制系统、蔬菜林果花卉作物专家系统的研发、示范和推广应用,加快农业现代化发展进程。(市农业农村委、市经济信息化委、市科委等负责)

3. 提高农业机械化技术推广能力。强化农业机械化技术推广机构的能力建设,大力提高蔬菜林果生产急需的新机具新技术的试验验证水平。鼓励农机科研推广机构与农机生产企业、科研院校、新型农机服务组织等开展技术合作,加快先进实用技术集成创新与推广应用。运用现代信息化技术,创新"田间日"等体验式、参与式推广新方式,提升农业机械化技术推广效果。加强农机试验鉴定能力建设,重点支持蔬菜林果花卉农机装备的检测鉴定能力建设,充分发挥农机试验鉴定机构的评价推广和质量监管作用。(市农业农村委、市经济信息化委、市科委等负责)

4. 发展工厂化智能化技术装备。推广运用新技术新装备,探索发展蔬菜、花卉、畜牧水产养殖等工厂化生产、智能化管理新模式。运用物联网、互联网、云计算等技术,推广应用温室大棚、植物工厂的温湿度、通风、照明、水肥一体化等智能化控制管理系统,实现设施农业自动监测和自动控制。强化畜禽水产养殖的信息化机械化融合,智能采集参数信息,精准调控生长环境,综合处理粪污利用、尾水治理等,实现农业绿色生态和智能高效发展。(市农业农村委、市经济信息化委、市科委等负责)

(四)加快发展农机社会化服务

1. 发展农机社会化服务组织。集聚相关强农惠农政策,培育壮大农机合作社、农机租赁企业、农机作业公司等新型农机社会化服务组织,支持农机社会化服务组织开展多种形式适度规模经营。支持农机社会化服务组织获得农机库房等服务场地使用资格、相关政府购买服务项目等。支持金融机构加大对农机社会化服务组织的信贷投放,开发各类信贷产品和提供个性化融资方案。从事农机作业和维修等服务业项目的所得,按规定适用企业所得税免征政策。鼓励保险机构发展农机保险,支持创新与安全生产、保险赔付挂钩的农机投保机制。(市农业农村委、市财政局、市市场监管局、市规划资源局、市税务局、上海银保监局等负责)

2. 推进农机服务机制创新。支持农机社会化服务组织开展农机作业、技术培训、农资统购统销、粮食烘干、农产品加工营销、信息咨询等相关服务,着力打造"农机服务"新型服务机制。支持农业合作社、家庭农场、小农户实施订单作业、托管服务等新型服务方式,提高农机利用率,加快小农户、家庭农场、农业合作社与现代农业发展有机衔接。推动农机服务领域从粮食生产服务向蔬菜、林果、花卉等园艺作物生产服务、农业废弃物资源化利用、粮食烘干、农产品加工营销、农村绿化、河道养护、保洁等领域拓展延伸。鼓励金融机构、农机产销企业、农机服务组织等发展农机租赁业务。(市农业农村委、市发展改革委、市财政局等负责)

(五)加快改善农机作业基础条件

1. 提高农机作业便利程度。研究制定农业设施"宜机化"建设导则,高标准农田建设,农村土地综合整治和设施菜田建设要以"宜机化"为主要目标,改善农机通行和作业条件。统筹中央和地方各类相关资金并引导社会资本,支持老旧温室大棚和其他农田基础设施进行必要的"宜机化"改造。(市农业农村委、市发展改革委、市规划资源局、市财政局等负责)

2. 改善农机作业配套设施条件。结合农业"三区"管理、农业产业发展、郊野单元规划,统筹考虑农机库房、粮食烘干中心、区域性农机维修中心、农作物育秧育苗、农产品初加工等全产业链配套设施、优先落实用地保障、优先立项建设。加强农机安全执法监管和监测装备能力建设，提高农机安全监管科技化、信息化水平。（市农业农村委、市发展改革委、市规划资源局、市财政局等负责）

（六）切实加强农机人才培养

1. 加强农业工程人才队伍建设。鼓励科研院所面向农业机械化、农机装备产业转型升级等开展新工科研究与实践，深化产教融合、校企合作，支持优势农机产销企业、科研院所、社会化服务主体等共建共享创新基地、实践基地和实训基地，培养创新型、应用型、复合型农业机械化人才。鼓励农机人才国际交流合作，支持农机专业人才出国学习培训、联合培养。（市教委、市人力资源和社会保障局、市经济信息化委、市农业农村委等负责）

2. 加快农机实用人才培养。实施高素质农民培养，开展农机服务组织带头人培训，培养一批懂生产、善管理的新型农机职业经理人。鼓励大中专毕业生、农机推广科技人员等返乡下乡创办领办参办新型农机服务组织。鼓励农机科研院所、产销企业、服务组织等培养农机生产作业、维修保养等技能型人才。（市农业农村委、市经济信息化委、市教委、市科委等负责）

三、保障措施

1. 加强组织领导。强化各级政府责任，将农机化发展纳入乡村振兴工作绩效考评。建立市领导牵头，市农业农村委、市经济信息化委推进，相关部门单位参与的农机化和农机装备产业发展机制，加强政策引导和统筹协调。（市农业农村委、市经济信息化委等负责）

2. 促进良性互动。更好地发挥政府在推进农业机械化中的引导作用，重点在公共服务等方面提供支持，为市场创造更多发展空间。推进简政放权、放管结合、优化服务改革，推进政务信息公开，强化规划政策引导，调动各类市场主体的积极性、主动性和创造性。加强舆论引导，推介典型经验，宣传表彰先进，努力营造加快推进农业机械化和农机装备产业转型升级的良好氛围。（市农业农村委、市经济信息化委等负责）

3. 加大扶持力度。不断完善支持农机发展的财政补贴、金融信贷、农业保险等政策措施。加大"宜机化"建设、农机化生产和社会化服务的扶持力度，发挥政策资金的导向性和精准性。统筹支农资金，支持农机绿色技术、智能农机装备、农机创新服务等开发、示范、推广。（市农业农村委、市财政局、上海银保监局等负责）

本实施意见自印发之日起施行，2012年3月《上海市人民政府办公厅转发市农委关于促进本市农业机械化和农机工业又好又快发展实施意见的通知》（沪府办发〔2012〕13号）同时废止。

上海市农业农村委员会等关于印发《关于引导市属国有企业助力乡村振兴的指导意见》的通知

沪农委〔2020〕56号

各涉农区人民政府，市政府各委、办、局，有关单位：

经市政府同意，现将《关于引导市属国有企业助力乡村振兴的指导意见》印发给你们，请认真贯彻执行。

上海市农业农村委员会
上海市国有资产监督管理委员会
上海市住房和城乡建设管理委员会
上海市规划和自然资源局
上海市财政局
上海市地方金融监督管理局
上海市文化和旅游局
2020年3月6日

关于引导市属国有企业助力乡村振兴的指导意见

近年来，本市市属国有企业在"三农"发展和乡村建设领域开展了积极的实践探索，取得了较好的成效。在当前推进乡村振兴的热潮中，市属国有企业有基础、有条件、有机会充分利用其资源、市场、人才等优势，积极参与助力乡村振兴。为进一步贯彻市委、市政府重大战略决策，在建设乡村振兴"三园"（美丽家园、绿色田园、幸福乐园）工程中发挥市属国有企业更大的作用，现就鼓励引导市属国有企业参与乡村振兴提出如下意见：

一、建立需求对接机制

1. 建立需求对接平台。鼓励支持市属国有企业发挥自身优势，通过多种市场化方式，多层次、全方位参与本市乡村振兴建设，带动乡村的产业、生态、文化等振兴。市农业农村委、市国资委要利用现有信息发布渠道，汇集市属国有企业发展需求和涉农区建设需求，定期发布乡村振兴相关信息和政策，提高市属国有企业和涉农区信息共享度。（牵头部门：市农业农村委、市国资委）

2. 构建协同工作机制。市农业农村委、市国资委应会同市发展改革委、市规划资源局、市财政局、市地方金融监管局、市住房城乡建设管理委、市文化旅游局以及各涉农区人民政府建立联席会议制度，共同推动引导市属国有企业参与乡村振兴的各项工作。市、区要定期组织交流互动活动，分区、分乡镇、分专题开展交流会、招商会、洽谈会等，促进市属国有企业和各涉农区达成更多合作。各涉农区要加强组织领导，谋划和对接市属国有企业参与乡村振兴，加大资源和项目统筹，为发挥国有企业带动作用创造条件。（牵头部门：市农业农村委、市国资委）

二、保障建设项目落地

3. 建立项目审批绿色通道。各涉农区应结合本区实际，建立乡村振兴项目库。为提高项目准入标准和审批效率，对经联合会审后符合规划的优质产业项目可以优先纳入乡村振兴项目库；对规划未覆盖的产业项目，可以作为预备项目，由各涉农区、乡镇优先编制规划，经联合会审后纳入乡村振兴项目库。入库项目纳入绿色审批通道，采用整体打包立项等做法。各涉农区要优化工程招投标方式，改变乡镇分散招投标，同类项目实行区级统筹招投标，减少市属国有企业重复工作。（牵头部门：各涉农区）

4. 保障各类用地需求。切实落实建设用地周转指标制度，各涉农区将盘活的建设用地指标按照不低于5%的比例重点向乡村产业发展倾斜，将指标执行情况纳入乡村振兴考核。乡村建设项目应符合规划，对暂时难以确定用途的建设用地，可以预留建设用地机动指标和空间。乡村建设项目实行建设用地和非建设用地分类使用，对建设用地可以实行点状供地。对已纳入乡村规划的项目，可以结合项目方案设计，同步细化修正用地范围、建设用地边界等规划参数。结合乡村特点，适当放宽绿地率、装配式建筑等规划控制指标要求，提高容积率，促进土地节约集约利用。鼓励市属国有企业与农村集体经济组织通过出租、作价入股等合作方式，盘活利用农村闲置集体建设用地和闲置用房发展休闲农业、乡村旅游、健康养老、餐饮民宿、文化体验、创意办公、电子商务等新产业、新业态，发展壮大集体经济。（牵头部门：市规划资源局、市农业农村委）

三、加强政策支持引导

5. 强化财政支持。充分发挥市属国有企业市场主体、民生保障和产业引领作用，积极引导其参与产业引领性强、标杆性突出的乡村振兴重大项目建设。市属国有企业参与乡村振兴、都市农业重大项目建设可享受面上的财政支持政策。各涉农区应结合实际制定相关配套政策措施，加大对市属国有企业参与乡村振兴的财政扶持力度。（牵头部门：市财政局、市农业农村委）

6. 强化金融服务。通过多元化组合增信等方式，开发支持本市农民相对集中居住等相关融资产品，鼓励有实力的市属国有企业积极参与农民相对集中居住社区建设。发挥证券类市属国有企业作用,引导涉农企业对接多层次资本市场,加强培训辅导,支持涉农企业股份改制、挂牌上市等。支持上海国有资本联合金融机构、社会资本等设立乡村振兴发展基金,加大对乡村振兴各类建设的投资。(牵头部门:市国资委、市住房城乡建设管理委、市地方金融监管局)

7. 强化差别化考核。发挥考核的指挥棒作用,根据企业类型建立对市属国有企业的差别化绩效考核机制,企业参与乡村建设的相关投资在利润考核中按一定比例予以扣除。建立激励机制,对市属国有企业参与乡村振兴取得显著成效的应进行表彰,增强荣誉感。(牵头部门:市国资委)

8. 强化模式创新。根据涉农区和乡镇的需求意愿,鼓励有实力的市属国有企业探索参与农民相对集中居住项目建设的新机制,加强政策支持,通过银企合作等市场化方式,给予农民相对集中居住项目资金支持,加大项目推进力度。支持市属国有企业通过投资、入股等形式,助力乡村建立长效造血机制。探索建立市属国有企业、农村集体经济组织与农民之间利益共享机制。(牵头部门:市住房城乡建设管理委)

9. 强化人才支撑。鼓励市属国有企业引进高水平人才或创新团队,参与乡村产业发展;鼓励在沪院校、科研单位与市属国有企业建立人才联合培养机制,加快培养乡村振兴需要的紧缺人才;举办在沪院校涉农专业毕业生专场招聘会,支持市属国有企业、涉农区建立农业农村产业人才库;支持市属国有企业采取多种方式,培养培育各类人才,帮助涉农区开展招商引资,拓展国内国际市场。(牵头部门:市国资委、各涉农区)

各涉农区应结合实际,制定具体实施细则,建立乡村振兴项目库;市属国有企业应结合自身优势,制定具体行动方案,为乡村振兴做出更大贡献。

上海市人民政府办公厅关于印发上海市深化农村公路管理养护体制改革实施方案的通知

沪府办发〔2020〕3号

有关区人民政府，市政府有关委、办、局：

《上海市深化农村公路管理养护体制改革实施方案》已经市政府同意，现印发给你们，请认真按照执行。

上海市人民政府办公厅
2020年8月21日

上海市深化农村公路管理养护体制改革实施方案

为深入贯彻《国务院办公厅关于深化农村公路管理养护体制改革的意见》（国办发〔2019〕45号，以下简称《意见》），全面推进农村公路高质量发展，加快交通强国建设，切实"管好、护好"农村公路，加快建立完善农村公路管理养护长效机制，结合本市实际，制定本实施方案。

一、总体要求

以习近平新时代中国特色社会主义思想为指导，坚持以人民为中心，全面贯彻落实习近平总书记关于"四好农村路"建设的重要指示精神，紧紧围绕党中央、国务院实施乡村振兴战略和统筹城乡发展，牢固树立绿色、融合、智慧发展理念，深化农村公路管理养护体制改革，加强农村公路与农村经济社会发展统筹协调，构建"安全、通达、优质、美观"的农村公路发展新格局，形成上下协调、密切配合、齐抓共管的管理养护工作新局面，为农民群众致富奔小康、加快推进农业农村现代化提供更好保障。

二、基本原则

1.完善制度，力求实效。深化农村公路管理养护体制，完善资金投入保障、交通行政执法、养护长效管理机制，健全绩效考核、路长制等制度，细化实化各项工作举措，突出重点，补齐短板，力求实效。

2.落实责任，协同推进。形成农村公路"市级指导、区级负责、镇级落实、社会参与"管理养护责任体系，加强市级统筹指导，压实区级主体责任，建立协同联动机制，有序推进本实施方案落地，切实落实各方责任。

3. 创新机制,转型发展。坚持绿色发展,节约集约利用资源;坚持融合发展,推进"农村公路+"多元融合;坚持智慧发展,运用新技术、新手段赋能管理养护,促进农村公路转型发展。

三、工作目标

到 2022 年,基本建立市、区、镇各级权责明晰、齐抓共管的农村公路管理养护体制机制,形成市、区、镇三级财政投入、职责明确、部门联动、社会力量参与的格局。农村公路路长制全面落实,管理站规范设置,农村公路治理能力明显提高,治理体系基本形成。农村公路通行条件和路域环境显著提升,交通保障能力进一步增强。农村公路列养率保持 100%,县道和乡村道年均养护工程比例分别不低于 13% 和 8%,路面技术状况指数(PQI)中等及以上农村公路占比不低于 90%。

到 2035 年,全面建成体系完备、运转高效的农村公路管理养护体制机制,基本实现农村公路管理科学化,全面实现城乡公路交通基本公共服务均等化,路况水平和路域环境全面提升,农村公路治理能力全面提高,治理体系全面完善。

四、主要任务

(一)完善农村公路管理养护体制

1. 加强市级统筹和指导监督。制定市相关部门和区政府农村公路管理养护权力和责任清单,明确区政府的主体责任。强化市级统筹和政策引导,建立健全管理法规政策、技术规范标准、养护管理制度,加强养护管理机构能力建设指导,对区政府进行绩效管理,强化对农村公路管理养护工作的指导、监督。加强市级资金统筹,制定完善市级养护资金的补助、激励政策和相关管理办法。(责任单位:市交通委、市财政局)

2. 强化区政府主体责任。区政府根据"县道区管,乡村道镇管"的原则,建立健全农村公路责任制,制定相关部门、镇政府农村公路管理养护权力和责任清单。细化落实农村公路管理养护体制改革实施方案,加强对镇政府的工作和绩效考核,指导监督相关部门和镇政府履职尽责。全面推行农村公路路长制,设立区、镇、村三级路长组织体系,确保农村公路管理养护及路域环境整治责任到人。按照"有路必养、养必到位"的要求,将农村公路养护资金及管理机构运行经费和人员支出纳入一般公共财政预算,加大履职能力建设和管理养护投入力度。(责任单位:相关区政府)

3. 落实镇政府管养职责。镇政府配合做好农村公路管理养护体制改革工作,负责做好乡道、村道的管理养护工作,落实村民委员会加强"爱路护路"宣传引导。要充分发挥镇级农村公路管理站作用,农村公路管理站可单独设置,也可与相关机构部门合署办公;强化管理站人员和职责配置,每 25—30 公里乡道、村道配备不少于一名农村公路专管员,做到乡道、村道管理养护全覆盖;农村公路管理站主要管理人员纳入正式编制,相关运行经费和人员支出纳入一般公共财政预算。(责任单位:相关区政府)

4. 发挥农民群众积极性。充分发挥农民群众主观能动性,激发农村公路管理养护可持续发展的内在动力。村民委员会应将爱路护路要求纳入村规民约,增强农民群众对农村公路管理养护的责任意识、参与意识与监督意识。通过组织开展公路养护公益活动、开发公益岗位等形式,调动农民群众爱路护路的积极性。(责任单位:相关区政府)

(二)强化农村公路管理养护资金保障

1. 完善公路养护经费分配机制。成品油税费改革转移支付政策应符合《意见》要求,并按照公路设施量,综合考虑道路等级、养护定额、绩效考核等因素,合理确定补助资金规模和使用范围;自 2022 年起,该项资金不再列支管理机构运行经费和人员等其他支出。各类资金保障规模应结合农村公路设施量、养护定额及使用状况变化等因素,建立动态调整机制,原则上调整周期不超过五年。(责任单位:市交通委、市财政局,相关区政府)

2. 加大区级财政资金保障力度。农村公路养护属于区级财政事权,资金原则上由区政府统筹安排。区政府要加大农村公路养护投入力度,细化落实农村公路养护资金保障政策,制定相关管理办法,确保农村公路养护资金投入满足相关养护规范、标准和规定要求。除市下达的成品油税费改革资金外,区级公共财政资金用于乡道、村道养护应不低于区和镇政府投入资金总额的50%,其中用于农村公路日常养护的总额不得低于县道每年每公里 1 万元,乡道每年每公里 5 000 元,村道每年每公里 3 000 元。(责任单位:相关区政府)

3. 强化养护资金使用监督管理。市、区财政部门和交通主管部门要加强农村公路管理养护资金的使用监管,确保农村公路养护资金全部用于公路养护。对各级公共财政用于农村公路养护的资金实施全过程预算绩效管理,并按照规定对社会公开,接受群众监督。审计部门要定期对农村公路养护资金使用情况进行审计,不断提升资金配置效率和使用效益。(责任单位:市财政局、市交通委、市审计局,相关区政府)

4. 探索农村公路发展投融资机制。发挥好市级资金的引导激励作用,推动市级建设财力支持"四好农村路"建设政策实施,采取资金补助、以奖代补等方式,支持农村公路养护。积极推进农村公路建设养护更多向进村入户倾斜,鼓励将农村公路相关附属设施等有收益的项目与农村公路养护打包运行;鼓励将农村公路建设和一定时期的养护进行捆绑招标,将农村公路与特色产业、乡村旅游等经营性项目实行一体化开发,运营收益用于农村公路养护,创新资金筹措方式,拓宽资金来源渠道。(责任单位:相关区政府,市发展改革委、市交通委、市财政局)

(三)创新农村公路管理养护长效机制

1. 深化农村公路养护市场化。将社会满意度、养护质量和资金使用效率作为衡量标准,全面推动农村公路养护市场化改革,建立政府与市场合理分工的养护生产组织模式。完善市场准入,积极培育符合农村公路特点的养护队伍,形成市场有序竞争格局;完善规范标准,促进养护市场管理规范化、透

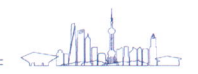

明化。支持养护企业跨区域参与市场竞争，引导养护企业加强自身能力建设，提高养护专业化、机械化水平。（责任部门：市交通委，相关区政府）

2. 加强安全质量和信用管理。加强农村公路安全管理，公路安全设施要与主体工程同时设计、同时施工、同时投入使用，并加强农村公路安全隐患整治，逐步完善现有农村公路安全设施。各区要委托专业单位开展农村公路路况检测，加强养护质量全过程管理，提高农村公路养护运行服务水平。建立以安全、质量为核心的信用评价体系，探索实施守信联合激励和失信联合惩戒，并将信用记录按照国家有关规定纳入全国信用信息共享平台，依法向社会公开。（责任单位：市交通委，相关区政府）

3. 强化政策制订和队伍建设。推动农村公路政策修订，加强农村公路行政执法和路产路权保护。各区要增强农村公路行政执法和路产路权保护责任意识和执法力度，加强交通行政执法力量建设，完善人才培养吸引和激励保障制度，建立"区有路政员、镇有监管员、村有护路员"的路产路权保护队伍，并加强对各镇路产路权保护工作的指导、监督和考核，依法保障农村公路的安全、完好和畅通。（责任单位：市交通委，相关区政府）

4. 促进农村公路转型发展。推进农村公路养护绿色、节能、环保技术应用，严守生态保护红线，实现路与自然和谐共生；大力开展"美丽农村路"建设，切实提升路域环境。推动5G、北斗、互联网、物联网、大数据、卫星遥感等信息化手段的应用，不断提高管养水平。推进农村公路可持续发展，科学分析公路运行状况发展变化规律，积极推广应用各类预防性养护技术。（责任单位：市交通委，相关区政府）

五、保障措施

（一）加强组织领导

相关区政府要加强统筹和指导，落实主体责任，出台配套政策措施，有序推进本实施方案落地见效。各级交通主管部门要主动作为，既做好具体改革举措推进，又做好牵头改革任务统筹协调；既抓好本部门改革，又加强对地方改革的指导。

（二）开展改革试点

各区政府要结合加快交通强国建设要求，围绕完善管理养护体制、强化资金投入保障、创新养护长效机制等重点改革任务，积极开展改革试点工作。市交通委要会同有关部门加强跟踪督查，建立评估、反馈机制，及时发现并协调解决问题，稳步推进改革。

（三）强化绩效考核

各级政府要将农村公路管理养护工作纳入对下一级政府绩效考核、乡村振兴考核等，建立健全激励约束机制，以进一步提高各类资金的使用效益。将考核结果与补助资金挂钩，对工作推进良好的，给予奖励；对工作推进情况较差的，实行约谈、扣减补助等措施。

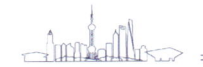

（四）加大宣传力度

充分发挥传统媒体和新媒体作用，围绕改革重点任务加强政策解读，加强信息发布，正确引导社会预期，及时回应社会关注。积极宣传改革中的先进人物和典型案例，充分调动广大群众参与、监督改革工作的积极性，不断加强宣传和舆论引导，为深化改革营造良好的舆论氛围。

本实施方案自2020年9月1日起施行。《上海市农村（郊区）公路管理养护体制改革实施方案》（沪府办〔2007〕50号）同时废止。

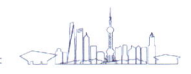

上海市绿化和市容管理局关于印发《上海市乡村振兴示范村绿化美化建设指导意见（试行）》的通知

浦东新区、闵行区、嘉定区、宝山区、奉贤区、松江区、金山区、青浦区和崇明区绿化和市容管理局：

为助推乡村振兴战略实施，结合市级乡村振兴示范村建设，按照《2019—2021年推进本市林业健康发展促进生态文明建设的若干政策措施》，开展市级乡村振兴示范村景观林，以及农田周边和农村道路（河道）两侧防护林建设，推进市级乡村振兴示范村绿化美化。现将《上海市乡村振兴示范村绿化美化建设指导意见（试行）》印发给你们，请遵照执行。

附件：《上海市乡村振兴示范村绿化美化建设指导意见（试行）》

上海市绿化和市容管理局
2020年9月3日

上海市乡村振兴示范村绿化美化建设指导意见（试行）

为助推乡村振兴战略实施，结合市级乡村振兴示范村建设和江南水乡风貌肌理，按照《2019—2021年推进本市林业健康发展促进生态文明建设的若干政策措施》，开展市级乡村振兴示范村景观林，以及农田周边和农村道路（河道）两侧防护林建设，推进市级乡村振兴示范村绿化美化。现提出建设指导意见如下。

一、适用范围

市级乡村振兴示范村绿化美化相关造林属于生态廊道建设内容，适用于生态廊道标准和政策，适用于公布的上海市乡村振兴示范村，全区域实施。

二、编制依据

1.《上海市乡村振兴战略规划（2018—2022年）》

2.《国家森林乡村评价认定办法（试行）》

3.《上海市生态廊道建设导则》

4.《上海市农田防护林建设导则(试行)》

三、建设目标

通过推进重点区域,以及村旁、路旁、水旁、宅旁等造林绿化,营造乡村开放休闲林地,完善村庄农田林网,以及道路、河道和庭院绿化等;持续增加乡村森林资源和绿化总量,着力提升乡村绿化美化质量,改善乡村人居环境,形成"村美、业兴、家富、人和"的生态宜居美丽乡村;为市级乡村振兴示范村"锦上添花",也为创建国家森林乡村奠定基础。

四、建设原则

(一)统筹规划,分项实施

统筹规划乡村的生产、生活和生态空间,积极调整生态用地结构,挖掘乡村造林绿化用地。根据不同部门的相关政策,分项目实施推进乡村造林绿化工作。

(二)生态优先,林绿结合

通过重点区域、农田林网和四旁造林,增加森林面积,为构建生态美丽的人居环境打造生态基底。根据不同生态用地面积,宜林则林、宜绿则绿,做到造林和绿化的有机结合。

(三)适地适树,因地制宜

造林绿化树种应多样化,注重使用乡土树种,植物配置科学,乔灌草结构合理。立足农村自然地理条件,造林和绿化建设遵循自然发展规律。

(四)保留风貌,突出特色

加强乡村自然风貌保护,注重保留乡村的自然肌理,优化乡村空间布局。乡村的绿化美化,与区域的农业景观、民居风貌和乡土文化特色相匹配,体现农村造林绿化特色。

五、建设内容

(一)景观林

选择成片面积 50 亩的地块,按照《上海市生态廊道建设导则》景观林模式,以园林理念和手法,以乔木林为主、配置适当花灌木与地被建设景观林,为村民营造开放休闲林地;同时,按照"四化"森林要求,提倡使用乡土树种,确保色叶树种和珍贵树种造林比重。

(二)防护林

在农田周边、道路和河道两侧等宜造林区域种植乔木林,应种尽种;其中有条件的种植 2 排以上,或者单排改种双排使窄带变宽,缺株断带补全合拢,确保村域内的农田林网基本形成,主要路、河、渠和堤等区域基本绿化。树种选择以乔木为主,树种多样、搭配合理、密度合理,不同规格苗木的占比,应根据实际的立地情况灵活配置;所种植的苗木必须保持自然的冠形,严格控制大树移植和使用截干苗。

1. 农田防护林

在农田区域内周边,及其机耕道路、田埂和沟渠两侧营造农田防护林。树种选择窄冠、深根、干直、根蘖性不强、抗逆能力强,与农作物协调共生关系好,没有相同病虫害或是其中间寄主。农田边缘宜种植对农业生产影响少的树种,菜田边缘不宜种植针叶树种。具体参照《上海市农田防护林建设导则(试行)》执行。

2. 道路防护林

包括村庄内道路和对外连接道路。道路防护林主要以美化环境、防风防尘、降噪隔音、遮阳降温为主要功能。植物配置以选择树干通直,生长健壮,滞尘、防噪声效果好,有观赏价值和美化作用的树种,适当配以灌木及观花植物。道路交叉口的绿化应避免影响交通安全。乔木栽植的株距一般可采用3—5m为宜。

在村域内主干道或者重点路段两侧,按生态廊道景观林中种植标准进行设计,打造村域景观绿化道路和村民健身慢行步道。

3. 河道防护林

以保护河道生态环境,护堤护岸、保土固沙、净化水质、绿化美化河岸为主要目的;河岸提倡建生态缓坡,树种应以耐水湿、生长快、适应性强、病虫害少的乔木树种为主,配以花灌木、水生植物;林带栽植株距一般3—5m为宜。林带中应设置安全警示标志。

在村内重点河道区域,可按生态廊道景观林中种植标准进行设计,形成景观效果突出的水岸绿化景观带。

(三)其他绿化

村庄范围内宜林宜绿的荒地、废弃地、施工创面、边角地和拆违地等宜林则林,宜绿则绿,无裸露地。其中在主干道周边、村出入口和村宅公共部位、面积在500m^{2}以上,人流较为聚集区域,可按照生态廊道景观林模式设计,打造村头景点和"口袋公园",凸现了精品韵味。同时,利用农民住宅庭院和房前屋后空间,尊重农民意愿,选择具有观赏、经济和实用价值的树种,以及栽植乔木观赏性强的花灌木,进行庭院绿化美化。

(四)配套基础和服务设施

景观林实施区域,通过整地营造必要微地形,建设必需的园路、排水系统和标识牌等基础设施;并配备适当的座椅、桌凳等休憩设施。园林小品、廊架、照明系统、公厕、安防系统、垃圾房、停车点位等服务设施,为选择性建设内容,由建设单位自行选择。

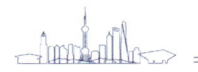

六、建设指标

(一)面积计算

景观林和防护林种植的乔木在两排以上,连续面积超过 1 亩,郁闭度达 0.2 的地块,按设计的有林地面积进行计算。村旁、路旁、水旁、宅旁和农田林网等种植单排,或是补植和零散种植的乔木林,种植地块不足 1 亩,按实际种植面积计算。

(二)控制指标

乡村振兴示范村造林绿化成活率不低于 95%,保存率不低于 90%。控制指标共 8 项,其中森林覆盖率在原有基础上提升 10%以上、林木覆盖率达到 30%以上,详见下表。

乡村振兴示范村绿化美化控制指标

建设指标	达标要求	计算方式
森林覆盖率	提升 10%以上	指某行政村的森林覆盖率在本村现状值基础上提升的百分比。如某村森林覆盖率为 30%,"提升 10%"则为 30%(30%×10%)=33%。
林木覆盖率	30%以上	林木覆盖率指本行政村范围内有林地面积、国家特别规定的灌木林地面积、四旁植树面积之和占土地总面积的百分比。
农田林网控制率	95%以上	已建成农田林网的农田面积占应建农田林网农田面积的百分比。
道路绿化率	95%以上	已绿化道路长度占适宜绿化道路总长度的百分比。
河道绿化率	95%以上	已绿化河道长度占适宜绿化道路总长度的百分比。
乡土树种使用占比	80%以上	乡土树种使用数量占种植树木总数的百分比。
灌木、地被种植的占比	30%以下	灌木和地被种植面积占实施面积的百分比。
古树名木保护率	100%	古树名木实行 100%的挂牌保护,并予以登记。

七、项目实施

按照《上海市生态廊道建设项目管理办法》实施。涉及必须建设的配套基础和服务设施,纳入项目实施内容和补贴范围;选择性建设服务设施,可以根据建设单位要求,一并设计在实施方案内单列,所需建设资金由建设单位自行解决。

市级乡村振兴示范村内,建成现有成片公益林 30 亩以上,组织开展林地抚育,参照《上海市开放休闲林地建设导则》实施;所需资金在生态补偿资金中列支。

数字化新基建政策专篇

工业和信息化部关于推动 5G 加快发展的通知

工信部通信〔2020〕49 号

各省、自治区、直辖市及计划单列市、新疆生产建设兵团工业和信息化主管部门、无线电管理机构，各省、自治区、直辖市通信管理局、中国电信集团有限公司、中国移动通信集团有限公司、中国联合网络通信集团有限公司、中国铁塔股份有限公司、中国广播电视网络有限公司：

为深入贯彻落实习近平总书记关于推动 5G 网络加快发展的重要讲话精神，全力推进 5G 网络建设、应用推广、技术发展和安全保障，充分发挥 5G 新型基础设施的规模效应和带动作用，支撑经济高质量发展。现就有关事项通知如下：

一、加快 5G 网络建设部署

1. 加快 5G 网络建设进度。基础电信企业要进一步优化设备采购、查勘设计、工程建设等工作流程，抢抓工期，最大程度消除新冠肺炎疫情影响。支持基础电信企业以 5G 独立组网（SA）为目标，控制非独立组网（NSA）建设规模，加快推进主要城市的网络建设，并向有条件的重点县镇逐步延伸覆盖。

2. 加大基站站址资源支持。鼓励地方政府将 5G 网络建设所需站址等配套设施纳入各级国土空间规划，并在控制性详细规划中严格落实；在新建、改扩建公共交通、公共场所、园区、建筑物等工程时，统筹考虑 5G 站址部署需求；加快开放共享电力、交通、公安、市政、教育、医疗等公共设施和社会站址资源。对于支持力度大的地区，基础电信企业要加大投资，优先开展 5G 建设。

3. 加强电力和频率保障。支持基础电信企业加强与电力企业对接，对具备条件的基站和机房等配套设施加快由转供电改直供电；积极开展网络绿色化改造，加快先进节能技术应用推广。调整 700MHz 频段频率使用规划，加快实施 700MHz 频段 5G 频率使用许可；适时发布部分 5G 毫米波频段频率使用规划，开展 5G 行业（含工业互联网）专用频率规划研究，适时实施技术试验频率许可。进一步做好中频段 5G 基站与卫星地球站等其他无线电台（站）的干扰协调工作。

4. 推进网络共享和异网漫游。进一步深化铁塔、室内分布系统、杆路、管道及配套设施共建共享。引导基础电信企业加强协调配合，充分发挥市场机制，整合优势资源，开展 5G 网络共享和异网漫游，加快形成热点地区多网并存、边远地区一网托底的网络格局，打造资源集约、运行高效的 5G 网络。

二、丰富 5G 技术应用场景

5. 培育新型消费模式。鼓励基础电信企业通过套餐升级优惠、信用购机等举措,促进 5G 终端消费,加快用户向 5G 迁移。推广 5G+VR/AR、赛事直播、游戏娱乐、虚拟购物等应用,促进新型信息消费。鼓励基础电信企业、广电传媒企业和内容提供商等加强协作,丰富教育、传媒、娱乐等领域的 4K/8K、VR/AR 等新型多媒体内容源。

6. 推动"5G+医疗健康"创新发展。开展 5G 智慧医疗系统建设,搭建 5G 智慧医疗示范网和医疗平台,加快 5G 在疫情预警、院前急救、远程诊疗、智能影像辅助诊断等方面的应用推广。进一步优化和推广 5G 在抗击新冠肺炎疫情中的优秀应用,推广远程体检、问诊、医疗辅助等服务,促进医疗资源共享。

7. 实施"5G+工业互联网"512 工程。打造 5 个产业公共服务平台,构建创新载体和公共服务能力;加快垂直领域"5G+工业互联网"的先导应用,内网建设改造覆盖 10 个重点行业;打造一批"5G+工业互联网"内网建设改造标杆网络、样板工程,形成至少 20 大典型工业应用场景。突破一批面向工业互联网特定需求的 5G 关键技术,显著提升"5G+工业互联网"产业基础支撑能力,促进"5G+工业互联网"融合创新发展。

8. 促进"5G+车联网"协同发展。推动将车联网纳入国家新型信息基础设施建设工程,促进 LTE-V2X 规模部署。建设国家级车联网先导区,丰富应用场景,探索完善商业模式。结合 5G 商用部署,引导重点地区提前规划,加强跨部门协同,推动 5G、LTE-V2X 纳入智慧城市、智能交通建设的重要通信标准和协议。开展 5G-V2X 标准研制及研发验证。

9. 构建 5G 应用生态系统。通过 5G 应用产业方阵等平台,汇聚应用需求、研发、集成、资本等各方,畅通 5G 应用推广关键环节。组织第三届"绽放杯"5G 应用征集大赛,突出应用落地实施,培育 5G 应用创新企业。推动 5G 物联网发展。以创新中心、联合研发基地、孵化平台、示范园区等为载体,推动 5G 在各行业各领域的融合应用创新。

三、持续加大 5G 技术研发力度

10. 加强 5G 技术和标准研发。组织开展 5G 行业虚拟专网研究和试点,打通标准、技术、应用、部署等关键环节。加速 5G 应用模组研发,支撑工业生产、可穿戴设备等泛终端规模应用。持续支持 5G 核心芯片、关键元器件、基础软件、仪器仪表等重点领域的研发、工程化攻关及产业化,奠定产业发展基础。

11. 组织开展 5G 测试验证。基础电信企业进一步优化 5G SA 设备采购测试流程,根据建设计划明确测试时间表,促进相关设备加快成熟。持续开展 5G 增强技术研发试验,组织芯片和系统开展更广泛的互操作测试,加速技术和产业成熟。结合国家频率规划进度安排,组织开展毫米波设备和性能测试,为 5G 毫米波技术商用做好储备。

12. 提升 5G 技术创新支撑能力。支持领先企业利用 5G 融合新技术,打造并提供行业云服务、能力开放平台、应用开发环境等共性平台,鼓励建设相关开源社区、开源技术基地,促进开放式应用创新。加快 5G 检测认证平台建设,面向 5G 系统、终端、服务、安全等各环节提升测试、检验、认证等服务能力,降低企业研发及应用成本。

四、着力构建 5G 安全保障体系

13. 加强 5G 网络基础设施安全保障。加快构建 5G 关键信息基础设施安全保障体系,加强 5G 核心系统、网络切片、移动边缘计算平台等新对象的网络安全防护,建立风险动态评估、关键设备检测认证等制度和机制。研究典型应用场景下的安全防护指南和标准。试点开展 5G 安全监测手段建设,完善网络安全态势感知、威胁治理、事件处置、追踪溯源的安全防护体系。

14. 强化 5G 网络数据安全保护。围绕 5G 各类典型技术和车联网、工业互联网等典型应用场景,健全完善数据安全管理制度与标准规范。建立 5G 典型场景数据安全风险动态评估评测机制,强化评估结果运用。合理划分网络运营商、行业服务提供商等各方数据安全和用户个人信息保护责任,明确 5G 环境下数据安全基线要求,加强监督执法。推动数据安全合规性评估认证,构建完善技术保障体系,切实提升 5G 数据安全保护水平。

15. 培育 5G 网络安全产业生态。加强 5G 网络安全核心技术攻关和成果转化,强化安全服务供给。大力推进国家网络安全产业园区建设和试点示范,加快培育 5G 安全产业链关键环节领军企业,促进产业上下游中小企业发展,形成关键技术、产品和服务的一体化保障能力。积极创新 5G 安全治理模式,推动建设多主体参与、多部门联动、多行业协同的安全治理机制。

五、加强组织实施

16. 加强组织领导。各单位要建立健全组织领导制度,做好各项要素保障,把加快 5G 发展作为当前一项重点工作来抓。加强与地方住建、交通、电力、医疗、教育等主管部门的协调配合,合力推进 5G 建设发展各项工作。

17. 加强责任落实。各地工业和信息化主管部门、无线电管理机构、通信管理局要进一步加大工作力度,及时细化各项支持政策和举措,确保各项政策落到实处。各基础电信企业要发挥主体作用,做好 5G 研发、试验、建设、应用、安全等各项工作,全力推进 5G 建设发展。

18. 加强总结交流。各单位要定期梳理经验做法，及时发现问题不足，不断调整优化工作举措，相关情况及时报送工业和信息化部。工业和信息化部将组织开展各地 5G 建设发展情况评估，适时发布相关推进情况。

工业和信息化部
2020 年 3 月 24 日

上海市人民政府关于印发《上海市推进新型基础设施建设行动方案(2020—2022年)》的通知

各区人民政府,市政府各委、办、局:

现将《上海市推进新型基础设施建设行动方案(2020—2022年)》印发给你们,请认真按照执行。

上海市人民政府
2020年4月29日

上海市推进新型基础设施建设行动方案(2020—2022年)

新型基础设施是以新发展理念为引领,以技术创新为驱动,以信息网络为基础,面向高质量发展需要,提供数字转型、智能升级、融合创新等服务的基础设施体系。加快建设新型基础设施,既是应对新冠疫情不利影响、推动经济平稳运行的重要手段,也是着力提升创新策源能力、培育经济发展新动能的战略支撑。为加快建设具有上海特色的新型基础设施,培育发展新经济,制订本行动方案。

一、总体要求

(一)指导思想

以习近平新时代中国特色社会主义思想为指导,把握全球新一轮信息技术变革趋势,立足于数字产业化、产业数字化、跨界融合化、品牌高端化,抢抓新型基础设施建设为疫情后产业复苏升级带来的重要机遇,坚持"新老一体、远近统筹、建用兼顾、政企协同"的原则,高水平推进5G等新一代网络基础设施建设,持续保持光子科学等创新基础设施国际竞争力,加快建设人工智能等一体化融合基础设施,完善社会治理和民生服务智能化终端布局,着力创造新供给、激发新需求、培育新动能,为上海加快构建现代化产业体系厚植新根基,打造经济高质量发展新引擎。

(二)行动目标

到2022年,全市新型基础设施建设规模和创新能级迈向国际一流水平,高速、泛在、融合、智敏的高水平发展格局基本形成,5G、人工智能、工业互联网、物联网、数字孪生等新技术全面融入城市生产生活,新型基础设施成为上海经济高质量发展和城市高效治理的重要支撑。

——打造全球新一代信息基础设施标杆城市。率先构建全球领先的信息基础设施布局,为"十四五"期末形成"GTPE"(G级互联、T级出口、P级算力、E级存储)发展格局打下基础,亚太信息通信枢纽地位得到巩固和提升。

——形成全球规模最大、种类最全、综合服务功能最强的大科学设施群雏形。构建以硬X射线自由电子激光装置为引领,上海光源等光子科学大设施为基础,生命、能源、海洋若干设施为支撑的大设施集群,总体水平达到国际领先。

——建成具有国际影响力的超大规模城市公共数字底座。建成1个市大数据资源平台、16个大数据资源分平台,构建若干个数据服务中台和1 000个左右数据训练集,建设500个以上服务于"一网通办""一网统管"的行业算法模型,更大范围、更宽领域、更深层次支撑城市治理全方位变革。

——构建全球一流的城市智能化终端设施网络。布设1 000万个社会治理神经元感知节点,新增50公里车联网开放测试道路,新建10万个充换电终端设施,建成100所教育信息化应用标杆学校,新增20家以上互联网医院。

二、主要任务

(一)实施新一代网络基础设施("新网络")建设行动

1. 高水平建设5G和固网"双千兆"宽带网络。编制新一轮5G建设行动计划,三年内新建3.4万个5G基站,加快5G独立组网(SA)建设,率先建成SA核心网,在实现全市覆盖的基础上,持续推进重点区域深度覆盖和各区功能性覆盖、形成有规模效应的应用。实现我市家庭千兆接入能力和商务楼宇万兆接入能力全覆盖。移动通信网络、固定宽带网络接入能力平均达到1 000Mbps,用户感知速率平均达到50Mbps。(推进单位:市经济信息化委、市通信管理局、市住房城乡建设管理委、市规划资源局)

2. 加快布局全网赋能的工业互联网集群。实施新一轮工业互联网三年行动,建设国家工业互联网系统与产品质量监督检验中心以及机床、钢铁等10个行业标识解析二级节点,深化创新应用,推动标识解析国家顶级节点(上海)扩容增能,搭建长三角工业互联网公共服务平台。建设100家以上无人工厂、无人生产线、无人车间,加快行业智能化转型。推动相关龙头企业建设20个具有全国影响力的行业平台,带动15万企业上云上平台。(推进单位:市经济信息化委、市通信管理局)

3. 加快下一代互联网规模化部署。推进互联网应用IPv6升级,聚焦新型智慧城市、人工智能等领域,强化基于IPv6网络的终端协同创新发展,实现IPv6活跃用户占比互联网用户超过60%,网络、应用、终端全面支持IPv6。加快接入设施软件定义网络(SDN)、网络功能虚拟化(NFV)改造,信息通信服务实现按需供给,信息网络应用实现个性定制、即开即用。(推进单位:市网信办、市通信管理局、市发展改革委、市经济信息化委)

4. 推动卫星互联网基础设施建设。落实国家战略,推动技术创新、产业发展、市场应用、运维服务等,完成通信网络及基础配套设施建设,初步形成卫星互联网信息服务能力。(推进单位:市国防科工办、市发展改革委、市经济信息化委、市科委)实施智慧天网创新二期工程,建设网络运行控制中心,完成国内首颗中轨道技术验证卫星以及相关配测卫星的研制、测试和发射。(推进单位:市经济信息化委、市国防科工办、市科委、市发展改革委)

5. 建设"一网双平面"新型政务外网及网络安全设施。推动市、区两级电子政务外网升级改造,建设相关网络安全基础设施,整合市级部门14个业务专网,到2021年底,实现市级100G、区级40—100G带宽能力,支持IPv4和IPv6双栈技术,实现数据流量和视频流量"一网双平面"承载的新型政务外网,为跨部门、跨层级、跨区域的网络互通、数据共享、应用协同提供有力支撑。(推进单位:市大数据中心、各区政府)

6. 构建全球信息通信枢纽。提升我市信息通信网络承载能级,推进东南亚—日本二号海底光缆在上海登陆建设,搭建国际数据枢纽平台,扩容中国电信亚太互联网交换中心,到2022年,实现在上海登陆的国家海底光缆容量达到28T,互联网国际出口带宽达到7T。推动中国(上海)自由贸易试验区临港新片区(以下简称"临港新片区")、虹桥商务区建设国际互联网数据专用通道,优化重点区域国际通信服务能力。(推进单位:市经济信息化委、市通信管理局、临港新片区管委会、虹桥商务区管委会)

(二)实施创新基础设施("新设施")建设行动

1. 持续推进光子科学大设施群建设。全力推进硬X射线自由电子激光装置建设,加快推进上海光源线站工程、软X射线、活细胞成像、超强超短激光等重大科技基础设施建设。加强前瞻性战略布局研究,建设光子科学实验室,开展下一代光子科学设施预研。推动在建设施与上海光源、蛋白质中心等已建成设施共同形成光子大科学设施集群,总体处于国际领先地位。(推进单位:上海科创办、市发展改革委、市科委)

2. 争取国家支持布局新一轮重大科技基础设施。在系统生物学设施方面,建设生命组学和表型组学测量体系,打造真实环境模拟舱群,实现人体复杂生命过程的精密测量、系统解构和调控干预。在无人系统多体协同设施方面,建设人工智能综合环境模拟平台,实现耦合环境模拟;建设全场景感知系统,实现动态环境感知与实时监测;建设多体协同控制实验系统,实现千台陆海空天多体协同控制。在深远海驻留浮式研究设施方面,设施主体漂浮在海上、可自航部署和精准定位于特定海域,配套建设包括岸基补给基地、辅助补给工程船等,实现海上长期驻留,进行不间断科学实验。在生物医学大数据设施方面,研发专用计算装置,建设分析挖掘与应用服务系统、软硬件支撑及安全环境等系统,形成生物医学大数据资源体系。(推进单位:市发展改革委、上海科创办、市科委、市教委、复旦大学、上海交通大学、同济大学、中科院上海分院)

3. 建设若干先进产业创新基础设施。打破管理分割,依托蛋白质中心,组建电镜中心,接入中科院重大科技基础设施共享服务平台,加快构建电镜应用开放共享网络,新增若干套冷冻电镜,配备从毫电子伏特到千电子伏特能级的其他电镜设备,提升对生物医药、新材料等产业的支撑能级。(推进单位:市发展改革委、市科委)支持联影医疗联合研究型医疗机构,建设先进医学影像集成创新中心,搭建包括2米PET-CT系统、时空一体化PET/MR系统、高端科研型7T磁共振系统等全系列高端医疗装备于一体的科学设施平台,服务原研药物和高端医疗器械开发。(推进单位:市卫生健康委、申康医院发展中心)依托国家集成电路装备材料产业创新中心,建设12英寸关键国产装备材料和成套工艺规模化验证平台,提供关键国产装备材料产线级验证服务。(推进单位:市发展改革委、市经济信息化委)

4. 围绕科学与产业前沿布局建设重大创新平台。围绕量子物理、材料基因组、人类表型组、脑与类脑等前沿科学研究方向,加快推进建设李政道研究所、上海交通大学张江科学园、张江复旦国际创新中心。围绕集成电路、生物医药、智能制造、新材料、新能源汽车、大数据等领域,提升和优化研发与转化功能型平台布局,搭建科学装置、工程化平台、中间试验线、检测评价服务平台、数据标准库等设施,通过关键共性技术和产业化应用研究,构建新兴产业技术创新发展的支撑体系。(推进单位:市科委、上海科创办、市发展改革委、市经济信息化委,有关区政府)

(三)实施一体化融合基础设施("新平台")建设行动

1. 建设新一代高性能计算设施和科学数据中心。加强统筹政府投资高性能计算资源,围绕更好服务张江实验室建设和上海产业高端需求,采用阶段性滚动扩容方式,建设新一代高性能计算设施和大数据处理平台,提升上海高性能计算设施能级,构建计算科学研究枢纽和超算应用高地。(推进单位:市科委、市经济信息化委、市发展改革委、市大数据中心)

2. 打造亚太一流的超大规模人工智能计算与赋能平台。推动相关企业建设人工智能超算设施,围绕"算力、数据、算法"的研发与应用,提升算力的使用效率和原创算法的迭代效率,实现对国产芯片及服务器的有效适配,建立相配套的软件生态,提供上层工具链,实现对产业的垂直打通。(推进单位:市经济信息化委、市发展改革委)

3. 建设政务服务"一网通办"基础支撑平台。建设"AI+一网通办"基础平台,构建AI内容学习总库,形成AI服务目录清单,提供一批解决部门共性难题、提升效率的通用算法模型,逐步实现在审批、服务、监管等场景下的智能化应用,夯实"一网通办"基础平台AI能力。(推进单位:市大数据中心、市相关部门,各区政府)建成市级电子证照库,归集不少于1 000类电子证照,基本覆盖我市政府核发的证照类材料,在"一网通办"政务服务场景中,全面开展电子证照应用;探索电子证照与实体证照形式脱钩、管理统一、并轨运行的新模式。(推进单位:市政府办公厅、市大数据中心)

4. 加快推进社会治理"一网统管"平台支撑体系建设。依托市大数据资源平台,全面融合轨道交通、道路实况、公共卫生、食品安全、水电气、金融、市场监管、经济社会风险等数据资源,联通市级主要业务系统,建设市、区、街镇三级架构的城运中台,实现城市生命体征的全量、实时感知,形成应用枢纽、指挥平台、赋能载体"三合一",增强快速发现、快速反应、快速处置能力,实现"一屏观天下、一网管全城"。探索建设数字孪生城市,数字化模拟城市全要素生态资源。(推进单位:市政府办公厅、市应急局、市公安局、市住房城乡建设管理委、市城运中心、市大数据中心)

5. 构建国内首个医疗大数据训练设施。依托医联工程、健康信息网汇集的医疗数据资源,集中开展数据清洗、脱敏、脱密、去隐私化、标准化等处理,建立医疗大数据训练设施,在确保数据安全、对等开放、功能共享的前提下,探索新型合作机制,提供高质量、适度规模的数据集,支持人工智能企业开展深度学习等多种算法训练试验。(推进单位:市卫生健康委、申康医院发展中心、市大数据中心)

6. 探索建设临港新片区"国际数据港"互联设施体系。提升临港新片区内宽带接入能力、网络服务质量和应用水平,构建安全便利的国际互联网数据专用通道。坚持高标准、绿色化,打造上海移动临港 IDC 研发与产业化基地(二期)等项目。探索区内工业数据的互联互通及与全国互联互通,逐步探索贸易数据、金融数据等区内互联互通和国内互联互通。(推进单位:临港新片区管委会、市经济信息化委、市通信管理局、市网信办)

7. 探索建设长三角生态绿色一体化发展示范区(以下简称"长三角示范区")智慧大脑工程。以上海、江苏、浙江信息平台为基础,建设长三角示范区一体化数据中枢和业务中台,支撑长三角示范区开展规划管理、生态环保、公共服务、产业发展等方面一体化制度创新。支持华为等重点企业高标准建设便捷、绿色、智能、安全的研发基地和配套设施,引领长三角示范区在江南水乡风貌基础上增添新型基础设施时代特色。(推进单位:长三角示范区执委会、青浦区政府、市经济信息化委)

(四)实施智能化终端基础设施("新终端")建设行动

1. 推进部署千万级规模的神经元感知网络。深入推进城市公共安全视频终端建设,推动全市各行业、各区视频图像资源联网共享和应用。实施智能传感节点部署工程,部署千万级社会治理神经元感知节点。对接"一网统管"和城运平台总体架构,建设市、区、街镇三级架构的神经元感知综合服务平台。(推进单位:市公安局、市经济信息化委、市住房城乡建设管理委、市城运中心、市大数据中心、各区政府)

2. 加快布设新能源终端和智能电网设施。积极推进电动汽车充电设施布局,三年内新建 10 万个电动汽车充电桩,建设 45 个左右出租车充电示范站,积极引导公用、专用充电设施接入市级平台,强化对充电设施的科学管理和高效使用,支持新能源汽车发展。(推进单位:市交通委、市发展改革委、市经济信息化委)适度超前布局燃料电池汽车终端设施,三年内建设 20 个左右加氢站,力争氢燃料电池汽车商业化率先应用落地。(推进单位:市住房城乡建设管理委、市发展改革委、市经济信息化委、市规划资源局)推动建设电力物联网、开展配电网终端智能化改造等。(推进单位:市经济信息化委、市电力公司)

3. 建设国内领先的车路协同车联网和智慧道路。丰富自动驾驶开放测试道路场景,积极推进风险等级齐备、测试场景完善的开放道路测试环境建设，三年内新增 50 公里开放测试道路，探索开放城市快速路、高速公路等不同类型和风险等级的道路测试场景。探索推进车路协同技术应用路径、标准规范，支撑自动驾驶汽车在复杂路况下的适应能力。推进嘉定、临港、洋山港、奉贤等区域开放测试道路场景建设。实施新一代全息感知与智能管控智慧道路研究和试点工程建设。建设长三角一体化车生活公共服务平台。建成运行市级公共停车信息平台，全面接入公共停车场（库）和道路停车场的动静态数据，面向社会开放提供多样化公共停车信息服务。（推进单位：市交通委、市公安局、市经济信息化委、市通信管理局、市司法局、市应急局，嘉定区政府、奉贤区政府、临港新片区管委会）

4. 拓展智能末端配送设施。进一步拓展智能末端配送设施投放范围，在已试点投放"无接触配送"智能取物柜组件的基础上，新增 1.5 万台以上智能取物柜，加大对医院、学校、办公楼宇、大型社区等区域的覆盖力度。推动多方合作，统一布设用于药品、商超用品、蔬菜鲜果等不同品类物件的多功能柜。推动智能售货机、无人贩卖机、智慧微菜场、智能回收站等各类智慧零售终端加快布局，着力提升智能化、集成化和综合化服务功能。（推进单位：市商务委、市住房城乡建设管理委、市规划资源局、市邮政管理局，各区政府）

5. 建设"互联网+"医疗基础设施。新设置 20 家以上互联网医院，为常见病和慢性病参保患者复诊提供在线医疗服务。通过建立统一标准和互联互通，探索推动互联网诊疗复诊服务范围扩大到在医联体或专科联盟内的医院可跨院互认首诊病人。推动长三角示范区建设互联网医院。高标准建设上海市公共卫生应急指挥中心、各类应急监测实验室，实施实验室快速检测能力建设等项目建设。建设健康信息网三期和医联工程三期，构建健康信息数据中台，加强移动支付、诊间支付的推广与监管，实现医学检验项目、医学影像检查和影像资料在同级医院的互联互通互认。推广共享轮椅等医护便民设施共享经济新模式。（推进单位：市卫生健康委、市医保局、申康医院发展中心、市经济信息化委）

6. 打造新型数字化学校。实施教育信息化 2.0 行动，培育 100 所教育信息化应用标杆学校，推动建设数字校园、数字实验室、全息课堂等，试点建立个性化学生数字画像，创新学生多元化评价体系。建设面向大规模在线教育的信息化基础应用平台，打造"上海微校""空中课堂"等线上教育新模式。推进数字教材研究与应用，支持开展智慧教学、个性化教育试点示范。探索建设数字化、在线化老年大学，并推动其他数字校园资源向老年大学开放。（推进单位：市教委，各区政府）

7. 打造智能化"海空"枢纽设施。推进外高桥码头自动化升级改造，实现全场智能调度、设备远程操控、智能安防预警和自动驾驶集卡等综合应用，在港区智能安防领域实现由事后处置向风险预警管控转变。构建洋山港集疏运系统，重点开展洋山港铁公水集疏运+自动驾驶集卡物流体系建设，应用 5G 和物联网技术实现港口新型基础设施重大关键技术突破；推进小洋山北侧支线码头建设，提升江海直达、江海联运配套港口自动化能级。依托浦东国际机场四期扩建工程，丰富自助服务体验，拓展无纸化一证通关、行李跟踪定位等智能服务，打造智慧、友好、高效的航空枢纽。（推进单位：市交通

委、市公安局、上港集团、机场集团）

8. 完善智慧物流基础设施建设。推进快递物流智脑中心、智能物流认证与检测中心等平台合理布局和建设，推动冷链仓储中心、快件仓储中心、分拨中心、转运中心、配送站等基础设施布局建设，开展仓储、分拣、配送、装卸等一体化集配设施智能化升级。（推进单位：市商务委、市发展改革委、市住房城乡建设管理委、市规划资源局，各区政府）实施国家物流枢纽建设工程，推动青浦区加快建设智能化的商贸服务型国家物流枢纽，基本形成长三角快递物流枢纽和基础支撑。（推进单位：市商务委、市住房城乡建设管理委、市发展改革委，青浦区政府）加快布局冷链物流末端设施，三年内建设300个社区生鲜前置仓，3个城市分选中心。（推进单位：市商务委、市住房城乡建设管理委、市规划资源局，各区政府）

三、保障措施

（一）强化统筹协调

建立市政府主要领导牵头，各分管市领导担任各专项召集人的上海市新型基础设施建设推进工作机制。市战略性新兴产业领导小组办公室发挥日常协调作用，各有关部门按领域加强推进，市政府督查室加强跟踪督办，推动相关项目尽快落地见效。（推进单位：市发展改革委、市经济信息化委、市住房城乡建设管理委及各有关单位）对项目成熟度高、年内可开工的项目，将其列入当年市重大工程目录予以推进。（推进单位：市住房城乡建设管理委、市发展改革委）加强招商引资和对外推荐，吸引国内外投资者投资上海新型基础设施建设项目。（推进单位：市经济信息化委）

（二）加强市、区协同

各市级牵头部门加强与各区的工作对接，进一步细化落实任务分工，加强网络基础设施统筹布局，加快推进重大科技基础设施建设。各区和有关重点区域建立工作推进机制，重点推动相关配套网络设施建设，完善区域智能终端设施建设布局，加强平台和设施等重大项目招商引资，研究出台特色支持举措。（推进单位：各区政府、临港新片区管委会、长三角示范区管委会、上海科创办、虹桥商务区管委会等）

（三）创新支持方式

支持政策性银行、开发性金融机构以及商业银行建立总规模1 000亿元以上的"新基建"优惠利率信贷专项，进一步放大市级建设财力和战略性新兴产业、产业转型升级、张江国家自主创新示范区、临港新片区等财政专项资金的杠杆作用，制订相关操作办法，按照有关规定进行贴息，鼓励和引导社会资本加大"新基建"投入力度。（推进单位：市发展改革委、市财政局、市经济信息化委、上海科创办、临港新片区管委会等）研究制订加快推动运营商5G建设的引导性支持政策。（推进单位：市经济信息化委、市财政局、市发展改革委）

（四）加强指标保障

统筹好全市工业用能指标，向具有重要功能的互联网数据中心建设项目作适当倾斜，研究继续新增一批互联网数据中心机架数，持续优化云计算基础设施布局，合理考虑边缘计算建设标准和布局。（推进单位：市经济信息化委、市发展改革委）加强土地指标保障，对特别重大的新型基础设施建设项目用地指标由市相关部门"直供"解决。（推进单位：市规划资源局、市经济信息化委、市发展改革委、市住房城乡建设管理委、市生态环境局）

（五）推动资源开放

推动公共数据向社会主体深度有序开放，在医疗、教育、交通、旅游等重点领域，培育催生政企数据融合与创新应用。探索建立更加市场化、专业化的政府信息化运维服务体系，推动政府投资信息化项目从各自建设运营，转变为统一提供信息化派驻服务，进一步推动政府信息化市场整体向社会开放。（推进单位：市政府办公厅、市经济信息化委、市大数据中心、市财政局）

（六）优化规划布局

编制我市5G移动通信基站布局规划导则，指导各区开展5G基站布局规划，并衔接区总体规划或地块控制性详细规划。（推进单位：市经济信息化委、各区政府、市通信管理局、市规划资源局）在新一轮我市商业网络布局规划中，加强市级、区级、社区级商业中心和特色商业街区、产业园区、农产品市场、二手交易市场等商贸基础设施智能化改造规划布局。（推进单位：市商务委，各区政府）加强物流体系规划建设，加快推动快递分拨中心、配送站等基础设施智合理规划布局和智能化改造。（推进单位：市商务委、市发展改革委、市住房城乡建设管理委、市规划资源局，各区政府）

（七）完善规则标准

率先探索自动驾驶上路通行规则，研究提出并推动相关法规增加具有自动驾驶功能的汽车进行道路测试和上道路通行期间交通违法处理、交通事故责任分担等规定。（推进单位：市公安局、市交通委、市司法局、市应急局）编制电子信息、航空航天等细分领域的工业互联网建设导则，持续更新城域物联网、互联网数据中心领域建设导则。（推进单位：市经济信息化委）制订住宅小区及商务楼宇智能配送设施规划建设导则，修订保障性住房（大型居住区）配套建设管理导则，将智能配送设施纳入公建配套设施建设范围。结合上海住宅小区"美丽家园"行动计划，推进住宅小区智能配送设施改造和建设。（推进单位：市住房城乡建设管理委、市房屋管理局、市邮政管理局、市规划资源局、市商务委）

（八）培育市场需求

以"揭榜挂帅"形式，聚焦互联网医疗、在线教育、数字内容、智能制造、数字商贸、智能物流、数字生活服务、社会治理、数字养老服务等行业，加快建设一批显著改善制造、服务方式或社会治理模式的示范应用工程，以规模化应用需求，带动5G等新型基础设施建设。（推进单位：市发展改革委、市经济信息化委）

附件:上海市新型基础设施建设推进工作机制

上海市新型基础设施建设推进工作机制

为系统性、全局性、整体性推进上海市新型基础设施建设工作,市政府决定成立上海市新型基础设施建设推进工作机制(以下简称"工作机制"),具体如下:

组　　长：龚　正　市委副书记、代市长
副组长：陈　寅　市委常委、常务副市长
　　　　　吴　清　市委常委、副市长
　　　　　许昆林　副市长
　　　　　汤志平　副市长

各工作组召集人和牵头单位：

一、"新网络"工作组,主要牵头实施新一代网络基础设施("新网络")建设行动。

召 集 人：吴　清　市委常委、副市长
牵头单位：市经济信息化委、市通信管理局

二、"新设施"工作组,主要牵头实施创新基础设施("新设施")建设行动。

召 集 人：陈　寅　市委常委、常务副市长
牵头单位：市发展改革委、上海科创办、市科委

三、"新平台"工作组,主要牵头实施一体化融合基础设施("新平台")建设行动。

召 集 人：陈　寅　市委常委、常务副市长
　　　　　吴　清　市委常委、副市长
牵头单位：市经济信息化委、市大数据中心、市发展改革委

四、"新终端"工作组,主要牵头实施智能化终端基础设施("新终端")建设行动。

召 集 人：许昆林　副市长
　　　　　汤志平　副市长
牵头单位：市商务委、市住房城乡建设管理委

五、区域工作组,各区和有关重点区域各自牵头建立本区域相关工作机制,推进好相关配套设施建设,出台本区域特色政策举措等。

召 集 人:陈　寅　市委常委、常务副市长

　　　　　吴　清　市委常委、副市长

牵头单位:各区政府、临港新片区管委会、长三角生态绿色一体化发展示范区执委会、

　　　　　虹桥商务区管委会、上海科创办等分别负责

六、督查工作组,主要跟踪督办年度工作任务和重大投资完成情况,发现推进中存在的问题。

召 集 人:陈　寅　市委常委、常务副市长

　　　　　陈　靖　市委副秘书长、市政府秘书长、市政府办公厅主任

牵头单位:市政府办公厅(督查室、审改办)、市住房城乡建设管理委(市重大办)、

　　　　　市统计局、市发展改革委

工作机制充分发挥市战略性新兴产业领导小组办公室作用,日常协调工作由市发展改革委会同市经济信息化委、市住房城乡建设管理委(市重大办)等负责,市政府督查室加强跟踪督办。各单位要按照分工,细化工作清单,加强市区联动,加快推进落实。

上海市发展和改革委员会关于印发《上海市新型基础设施建设项目贴息管理指导意见》的通知

沪发改规范〔2020〕12号

各区政府、各有关部门、各有关银行及相关单位：

为贯彻落实《上海市推进新型基础设施建设行动方案（2020—2022年）》（沪府〔2020〕27号），鼓励社会资本加大投入，滚动推进新型基础设施建设，《上海市新型基础设施建设项目贴息管理指导意见》已经市政府常务会议审议通过。现印发你们，请按照执行。

特此通知。

附件：《上海市新型基础设施建设项目贴息管理指导意见》

上海市发展和改革委员会
上海市经济和信息化委员会
上海市财政局
上海市浦东新区人民政府
中国（上海）自由贸易试验区临港新片区管理委员会
上海推进科技创新中心建设办公室
上海虹桥商务区管理委员会
2020年8月11日

上海市新型基础设施建设项目贴息管理指导意见

第一章 总 则

第一条（目的和依据）

贯彻落实《上海市推进新型基础设施建设行动方案（2020—2022年）》，进一步放大财政资金杠杆作用，鼓励和引导社会资金加大投入，滚动推进实施新型基础设施项目。

第二条（优惠利率信贷专项支持方向）

鼓励合作银行建立上海市新型基础设施建设优惠利率信贷资金，总规模达到1 000亿元以上，重

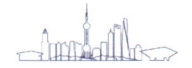

点支持以下领域：

1. 新型网络基础设施（新网络）：5G、物联网、工业互联网等为代表的新一代通信网络基础设施。

2. 新型科技基础设施（新设施）：重大科技基础设施、科教基础设施、产业创新基础设施等为代表的科技基础设施。

3. 新型平台基础设施（新平台）：以互联网数据中心、人工智能、云计算、大数据、区块链等为代表的平台型基础设施。

4. 新型终端基础设施（新终端）：面向城市管理或社会服务重点领域的传统基础设施智能化改造或智能终端系统，包括智能交通基础设施、智能消费和物流基础设施、智慧能源基础设施以及互联网教育、医疗、文化基础设施等。

第三条（贴息支持范围）

在合作银行提供优惠利率信贷的基础上，充分发挥上海市相关财政资金的杠杆作用，重点对以企事业单位自筹资金为主、能形成显著规模和经济社会影响力的建设项目，按有关规定进行贴息支持。原则上对数据中心等竞争性配置公共资源指标的项目，购买土地或不含重要功能的房屋建设项目，以流动资金贷款为主的项目，以及已享受有关政府资金其他贴息的项目，不享受本贴息支持。

1. 市级建设财力支持"新设施"中的科教基础设施，"新基建"重大示范工程；市战略性新兴产业专项资金支持"新平台"、"新设施"中的产业创新基础设施，以及"新终端"项目和工程包；市产业转型升级发展专项资金支持"新网络"项目；以上项目总投资规模不低于1亿元。

2. 临港新片区、张江国家自主创新示范区、张江科学城、虹桥商务区专项资金择优支持本区域内新型基础设施建设项目。

3. 总投资规模低于1亿元的项目，原则上由所在区支持。鼓励各区出台支持本区新型基础设施建设的相关政策。

第四条（合作银行选择）

合作银行负责组织受理信贷项目，开展独立审贷和信贷风险控制，对项目进行贷款和日常监管。合作银行主要条件如下：

1. 提供专门优惠利率。在符合有关监管规定的前提下，原则上优惠贷款利率应在同期中国人民银行公布的贷款市场报价利率（LPR）基础上予以一定优惠：3年（含）以下为一年期LPR减40个基点，3年至5年（含）为一年期LPR减10个基点，5年以上贷款利率不高于4%。

2. 具备相应信贷规模。合作银行原则上应为政策性银行、开发性金融机构、国有商业银行、全国性股份制银行，以及其他持续在沪经营、综合贡献度较大的商业银行；其中，全国性股份制银行应在沪设有经营分支机构，目前在沪对公信贷余额不低于1 000亿元。

3. 设立快速审贷通道。设立不少于200亿元的"新基建"信贷资金，并设置快速审批通道优先安

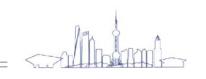

排审批,一般在4周内完成贷款审批工作。

4. 建立专门服务力量。具备较好信贷服务能力,并针对"新基建"建立专门信贷制度和团队。

由市战略性新兴产业领导小组办公室(以下简称"市战新办")会同相关单位,以优惠性、稳定性、便利性、竞争性为原则,按照上述条件择优选择一批合作银行,报市政府审定;市战新办每年初对上一年审贷和放款等情况进行评估,按照评估结果动态调整合作银行名单;其他有关银行满足上述要求,可及时申请纳入合作银行名单;贷款贴息期间,若LPR出现重大调整,由市战新办会同相关单位视情况调整优惠利率及贴息标准。

第二章 贴息规则

第五条(贴息方式)

贴息资金实行先付后贴的原则,项目单位必须凭提供贷款的合作银行开具的利息支付清单,按季度通过合作银行向相关资金管理部门申请贴息。贴息资金按本意见第三条由相关资金分别统筹安排。

合作银行的优惠利率贷款原则上为人民币贷款,仅限于项目贷款,不包含流动资金贷款。

第六条(贴息标准)

当合作银行优惠利率高于2%(含)时,资金管理部门在合作银行优惠利率基础上提供不高于1.5个百分点的利息补贴,降低企事业单位贷款成本;其中,符合国家中小微企业和科技型中小企业标准的贷款对象,或者项目类型为社会治理和民生服务类的"新终端"项目,以及"新基建"重大示范工程,利息补贴为1.5个百分点,其余项目利息补贴为1个百分点。

当合作银行优惠利率低于2%时,利息补贴不高于优惠利率的50%,且合作银行优惠利率减去贴息后的实际利率不低于1%。

市政府不承担除贴息以外的任何信贷风险。

第七条(贴息期限)

原则上按项目建设期限进行贴息,贷款投放日不晚于2022年7月底,贴息期限一般不超过3年;特别重大项目经市政府批准后,可适当延长贴息期限。市战新办会同资金管理部门根据首轮贴息执行情况和成效,研究滚动实施政策。

以下项目不予贴息:材料弄虚作假;未办理有关开工手续或不具备开工条件;未经有关部门批准,延长项目建设期发生的借款利息;已办理竣工结算或已交付使用但未按规定办理竣工决算的建设项目贷款;在贴息范围内未按合同规定归还的逾期贷款利息、加息、罚息。

第三章 申报与审核

第八条(申报)

符合本意见规定贴息范围的项目,由项目单位申报贴息。项目单位按要求填制新型基础设施项目贴息申请表,提交项目资金申请报告,并附项目备案或批复文件、借款合同、银行贷款到位凭证、银行利息单等材料。由合作银行汇总审核后,按相关资金管理程序集中上报有关部门。

本市新型基础设施建设推进工作机制相关单位,可通过市战新办或资金管理单位定期或不定期向合作银行提供相关企业和项目信息,合作银行也可自行向市战新办或资金管理单位推荐相关项目。

第九条(评估和审核)

1. 市战略性新兴产业发展专项资金

由合作银行将初步符合支持条件的项目报市战新办。市战新办委托第三方评估机构对项目资金申请报告及相关贴息材料进行评估和审核,确定拟支持项目,按项目逐个核定贴息资金规模上限,经市战新办会议审议后,报市政府审批。

2. 市级建设财力

由合作银行将初步符合支持条件的项目报市发展改革委,市发展改革委按市级建设财力补助和贴息管理办法审核。

3. 其他专项资金

市产业转型升级、临港新片区、张江国家自主创新示范区、张江科学城、虹桥商务区等专项资金,按相关管理办法及相关实施细则审核。

第十条(拨付)

资金管理部门按有关程序批复或下达资金计划,由对口财政部门将贴息资金直接拨付项目单位。资金管理部门可委托第三方管理机构开展贴息核定等日常管理工作。

第四章 贴息实施及监督管理

第十一条(财务处理)

项目单位收到财政贴息资金后,在建项目作冲减工程成本处理,竣工项目作冲减财务费用处理。

第十二条(专款专用)

优惠利率贷款和财政贴息资金必须保证专款专用,任何单位不得以任何理由、任何形式截留、挪用,不得用于与项目无关的其他用途和用于套利等行为。贴息资金定期打入项目单位在合作银行的指定账户,由合作银行进行日常监管。

第十三条(评估和管理费用)

资金管理部门委托第三方机构开展的项目评估、绩效评价、日常管理等费用在相关专项资金中列支或按有关规定在部门预算中列支。

第十四条(调整和中止)

合作银行会同项目单位应当定期向资金管理部门报告项目建设实施和资金使用情况及有关重大事项。在贴息贷款期限内,项目不能按计划完成既定建设目标的,合作银行会同项目单位应及时向资金管理部门报告,及时提出调整、中止或撤销建议,按有关流程报批。

第十五条(监督管理)

合作银行应定期将贷款和贴息执行情况报市战新办,每年底向市战新办提交年度情况总结,作为考核合作银行的重要依据。

项目单位可自行择优选择合作银行,任何机构或个人不得以任何理由干预。合作银行之间应当保持相互沟通协作,避免恶意竞争和重复申报、多头申报。

各项目单位要严格按照有关规定提供相关贴息申请材料,对弄虚作假或违法违规的项目,资金管理部门有权终止或收回该项目贴息资金,并将相关失信信息纳入上海市公共信用信息服务平台。

第五章 附 则

第十六条(协调服务和会商机制)

依托市新型基础设施建设推进工作机制,市战新办定期向合作银行提供本市新型基础设施建设重大项目和工程清单,各牵头单位确定联络员保持与合作银行日常沟通联系。

各资金管理部门会同市战新办对拟支持项目进行定期会商,避免项目重复支持,并及时将有关项目信息纳入市级支持资金信息平台。市战新办加强组织协调,推动项目信息共享。

第十七条(实施期限)

本意见自 2020 年 9 月 15 日起实施,有效期至 2025 年 9 月 14 日。有关单位可按需制定实施细则或操作办法。

上海市经济信息化委关于深化 5G 供电服务和应用、促进 5G 发展和建设的通知

沪经信运〔2020〕957 号

国网上海市电力公司、上海移动、上海电信、上海联通、上海铁塔及相关单位：

为认真贯彻落实《上海市人民政府关于加快推进 5G 网络建设和应用的实施意见》(沪府规〔2019〕27 号)和《上海市经济信息化委关于做好电力卓越服务支持 5G 网络建设的通知》(沪经信运〔2019〕601 号)，深化 5G 基站供电服务、降低运行成本，促进我市 5G 基站建设快速发展，现将有关具体要求通知如下：

一、加快 5G 基站供电工程建设

1. 市电力公司要主动对接 5G 基站建设和运营企业，成立推进小组，明确双方责任人，畅通信息渠道，优化内部流程，健全新装、增容和"转改直"绿色通道，加大 5G 供电工程建设推进力度。

2. 加大周边电网建设力度。优化投资安排，提前建设和改造电网，充实低压电源点，为 5G 基站电力接入创造良好环境。

3. 推行"三省"基站服务。简化用户申请手续，让用户报装更省心；就近接入公共电网，优化供电方案，降低用户接入成本，让用户报装更省力；限期办结接入工程，让用户报装更省时。

二、积极支持 5G 基站"转改直"

4. 完善中压配电网规划。优化 5G 基站和电源点布置，在架空线入地项目中提前考虑一定数量的电源点和电缆通道，满足 5G 基站低压电源需求，从源头上避免 5G 基站转供电问题。

5. 积极推进"转改直"改造。对于具备改造条件的 5G 基站，制定改造方案，明确改造标准，加快实施进度。对于产权清晰、改造条件较好的 5G 基站，优先实施改造后单独装表供电。对于租赁户若具备客观物理条件（即电系划分清楚且供电安全），在用户申请后可凭租赁合同实施改造单独装表供电。

6. 结合老旧小区改造和架空线入地开展。根据本市老旧小区改造和架空线入地实施计划，市电力公司在进行相关供电设施改造的同时，对老旧小区内或附近具备条件的基站，协助 5G 建设单位实施直接改造工程。

三、降低 5G 基站运行成本

7. 执行峰谷电价政策。具备条件的 5G 基站运行企业可执行峰谷电价政策。变压器容量在 100

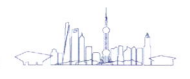

(含)—315(不含)千伏安之间的 5G 基站用户可自行选择执行两部制或单一制目录电价。市电力公司根据 5G 基站所属企业的申请,安装计量装置,执行有关电价政策。

8. 参与电力市场化交易。具备条件的 5G 基站,可纳入电力市场化交易范围。5G 基站运行企业要确定 5G 基站实际用电量,按照我市售电侧改革方案相关要求参与电力市场化交易。

9. 合理优化用电结构。5G 基站运行企业要主动优化设备用电负荷,应用储能设备,调整峰谷时段用电,降低基站用电成本。市电力公司要积极开展能效服务,发挥专业化技术和服务优势,提供能源托管、清洁能源、新一代储能 UPS、节能改造、设备代运维等服务;支持 5G 建设运营商批量查询 5G 基站用电量等运行数据,提供电费账单及发票"集团户"等优质服务。

10. 规范基站转供电行为。市电力公司要协助 5G 基站运行企业排查转供电情况,建立台账实行清单化管理。加大国家关于 5G 基站转供电降价政策宣传,引导转供电主体传导落实降电价优惠政策,不得擅自提高电价标准,不得假借电费名义收取场地租赁、物业管理、设备运维、人工服务等其他费用。

四、积极探索各方合作共赢模式

11. 支持各方加强合作,通过集团战略合作等方式,开展电力基础资源共享运营。推进利用变电站、杆塔等资源和运营商共建 5G 基站,推动电网与通信行业基础设施资源整合利用。研究利用 5G 切片技术构建电网切片的可行性。研究做好利用变电站资源建设 5G 基站的试点总结,并形成可复制推广的经验。

请各单位加快落实,并做好经验总结,发现问题及时报告。

上海市经济和信息化委员会
2020 年 11 月 3 日

上海市人民政府办公厅关于印发《社区新型基础设施建设行动计划》的通知

沪府办〔2020〕65 号

各区人民政府,市政府各委、办、局:

《社区新型基础设施建设行动计划》已经市政府同意,现印发给你们,请认真按照执行。

上海市人民政府办公厅
2020 年 12 月 3 日

社区新型基础设施建设行动计划

为深入贯彻《上海市推进新型基础设施建设行动方案(2020—2022 年)》(沪府〔2020〕27 号),更高质量提升社区治理服务效能,更高水平满足居民群众美好生活向往,制定本行动计划。

一、行动目标

到 2022 年,5G、人工智能、物联网、大数据等新技术全面融入社区生活,本市社区新型基础设施建设不断夯实,运营服务体系日益完善,智慧社区支持体系更加优化,社区治理更加智慧、社区生活更有品质。

——建成全市统一的智慧社区数字底座。夯实"一网统管"第五级居村应用平台建设,全面加快新一代信息基础设施深度覆盖,推进社区治理数据整合归集。

——构建高效智能的智慧终端设施网络。聚焦社区生活重点领域和关键环节,推进社区智能安防、智能末端配送设施、智慧康养等终端设施合理布设。

——形成规范有序的智能设施管理机制。社区新型基础设施建设和运营配套制度更加优化,社区准入、退出流程更加规范,管理维护责任更加明晰,社区协商充分开展。

——建成环境友好的智能建设支撑体系。加大政策供给,链接供需资源,加强用房用地和接口保障,降低市场主体进入社区成本,形成企业、社会组织共同参与的良性循环。

二、主要任务

(一)数字底座建设行动

1. 夯实信息基础设施建设。加快实现 5G、千兆光网、新型城域物联专网等在社区的深度覆盖,夯

实新一代信息基础设施底座。（责任单位：市经济信息化委、各区政府）

2. 加强数据汇集机制建设。依托市大数据资源平台，建立健全面向社区治理的主题数据库，推动数据向居村按需共享，为居村精细化治理和精准化服务提供支撑。（责任单位：市民政局、市大数据中心）

3. 推进"社区云"平台建设。做实"一网统管"架构下的居村应用平台"社区云"，深化管理、服务、互动等功能，整合部署在居村层面的信息系统，健全基层信息数据采集、比对、反馈、使用机制。（责任单位：市民政局、市经济信息化委、市公安局、市大数据中心、各区政府）依托市城运中心和城运相关系统，及时反馈、联动处置居村发现的问题，为居村治理提供支撑。（责任单位：市城运中心、市住房城乡建设管理委、市民政局、各区政府）

（二）应用场景拓展行动

1. 完善社区智能末端配送。合理规划布设社区智慧零售终端、智能取物柜等智能末端配送设施，3年内，在全市社区、商务楼宇、机关、学校、医院等场所新增智能快件箱1.5万组以上。（责任单位：市商务委、市规划资源局、市住房城乡建设管理委、市房屋管理局、市邮政管理局）开展可回收物服务点、中转站改造提升，推进全市住宅小区3 000台智能回收箱规范管理。鼓励市场主体探索生活垃圾智能识别、分类清运，创新商业模式。（责任单位：市绿化市容局）

2. 加强社区智能安防。2020年前，全面完成以社区人员、车辆出入口"微卡口"（人脸抓拍、车辆抓拍）感知端建设为重点的社区智能安防建设，覆盖全市16个区10 987个封闭式住宅小区、2 886个开放式住宅区域（含非封闭式小区、旧式里弄、农村民宅）。（责任单位：市公安局、市房屋管理局）

3. 推广社区智慧停车。3年内，建成市级公共停车信息平台，接入社区周边公共停车场（库）和道路停车场的动静态数据，方便社区居民停车，缓解停车压力。（责任单位：市交通委、市道路运输局、市经济信息化委、市公安局、各区政府）

4. 推动社区智慧能源设施建设。构建智能有序充电管理体系，2020—2022年，每年建设一批充电桩示范小区，加快实现社区充电安全监管和智能有序充电。（责任单位：市发展改革委、市经济信息化委、市房屋管理局）推进住宅小区非机动车车库（棚）智能改造。（责任单位：各区政府）

5. 实施社区智慧早餐工程。合理规划、整体布局社区周边新零售连锁便利门店，依托布点网订柜（店）取、智能取餐等项目，助推社区早餐门店线上线下融合发展，创新"早餐在线经济"新模式，实现数字化赋能社区早餐工程。（责任单位：市商务委）打造智慧社区老年食堂，鼓励为居民提供早餐服务。（责任单位：市民政局）开展"无人餐厅"试点，实现"午餐自动化集中生产＋早餐移动化无人生产"新模式覆盖100个以上社区。（责任单位：市经济信息化委、市商务委、市民政局）

6. 推进社区智慧养老。加强养老信息系统建设，实现智慧养老管理与服务的精确匹配。积极推进智慧养老产品和服务在社区落地。试点推广老年人紧急救援、老年人家庭护理等智慧养老应用场景。全面实施经济困难的高龄独居老年人应急呼叫项目,2020年底前,实现16区全覆盖。推广老年人"智能相伴"服务场景。(责任单位:市民政局、市经济信息化委)

7. 深化智慧健康服务。整合社区卫生服务中心健康自检设备、体质监测站、学校健康检测等各方资源,以街镇为单位,建设智慧健康驿站,畅通居民健康自检、自我健康管理以及获得健康教育与早期干预的渠道。2021年,每个街镇至少建成一家标准化智慧健康驿站。(责任单位:市卫生健康委、市体育局)

(三)应急管理强化行动

1. 实施社区灾害综合监测预警平台建设。推进智能防灾减灾系统建设,促进自然灾害相关数据共享应用,加快社区自然灾害综合监测预警感知网络、终端设备布点建设,加强涉灾部门专业监测预警与应急管理部门综合监测预警融合发展。2020年底,完成"上海市社区自然灾害综合监测预警系统"和终端设备建设准备工作。推动徐汇、浦东、宝山、崇明、金山等区2021年底完成不少于20个社区终端示范项目建设,并开展测试演练。2022年底前,完成所有区级平台至街镇、居村的纵向功能验证,不断扩大区级覆盖范围。(责任单位:市应急局、市城运中心、市大数据中心)

2. 推进社区微型消防站调度通知平台建设。提升社区微型消防站火情处置、消防管理、宣传培训等能力。(责任单位:市消防救援总队)

3. 丰富应急管理智慧场景。聚焦电梯等专用设备安全、消防、防台防汛、气象灾害预防、燃气电力、公共卫生等住宅小区应急管理重点,强化物联环境建设和关键场景建设,增强应急处置能力。(责任单位:市经济信息化委、市城运中心、市大数据中心、市应急局、市市场监管局、市住房城乡建设管理委、市房屋管理局、市消防救援总队、市水务局、市气象局、燃气集团、市电力公司、市卫生健康委)

(四)规范管理提升行动

1. 规范服务场所。合理配置社区智能设施服务场所。新建住宅小区应当按照相关标准配建智能末端配送设施(智能快件箱)服务用房等服务场所,智能末端配送设施(智能快件箱)属于公共服务设施。既有住宅小区可参考新建小区配置标准,设置智能末端配送设施服务场所。其他类型智能设施可在业主协商基础上,灵活配置服务场所。(责任单位:市住房城乡建设管理委、市房屋管理局、市邮政管理局、市规划资源局等)

2. 规范社区准入。建立健全智能末端配送设施进住宅小区的标准流程。坚持发挥"业主主体"作用,由业委会负责做好业主意愿征询、协议签订等工作。物业服务企业依据合同,做好配合工作并约定相关权利义务,督促设施单位履行相关职责。鼓励业主大会在管理规约中就智能设施进小区事项

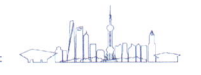

做出约定,授权业委会根据管理规约决定相关事项。无业委会住宅小区可由居委会根据需要,搭建社区协商平台,组织业主民主协商,促进共识达成。其他类型智能设施进入住宅小区,可参照上述标准。(责任单位:市房屋管理局、市民政局、市经济信息化委)

3. 规范日常维护。由智能设施运营企业行业主管部门制定设施日常维护标准,加强行业指导,建立企业"黑白名单"及退出机制。智能设施运营主体承担日常管理责任,在智能终端显著位置,标识维护人员信息,建立走访制度,做好定期巡检,听取居民意见建议,保证设施正常运转。小区业委会、物业服务企业协助行业主管部门做好督促检查。(责任单位:市商务委、市住房城乡建设管理委、市邮政管理局、市发展改革委、市交通委、市卫生健康委、市市场监管局、市应急局、市气象局、市消防救援总队、市水务局、市电力公司、燃气集团、市公安局、市经济信息化委、市民政局、市绿化市容局、市房屋管理局等)

(五) 支持体系优化行动

1. 加大政策供给力度。制订《上海市推进住宅小区及商务楼宇智能末端配送设施(智能快件箱)建设的实施意见》和规划建设导则,引导规范公共服务设施设置,提升便民服务水平和精细化管理水平。(责任单位:市住房城乡建设管理委、市房屋管理局、市规划资源局、市商务委、市邮政管理局)结合新建商品房小区投入使用,强化社区智能安防标准规范执行。(责任单位:市公安局、市房屋管理局)出台《上海市商业体系发展规划》《上海市商贸物流基础设施体系规划导则》,完善社区商贸基础设施智能化改造规划。(责任单位:市商务委)更新《新型城域物联专网建设导则》,优化5G和物联终端布局规划。更新《上海市智慧社区建设指南》,加强智慧社区建设指导。(责任单位:市经济信息化委)

2. 链接供需资源。建立健全智慧社区建设供需对接机制。通过居村"自下而上"意见征询和需求提取机制,梳理形成社区智能设施需求清单和项目清单。根据社区需求、企业运营规模、征信情况等,制定智慧社区建设指导目录和优质供应商目录。通过项目购买、补贴、奖励等方式,提升项目落地效率。(责任单位:市经济信息化委、各区政府)

3. 鼓励贴息支持。发挥贴息政策作用,鼓励合作银行加大对社区"新基建"优惠利率贷款力度,对符合条件的社区"新基建"项目,按有关规定进行贴息支持。(责任单位:市发展改革委、市经济信息化委、市财政局、浦东新区政府、临港新片区管委会、上海科创办、虹桥商务区管委会)

三、保障措施

1. 加强组织领导。在现行市新型基础设施建设推进工作机制框架下,依托各工作组及牵头单位,建立由相关职能部门参加的推进工作机制,按领域推进社区新型基础设施建设各项工作,压实主体责任,明晰工作要求。在此基础上,成立由市民政局、市经济信息化委、市发展改革委、市商务委、市房屋管理局等部门组成的工作专班,负责日常协调。各区相应建立本区域相关工作机制,加强组织保障。(责任单位:各相关部门、各区政府)

2. 强化属地统筹。推动各区根据市级规划部署,做实条块联席会议和基层约请制度,加强条块协商和业务指导,推动部门聚焦基层难点问题,清单式解决问题。落实社区规划建议权,结合在地资源禀赋和社区类型、居民结构,因地制宜开展智慧社区建设,确保项目精准落地。(责任单位:各区政府、各相关部门)

3. 开展示范工程。聚焦社区治理与便民服务等重点应用场景,鼓励各区选取信息化基础条件好、创新方向明确、具有复制推广价值或区域特色的项目,开展"区、街镇、居村"三级示范工程,推动各区形成一批能显著提升社区服务或社会治理效能的示范项目,提炼一批规范准入、维护、退出、监督等各环节的发展长效机制,总结一套"政企合作、市场投入为主"的建设运营模式。在此基础上,逐步扩大示范工程的区域覆盖和项目覆盖,以规模化应用推动本市社区"新基建"建设。对示范工程中实施效果好、群众满意度高的项目,加大宣传推广力度,优先落实贴息等政策。(责任单位:各相关部门、各区政府)

4. 推动社区参与。建立健全参与式社区规划制度,积极发挥社区自治共治、民主协商机制作用,将智慧社区建设纳入社区协商议题,通过居(村)民会议、社区党员代表会议、居民区联席会议和听证会、协调会、评议会"三会"制度,以及业主大会、业主委员会会议等,对智能设施建设项目、点位选择、资金方案等重点内容开展议题征询和民主协商,充分吸收居民意见建议。同时,深入挖掘具备专业知识和社区服务精神的自治骨干参与方案设计、项目管理。(责任单位:市民政局、市房屋管理局、各区政府)

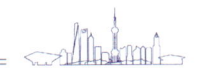

长三角生态绿色一体化政策专篇

上海市贯彻《长江三角洲区域一体化发展规划纲要》实施方案

实施长江三角洲区域（以下简称"长三角"）一体化发展战略，是以习近平同志为核心的党中央作出的重大决策部署，是习近平总书记亲自关心、亲自谋划、亲自推动的引领全国高质量发展、完善我国改革开放空间布局、打造我国发展强劲活跃增长极的重大战略举措。上海要主动承担国家使命，强化在国家发展格局中的战略支点地位，充分发挥改革开放前沿和集聚辐射优势，引领长三角更高质量一体化发展。为深入实施《长江三角洲区域一体化发展规划纲要》，进一步发挥上海核心城市功能和龙头带动作用，推动国家战略更好贯彻落实，制订本实施方案。

一、明确总体要求

（一）指导思想

以习近平新时代中国特色社会主义思想为指导，深入贯彻习近平总书记关于推进长三角一体化发展重要讲话和指示精神，坚持新发展理念，紧扣"一体化"和"高质量"两个关键，牢固树立"一体化"意识和"一盘棋"思想，充分发挥上海龙头带动作用，以供给侧结构性改革为主线，以长三角生态绿色一体化发展示范区（以下简称"示范区"）、中国（上海）自由贸易试验区（以下简称"上海自贸试验区"）新片区和上海虹桥商务区建设为重要抓手，深化市场化改革，扩大高水平开放，加强跨区域分工合作，促进全方位协同联动，率先探索区域一体化制度创新和路径模式，不断提升区域发展的整体效能和核心竞争力，努力实现高质量发展、创造高品质生活，当好服务"一带一路"建设桥头堡，带动长江经济带和华东地区发展，更好服务国家发展大局。

（二）基本原则

1. 坚持服从服务国家战略。始终把上海发展放在国家对长三角一体化发展的总体部署中思考和谋划，着眼国家战略定位，立足国家有需要、区域有需求、上海有优势的重点领域，着力增强高端要素集聚和辐射能力，提升核心竞争力和综合服务功能，推动长三角形成高质量发展的区域集群。

2. 坚持发挥龙头带动作用。面向全球、面向未来，着力构筑战略新优势，积极牵头协调，主动做好服务，以重点领域、重点区域、重大项目为载体，增强核心城市辐射带动作用，推进对内对外开放，努力当好新时代全国改革开放排头兵、创新发展先行者，引领长三角共筑全国强劲活跃增长极。

3. 坚持项目化清单化推进。加强沟通对接、协调互动，梳理形成重点工作、重点事项、重大项目清单，逐条逐项细化指标、分解责任，明确任务书和时间表、责任方、路线图，加强督促检查，狠抓落地落实，确保长三角一体化发展各项目标任务有力有序有效推进。

4. 坚持多方联动形成合力。在国家统筹指导、综合协调下,推动完善"上下联动、三级运作、统分结合、各负其责"工作机制,坚持各扬所长、优势互补,坚持共商共建共享共赢,支持各类市场主体充分发挥作用,鼓励多元社会主体广泛参与,营造良好社会氛围,形成各领域、各地区、各方面联动协同、高效务实的一体化工作推进机制。

(三)发展目标

到2025年,上海"五个中心"核心功能和服务辐射能级显著增强,跨区域多领域深化合作达到较高水平,长三角一体化发展的体制机制全面建立,上海龙头带动作用更好发挥,努力形成长三角共性与个性相得益彰、合作与竞争相互促进、集聚与辐射相辅相成的高质量一体化发展格局。

高水平对外开放新高地率先形成。大力推进制度创新,加快构建开放型经济新体制,建成一批标杆性高层次开放平台,全球高端资源要素集聚和配置能力显著增强,高水平外资集聚地和对外投资策源地加快建立,总部经济能级全面提升,引领带动长三角参与国际竞争合作水平迈上新台阶。

1. 科创产业融合发展体系加快建立。具有全球影响力的科技创新中心建设取得实质性进展,支撑国家创新体系发展的核心作用进一步凸显,共同推动长三角成为全国重要创新策源地,加快建设实体经济、科技创新、现代金融、人力资源协同发展的现代产业体系,培育和集聚一批具有品牌影响力的龙头企业和若干世界级产业集群。

2. 功能性枢纽型网络化基础设施体系基本建成。国际大都市一体化综合交通体系不断提升完善,与周边城市和主要节点互联互通,枢纽航线通达全球,设施功能齐全完备,管理运行和服务高效便利,能源互济互保能力明显提高,率先构建清洁低碳、安全高效的能源体系,新一代信息基础设施率先布局成网并推广应用。

3. 生态环境共保联治取得重大进展。重要生态空间和生态系统得到有效保护,跨区域环境污染联防联治机制有效运行,主要污染物排放总量继续下降,资源利用效率显著提高,大气和水环境质量持续改善,生活垃圾等固体废弃物协同处置机制初步建立,生态文明制度建设和跨区域生态补偿机制加快建立,绿色生产生活和城市治理水平明显提升,推动长三角打造和谐共生绿色发展样板。

4. 公共服务便利共享水平不断提升。跨区域公共服务政策协同机制不断完善、便利化程度持续提升,基本公共服务标准体系和管理制度更加健全、保障水平逐步提升,率先实现基本公共服务均等化,全面提升公共服务供给能力和供给质量,率先实现区域教育现代化,医疗卫生、养老服务、文化旅游等社会事业均衡发展,城市管理社会化、法治化、智能化、专业化水平明显提升。

5. 一体化发展体制机制加快建立。上海城市功能布局持续优化,城乡融合、乡村振兴取得显著成效,与周边城市同城化水平显著提高,上海大都市圈相互联系更加紧密,区域合作协调机制进一步健全,统一开放透明、要素自由流动的市场体系基本建立,国际一流营商环境基本形成,区域发展成本分担和利益共享机制建立健全。

到 2035 年，上海城市核心功能更加凸显，现代化经济体系率先建成，城乡实现高质量融合发展，公共服务水平趋于均衡，生态环境质量显著改善，基本建成具有世界影响力的社会主义现代化国际大都市、具有国际竞争力的世界级城市群的核心城市，基本建成令人向往的创新之城、人文之城、生态之城，引领长三角成为全国最具影响力和带动力的强劲活跃增长极。

二、聚焦重点领域协同推进

围绕增强辐射带动能力，聚焦关键领域，在增强科技创新策源能力、完善基础设施网络布局、加强生态环境共保联治、推进公共服务普惠便利、全面扩大开放和建立统一大市场体系等方面不断取得新突破、新成效。

（一）提升上海服务辐射能级，共推城乡区域协调发展

1. 持续深化"五个中心"核心功能建设。牢固树立"以亩产论英雄""以效益论英雄""以能耗论英雄""以环境论英雄"的导向，建立推动高质量发展的指标体系、政策体系、标准体系、统计体系、绩效评价及政绩考核体系。保持建设用地合理开发强度，分类确定土地利用规划参数，拓展单位土地的经济承载容量，提高单位土地产出水平。增强国际金融中心资源配置功能，积极探索合格境外投资者全面参与上海各类要素市场，大力吸引国际金融组织、国内外大型金融机构总部入驻，建设全球资产管理中心，加快打造全球性人民币产品创新、交易、定价和清算中心。提升在全球贸易网络中的枢纽作用，大力推动文化贸易、技术贸易、转口贸易和离岸贸易创新发展，打造一批服务全国、面向国际、内外连接、期现联动的大市场和大平台，加快发展跨境电子商务、数字贸易等新型贸易业态。巩固世界级国际海空枢纽港地位，优化航运发展环境，吸引更多国际航运组织、功能性机构和知名企业入驻，探索更具国际竞争力的航运制度创新，提升高端航运服务能力。大力集聚跨国公司和培育本土跨国公司。加快构建高水平科技创新平台，推进张江综合性国家科学中心建设，打造世界一流科学城、世界一流实验室和世界级大科学装置集群，深度参与全球科技合作，促进创新链、产业链、价值链深度融合。深入推进全面创新改革试验，营造一流创新生态系统。

2. 持续打响上海"四大品牌"。打响优质高端的"上海服务"品牌，扩大服务半径和辐射范围，推动生产性服务业向专业化和高端化拓展、生活性服务业向精细化和高品质提升，提高服务型企业提供解决方案、开展跨地区业务、运作全球市场的水平。打响享誉全球的"上海制造"品牌，加快发展高端制造、智能制造、绿色制造和服务型制造，促进互联网、大数据、人工智能和实体经济深度融合，聚焦发展集成电路、人工智能等新一代信息技术产业，加快培育生物医药、民用航空、前沿新材料、智能网联汽车等战略性新兴产业。着力提升上海制造在质量、标准、研发、设计和管理等方面的核心竞争力，加快迈向全球卓越制造基地。打响时尚繁荣的"上海购物"品牌，以支持品质消费、时尚消费、服务消费为发力点，建设一批具有全球知名度的"上海购物"平台，打造面向全球市场的新品首发地、引领潮流的

风向标和创新发展的新零售,加快建成具有全球影响力的国际消费城市。打响独具魅力的"上海文化"品牌,充分发挥红色文化、海派文化、江南文化优势,做大做强文创产业,推出"上海原创"的文化精品,打造城市精神标识和文化地标,培育集聚文化名家大家,建设更加开放包容、更具时代魅力的国际文化大都市。以"上海品牌"认证活动为抓手,推动"四大品牌"的培育、评价和发展,持续提升"上海品牌"认证服务能级,树立一批新时代品牌标杆,着力把"上海品牌"打造为驰名中外的城市名片。

3. 推进上海大都市圈协同发展。加快编制上海大都市圈空间协同规划,围绕上海和苏州、无锡、常州、南通、宁波、嘉兴、舟山、湖州的"1+8"区域范围构建开放协调的空间格局,发挥空间规划的引领作用,加强在功能、交通、环境等方面的衔接,促进区域空间协同和一体化发展。

鼓励支持虹桥—昆山—相城、嘉定—昆山—太仓、金山—平湖、枫泾—嘉善等跨省市城镇合作。推进崇明东平—南通海永—南通启隆、嘉定安亭—青浦白鹤—苏州花桥、金山枫泾—松江新浜—嘉兴嘉善—嘉兴平湖等三个跨省城镇圈协调发展,进一步实现功能布局融合、基础设施统筹、公共服务资源共建共享。

4. 大力推进城郊融合型乡村振兴。实施"美丽家园"工程,全面完成村庄布局规划、郊野单元(村庄)规划编制,实施乡村规划师、建筑师制度,优化村庄布局,加大政策力度,鼓励和引导农民相对集中居住,编制"四好农村路"建设规划和设计导则,推进实施提档升级改造,有序推进农村生活垃圾分类,巩固完善农村生活垃圾治理收运处置体系,全面完成农村卫生厕所改造、生活污水处理。实施"幸福乐园"工程,实施城乡学校携手共进计划,推进城乡一体医联体建设,实施上海市农村地区养老服务美好生活行动计划,发展互助式养老,实施"离土农民就业促进计划"和"新型职业农民培育计划",推进农村综合帮扶。实施"绿色田园"工程,推进都市现代农业绿色发展行动计划,创建农村产业融合新载体,建设一批优质农产品线上线下产销对接平台,打造一批精品乡村旅游路线、民宿集群,提升和培育一批农村双创空间,加快长三角农创平台建设,支持长三角"田园五镇"乡村振兴先行区等省际毗邻地区探索乡村振兴一体化发展模式。加快健全城乡融合发展体制机制和政策体系。

(二)增强科技创新策源能力,共建协同创新产业体系

1. 全力打造张江综合性国家科学中心。推动张江实验室创建为国家实验室,与安徽合肥共建量子信息科学国家实验室。加快推进软X射线自由电子激光装置、上海超强超短激光实验装置、活细胞结构与功能成像线站工程、转化医学国家重大科技基础设施、高效低碳燃气轮机试验装置、国家海底科学观测网、上海光源线站工程、硬X射线自由电子激光装置重大科技基础设施项目建设,积极开展若干个重大科技基础设施储备项目前期研究工作。

2. 集中突破一批关键核心技术。聚焦集成电路、人工智能、生物医药等重点领域,推动产学研用联合攻关,加快推动关键共性技术、前沿引领技术、现代工程技术和颠覆性技术不断取得突破。深入推进国家集成电路创新中心、国家智能传感器创新中心建设运营,加快培育上海集成电路研发中心装

备材料产业创新中心,共同打造集成电路共性技术研发公共平台。在人工智能基础算法、核心芯片、脑机融合、开源框架等重点领域加快布局,筹建类脑智能、算法研究院等重大基础平台,加快建设上海国家人工智能创新发展试验区和创新应用先导区、马桥人工智能创新试验区,办好世界人工智能大会。推进生物制品、创新化学药物、高端医疗器械等领域发展布局。

3. 加快科技成果转移转化。依托上海技术交易所深化国家技术转移东部中心功能,建设线上技术转移服务平台,推进长三角技术市场一体化,建设全球技术交易市场。依托科技创新承载区、张江国家自主创新示范区、闵行国家科技成果转移转化示范区,推动创新产品在长三角示范应用。建设一批高水平功能平台和新型研发组织,推动重点领域关键共性技术的研发供给、转移扩散和首次商业化。探索市场化的"绿色技术+金融"综合解决方案,推进高新区"零排放"试点示范。引进和培育市场化、专业化科技服务中介机构,推动建设高校技术转移服务平台。合力打造长三角双创示范基地联盟,合力办好浦江创新论坛、中国(上海)国际技术进出口交易会,组织好长三角国际创新挑战赛。

4. 加快推进全面创新改革试验。出台我市科技创新中心建设条例,开展新一轮全面创新改革试验。深化科技人才和科研院所管理体制机制改革。创新规划土地、财政金融支持科技创新中心建设政策。扩大外资参与科技创新中心建设的范围和领域。推动长三角优质科创企业在科创板上市。联合加强知识产权保护。加强长三角协同创新产业体系总体方案设计,合力培育"长三角科创圈",共同建设长三角科技创新共同体。加大国家重大科技基础设施开放共享力度,完善长三角科学仪器设备协作共用平台。构建长三角科技资源数据目录体系,推动建立区域科技资源共建共享服务机制。拓展"科技创新券""四新券"通用通兑范围和领域,在合力提升原始创新能力、协同推进科技成果转移转化、共建产业创新平台、强化创新政策协同等方面出台一批新举措。

5. 持续推进长三角 G60 科创走廊建设。坚持市场化、法治化导向和科技创新、制度创新双轮驱动,积极开展产业园区合作共建,加快建设全要素科技成果对接转化平台和产业协同创新中心,共同打造长三角高端制造业主阵地。通过实体化运营上海证券交易所资本市场服务 G60 基地、建立特色产业基金等方式,不断提高金融服务实体经济特别是科创型企业的成效。深化 G60 科创走廊政务服务"一网通办"试点,在推动长三角政务服务一体化中发挥先行先试的区域作用。

6. 着力提升制造业产业链水平。围绕长三角共同打造电子信息、生物医药、航空航天、高端装备、新能源和智能网联汽车、新材料等世界级制造业集群,立足上海优势,聚焦研发设计、高端制造等环节,培育一批具有国际竞争力的龙头企业和"隐形冠军"企业,推动产业迭代升级和产业链延伸,提升在全球价值链的位势。加快推动船舶、汽车、化工、钢铁等传统优势产业改造提升,加快生产方式向数字化、网络化、智能化、柔性化转变,培育发展新优势。聚焦"3+5+X"重点区域整体转型,打造高经济密度"产业新区"。鼓励临港、漕河泾、张江、市北高新等品牌园区输出开发管理标准和品牌,支持沪苏大丰产业联动集聚区、上海漕河泾开发区海宁分区等一批跨省合作载体发展,推动产业链优化布局。

7. 促进现代服务业提质增效。推动研发设计、文化创意、信息技术、总集成总承包、检验检测认证、供应链管理、人力资源等生产性服务业向专业化和高端化拓展，牵头研究编制长三角高端生产性服务业发展指导目录，支持"双推"工程，加强生产性服务业功能区建设，引导高端生产性服务业集聚。推进实体零售、文化服务、家庭服务、体育服务、旅游服务、健康服务等生活性服务业向精细化和高品质提升，加快在科技金融、现代物流、教育、医疗、养老等领域布局建设专业化平台。协同推动专业服务标准化建设，加强服务业集聚区建设，共同培育高端服务品牌。大力发展高能级的总部经济，支持现有跨国公司总部提升能级、拓展功能。落实《上海市鼓励设立民营企业总部的若干意见》，支持我市民营企业总部依托长三角腹地开拓市场。推进互联网新技术与产业融合，共同培育新技术新业态新模式。

（三）完善基础设施网络布局，共同提升互联互通水平

1. 加快建设区域轨道交通网络。加快构筑"五个方向、十二条干线"的铁路网络，推进沪通铁路一期等项目建设，开工建设沪通铁路二期，重点推进北沿江、沪苏湖高铁等项目规划建设，启动沪乍杭铁路项目前期工作。促进城市轨道、市域铁路、城际铁路等不同层次轨道网络的融合，谋划统一的技术制式和运营组织保障。

2. 构建便捷高效的公路网络。加强跨省高速与普通国省道的规划建设，推进 G15 沈海高速嘉浏段拓宽等改扩建及 S16 蕰川高速、G228 公路出省段项目前期工作。持续推进省际断头路建设，开展毗邻地区公交客运衔接线路试点。科学编制我市高速公路省界收费站撤除方案，2019 年底前取消路中收费站。

3. 提升上海航空枢纽辐射能力。开展浦东国际机场总体规划修编和三期扩建工程建设等相关工作，提高浦东国际机场服务能级。加快推进浦东综合交通枢纽规划建设，构建空铁联运体系，提升浦东国际机场对长三角的服务能力。加快推进机场联络线建设，完善浦东国际机场与虹桥国际机场之间的快速联系通道。制定实施航班正常性工作提升计划和旅客体验提升计划，提升两场航班放行正常率。优化空域资源利用。

4. 强化国际航运枢纽港功能。落实《长三角港航一体化发展六大行动方案》，推进区域港航协同发展。推进铁路进外高桥港区，促进海铁联运发展。大力推进长湖申线、杭平申航道项目建设，开展苏申内港线规划衔接和前期工作。推进长江集装箱江海联运综合服务信息平台的建设。鼓励上港集团与长三角港航企业开展多层次合作，联合浙江省开展上海国际航运中心洋山深水港小洋山北侧作业区规划编制工作和项目前期工作，推进项目建设。深化沪苏长江口港航合作，以市场化为导向优化集装箱航线布局。

5. 推动综合交通管理服务再提升。坚持客车拥有与使用双控管理，抑制机动车总量过快增长。推进交通相关标准在长三角对接和互认，构建一体化的管理标准体系。强化与苏浙之间省际交通运

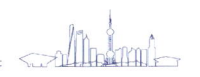

输监管与协同共治,有效推进区域联合执法。加大互联网技术在交通行业应用与管理力度,全面提升智慧交通水平。

6. 建设世界级的信息基础设施标杆城市。推动5G网络规模部署,打造"双千兆宽带城市"。到2025年,实现5G网络市域全覆盖。支持行业龙头企业开展综合应用示范,打造若干5G网络建设和应用先行区。构筑"城市神经元系统",赋能"城市大脑"。完善全市互联网数据中心布局规划,试点毗邻地区网络互联。推动广电、网络、有线电视等基础设施全面升级,加大5G、工业互联网、物联网等新兴领域推广力度,提升网络和应用基础设施的IPv6承载能力。到2025年,上海网络、应用、终端全面支持IPv6。

7. 推动重点领域智慧应用。聚焦社会治理、民生服务、产业融合等重点领域开展示范应用,发展"互联网+""智能+"等新业态。深化工业互联网标识解析国家顶级节点(上海)建设,做强工业互联网国家级新型工业化产业示范基地,建设长三角工业互联网平台国家先行区,建立长三角工业互联网创新应用体验中心,发布工业互联网平台和专业服务商推荐目录,培育壮大专业运营商。推动上海电气、上海汽车等企业集团开展安全试点示范。深化国家智能网联汽车(上海)试点示范区建设,在G2京沪高速、G60沪昆高速上海段等开展车联网和交通设施智能化技术创新试点,组织实施洋山港自动驾驶集卡示范运营项目,探索建立智能网联汽车一体化测试认证示范体系和产业发展标准。

8. 推进能源设施规划建设。组织编制长三角天然气供应能力规划。加快推进崇明—长兴—五号沟天然气管道、洋山LNG储罐扩建工程等项目建设,配合推进沪浙联络线、中石油中俄东线南段工程等项目建设。积极推进上海第二液化天然气站线项目前期工作和建设。完善港口LNG加气站布局,扩大LNG在港口集卡、水上交通的使用,鼓励地方能源龙头企业围绕LNG加注业务开展多方合作。加快建设500千伏崇明输变电工程、东吴—黄渡—徐行500千伏和黄渡—泗泾—新余线路改造工程、远东—亭卫线路加装串抗等项目。稳步推进东海大桥、临港和奉贤海上风电基地建设,探索实施深远海域重大示范工程,开展分散式风电和用户侧分布式风电试点示范。依托工商业建筑、公共建筑屋顶和产业园区实施分布式光伏发电工程,积极实践农光互补、渔光互补等多种开发模式。

9. 提升能源服务保障水平。探索运用物联网、大数据、云计算等技术,加快提高能源综合效率和服务水平。推动国家新能源微网、能源互联网示范项目建设,在张江科学城、西虹桥等区域建设泛在电力物联网示范工程。通过示范应用,推动关键技术产业攻关和能源体制机制创新。推进上海石油天然气交易中心、上海国际能源交易中心原油期货市场建设,进一步增强长三角在国内外能源市场上的话语权和影响力。

(四)加强生态环境共保联治,共筑绿色美丽长三角

1. 构建多元共生的生态系统。制定我市生态空间专项规划,全面落实生态空间差异化管控,构筑以自然保护区(地)、公园、生态廊道、农田林网、绿地组成的多层次、网络化、功能复合的区域生态空间

格局。加强对崇明东滩鸟类自然保护区、九段沙湿地自然保护区、长江口中华鲟自然保护区、金山海洋生态自然保护区的协同保护。推进湿地野生动物栖息地生态系统的保护性修复工程。加快开展长江口国家公园的规划研究工作。高水平推进崇明世界级生态岛建设。到2025年，我市生态用地占陆域面积59%以上，森林覆盖率达到19%以上，湿地总面积保持在46.5万公顷。

2. 强化水源地保护和防洪安全保障能力。共护太浦河、淀山湖、长江口等重要饮用水水源生态安全，建立全流域水源保护预警体系。制订落实太湖水资源调度方案、太湖生态水位及黄浦江松浦大桥生态流量保障实施方案，建立跨省级行政区应急水源一网调度体系。加快实施青草沙—陈行原水系统连通方案，不断提高水资源供应的安全稳定能力。按规划标准实施江堤海塘达标改造工程，推进吴淞江（上海段）工程、太浦河后续工程建设，共同推进淀山湖岸线达标贯通工程，加强骨干河湖水系和排涝泵站建设，不断提高流域防洪和水资源调控能力。

3. 加大跨界水环境污染综合治理力度。配合制订并实施新一轮太湖流域水环境综合治理方案。联合制订并落实太浦河等重要跨界河道联保专项治理方案。共同制订淀山湖联保专项治理方案，协调急水港、千灯浦、大朱库和白石矶等主要入湖河流纳入治理范围。深化落实跨界河（湖）一河（湖）一策方案，按规划标准实施城镇污水处理厂达标改造及完善污水收集管网。联合制订长江口、杭州湾联保专项治理方案，落实港口船舶污染物接收、转运及处置设施的规划建设，严禁航运船舶非法排污。到2025年，主要河流断面水质达到或优于Ⅲ类的比例提升到35%，淀山湖水质达到Ⅳ类（除总氮达到Ⅴ类外）。

4. 深入推进大气污染联防联控。强化能源和煤炭总量双控，继续深化燃煤污染防治，禁止新建燃煤设施，全面完成中小燃油燃气锅炉提标改造，深化钢铁行业污染治理，全市钢铁行业铁水产能规模控制在1 502万吨以内，完成钢铁行业超低排放改造。落实挥发性有机物总量控制和行业控制，在汽车制造及汽修、包装印刷、家具、集装箱制造、船舶制造及维修、工程机械制造、建筑等重点行业全面推广低挥发性有机物含量产品替代。持续加强大气移动污染源管控，实施机动车国六排放标准，制定出台老旧车淘汰补贴延续政策。实施进入排放控制区船舶换烧0.1%低硫油措施，加强跟踪评估和执法检查。实行外环线（含）以内区域使用的机械排放满足国三标准要求，推进全市禁止使用国一及以前标准的非道路移动机械。全面完成涉气"散乱污"企业整治，落实精细化排放清单管理制度。到2025年，全市细颗粒物（PM2.5）平均浓度达到33微克/立方米。

5. 统筹固废处置设施布局和危废协同监管。制定上海市固废处理处置综合规划，统一固废危废防治标准，提高无害化处置和综合利用水平，探索固废区域转移处置合作机制，完善危废产生申报、安全储存、转移处置的一体化标准和管理制度，严格防范环境风险。探索建立跨区域固废危废处置补偿机制。建立健全区域危险废物、医疗废物全过程信息化管理体系，开展危险废物规范化管理督察考核工作，严厉打击危险废物非法跨界转移、倾倒等违法犯罪活动。

6. 健全生态环境保护协作机制。研究构建区域生态环境大数据综合管理平台，逐步实现常态化数据共享和智能化应用管理。统一环境监测监控体系，先行衔接跨界地区空气质量监控站点体系和水环境自动监控站点体系建设。统一长三角移动污染源的油品质量标准和燃油、挥发性有机物排放控制政策。完善高污染机动车的信息共享和联动监管。深化落实临界市区县生态环境协作机制试点并复制推广成功经验。建立健全长三角应急指挥体系，完善水源地过境危化品船舶信息共享机制和突发水环境污染事故应急预案及应急处置联动机制，完善长三角空气质量预测预报机制和应对重污染天气应急联动机制，联合做好重大活动环境质量的协同保障工作。共同制定区域环保标准统一建设规划，逐步推进区域统一的污染物排放标准、清洁生产标准、绿色产品标准和环境执法规范，配合研究建立太湖流域生态补偿和污染赔偿机制。

（五）强化政策协同制度衔接，共享公共服务普惠便利

1. 全面实施基本公共服务标准化管理。落实国家基本公共服务标准体系，推进制度衔接和标准统一，在实现省（市）域基本公共服务均等化的基础上，促进长三角全域基本公共服务水平大致相当。适应经济社会发展和跨区域人员流动趋势，加强协作联动，逐步提升基本公共服务保障水平，逐步增加保障项目，提升保障标准。创新跨区域服务机制，共同探索建设长三角基本公共服务平台。

2. 持续提升异地公共服务便捷度。建立信息沟通和应急联动机制，探索异地就医备案互认，深化推进异地就医直接结算，争取实现全部统筹区和主要医疗机构两个全覆盖，完善异地就医协同监管体制和运行机制。推动公共卫生联防联控，加强重大传染病疫情信息通报和卫生应急联动，建立严重精神障碍重点患者信息交换机制，完善跨省市食品安全事故流行病学调查协作机制。探索建立信息比对认证合作机制，便利长三角居民异地办理社会保险。推动实施民生档案跨区查档服务项目，建立互认互通的档案专题数据标准体系。

3. 共同营造良好就业创业环境。制定相对统一的人才流动、吸引、创业等政策，完善长三角高校毕业生就业、参保等信息共享机制，联合制定针对性项目和计划，帮助促进重点群体就业创业。成立区域公共创业服务联盟，推动公共创业服务资源共享，开展长三角创新创业大赛，共推创业型城区（城市）建设。加强紧缺急需技能人才培养，推进技能人才培养评价和培训实训资源共享，协同开展大规模职业技能培训。深化劳动保障监察跨区域协查制度、劳动者工资支付异地救济制度，制定协同处理劳动人事争议案件的指导意见。加强欠薪治理，建立拖欠农民工工资"黑名单"共享和联动惩戒机制。

4. 在互动合作中扩大优质教育资源供给。联合开发长三角教育现代化指标体系，协同开展监测评估应用，推动率先实现区域教育现代化。发挥长三角研究型大学联盟等平台作用，鼓励大学大院大所开展跨区域全面合作，推进校校、校企协同创新，联手打造具有国际影响力的一流大学和一流学科。推进校长和教师联合培训、交流合作，鼓励上海一流大学、科研院所面向长三角设立分支机构，鼓励上海学校开展跨区域牵手帮扶。推进区域开放教育和社区（老年）教育联动发展。加强与国际知名高校

合作办学,强化长三角国际化人才服务。统筹区域职业教育院校和专业布局,做大做强联合职业教育集团。探索教育人才评价标准互认机制。

5. 推动医疗卫生资源优化配置。推动高端优质医疗卫生资源统筹布局,采取合作办院、设立分院、组建医联体和专科联盟等形式,支持推进优势医疗资源品牌和管理向外输出,探索高层次医疗卫生人才柔性流动。以常见病、多发病为切入点,实施跨区域联合医疗质量控制。共建全民健康信息平台,推进居民电子健康档案、电子病历互联互通。共建医疗协作系统,完善远程医疗服务,实现双向转诊、转检、会诊、联网挂号。加强急救信息共享和网络连通,完善突发公共卫生事件应急联动机制,逐步建立统一的急救医疗网络体系。加强中医药合作,共建中医药传承创新一体化发展平台。

6. 加快推进区域养老服务合作。推动养老服务产业统筹规划布局,建设区域养老服务公共信息平台,推进养老服务机构设施建设标准、服务标准、照护需求评估标准互认衔接,制定区域产业资本和品牌机构进入当地养老市场指引,支持养老服务机构规模化、连锁化发展。协同开展养老服务行业联合执法监管。培育养老从业人员专业化市场,共同建立养老护理员综合水平评价制度。建立跨区域养老服务补贴等异地结算制度,研究规划和建设异地康养基地。

7. 促进体育产业联动发展。共同编制体育产业一体化发展规划,推动建立长三角体育产业联盟,搭建体育资源交易平台,完善体育产业项目库和数据库,推动体育资源共享、赛事联办、信息互通、项目合作和人才交流培养,共同打造区域性体育品牌项目。加快群众体育、竞技体育与体育产业协同发展,促进长三角"体育+"发展。

8. 提升区域文化协同发展能级。加强革命文物保护利用,打造一批彰显文化特征的示范点和城市文化地标。加快构建现代文化产业体系,协同共建一批资本化、数字化、平台化重大创意产业和文化项目,培育一批文化龙头企业,办好长三角国际文化产业博览会。建立长三角影视拍摄基地合作机制。深化国家公共文化服务合作机制,加强美术馆、博物馆、图书馆和群众文化场馆等馆际联动。强化长三角新闻宣传联动和网信协作发展机制。建立长三角非遗保护联盟,开展联合考古发掘和文化遗产保护研究,推进江南水乡古镇联合申报世界文化遗产工作。

9. 打造世界级高品质旅游目的地。深化旅游合作,鼓励扶持优势旅游企业组建战略联盟。依托上海特色自然人文资源,打造一批高品质休闲度假旅游区和世界闻名东方度假胜地,推出"乐游长三角"网络服务平台和优惠联票产品,联手开发"一程多站"精品旅游线路和互联互通红色旅游线路。推进高铁站点文化和旅游咨询、集散和服务设施建设,推出"高铁+景区""高铁+住宿+门票""高铁+汽车租赁"等自由行要素组合产品。以"中国长三角"为统一品牌形象,共同拓展入境旅游市场。建立假日旅游、旅游景区大客流预警等信息联合发布机制。

10. 合作提升社会治理共建共治共享水平。加强法规规章立法协同,研究制定区域社会治理地方性法规和政府规章,促进法律适用标准统一,推动重点领域执法司法合作,探索公共法律服务标准化、规范化体系建设。推动建设一体化城市管理和社会治安防控体系,建立联管联控机制,完善重大活动维稳安保协作机制,联手开展整治执法行动。建立城市公共安全风险防控标准体系和规划体系,建立安全风险防控与应急联动机制,强化重大案事件防范处置合作。优化网格化管理标准和流程,建设和推广标准明确、管理规范、联动高效的城市综合管理指挥监督体系。健全区域性重大灾害事故联防联控机制,统筹应急救援基地规划建设,依托华东应急指挥骨干网建设,推动跨地区跨部门信息共享、预警联动、演练协同,加快推进上海都市圈防灾减灾救灾一体化。加快安全应急产业发展。建立健全安全生产责任体系和联动长效机制,有效防范和坚决遏制重特大安全生产事故发生。完善文明城市(区)、文明乡镇、文明村庄共建协作机制,推进志愿服务信息互联互通、资源共建共享和项目协同协作。

(六)深化对内对外开放联动,共促全方位开放新格局

1. 加快跨境贸易平台建设。深化跨境电商综合试验区建设,出台市级跨境电商示范园区管理办法。建设跨境电商零售出口海关监管作业场所,吸引跨境电商出口企业集聚。推进业务流程改造,采取"清单核放、汇总统计"方式报关,提高直邮出口平台业务问题半小时内解决比例。建设数字贸易交易促进平台,拓展与国际标准相接轨的数字版权确权、估价和交易流程服务功能,打造数字内容和产品资源库。

2. 着力推动重点领域扩大开放。全面贯彻外商投资法,落实外商投资准入前国民待遇加负面清单管理制度。完善自贸试验区跨境服务贸易负面清单管理模式,缩减限制措施。加快金融市场对外开放,逐步放宽金融业外资市场准入,逐步扩大外资金融机构经营范围。加快建设中以(上海)创新园。强化国家知识产权运营公共服务平台国际运营(上海)试点平台功能,探索扩大知识产权跨境交易,完善知识产权纠纷多元化解决机制。实施外商投资信息报告制度,健全外商投资权益保护工作机制,探索实现长三角外国人工作许可异地办理,吸引高层次创新人才以柔性流动方式开展工作。支持持永久居留身份证外籍高层次人才创办科技型企业。

3. 进一步优化对外投资促进服务。落实《上海服务国家"一带一路"建设发挥桥头堡作用行动方案》,深入推进"一带一路"伙伴关系计划,加强长三角经贸外事协作,完善贸易投资促进网络,支持印尼青山产业园区建设,深化沪仰全面合作,打造一批示范性项目。做大做强长三角一体化对外投资合作发展联盟,依托上海市企业"走出去"综合服务中心,为企业"走出去"提供一站式综合服务。引导金融机构服务企业"走出去"。打造服务长三角的产业国际竞争力合作联盟,加强重点产业国际经贸风险防范,推动上海自贸试验区贸易调整援助制度复制推广。依托上海国际争议解决中心,推动多元化商事争议解决服务机制联动,提升区域商事争议解决国际化水平。深化国际友城合作,组团参加中国国际进口博览会,举办友城论坛,加强高端智库国际交流。发挥新侨人事交流会平台功能作用,用好华侨华商资源。

4. 共同推进长三角口岸通关一体化建设。完善长三角国际贸易"单一窗口"数据互联互通合作机制,开放上海口岸企业评价结果信息查询功能,推进上海口岸与长三角重点口岸实现"通关+物流"数据点对点对接共享。协同推进亚太示范电子口岸网络(APMEN)互联互通。健全进出口商品质量安全追溯平台,推广应用溯源标签,建立基于大数据风险评估的进出口商品差异化检验与监管机制。加强联动协作,逐步在长三角推广144小时过境免签电子申请系统。

(七)建设统一开放市场体系,共创国际一流营商环境

1. 加快建立城乡统一的土地市场。推进产业用地高质量标准化出让和先租后让试点,深化城镇国有土地有偿使用制度改革,扩大土地有偿使用范围。落实新增建设用地和低效建设用地减量化全面挂钩,开展低效产业用地专项处置,推进存量建设用地盘活利用。探索建立"同权同价、流转顺畅、收益共享"的农村集体经营性建设用地入市制度体系。稳妥推进宅基地改革,完善宅基地权益保障和取得方式,探索宅基地有偿使用制度、自愿有偿退出机制和闲置宅基地统筹利用方式。加强生态保护,统筹田水路林村等空间要素,有序推进区域土地综合整治。探索建立区域土地指标跨省调剂机制,优先保障跨区域重点项目落地。

2. 进一步完善多层次资本市场体系。完善区域性股权市场。完善专项建设债券、绿色债券、自贸区债券、创新创业债券发行机制,推动区域专项债发行常态化制度化。推动建立统一的抵押质押制度,推进异地存储、信用担保等业务同城化。支持符合监管政策的地方法人银行在上海设立营运中心。推动上海证券交易所加强服务基地建设,支持优质新型企业在科创板上市。支持依法合规发起设立主要投资于长三角的各类产业投资基金、股权投资基金。与浙江省共同建设期现一体化油气交易市场,合作建设国际油品交割基地。建立金融风险监测预警协作机制,联合打击非法金融活动和开展互联网金融等专项整治。推动区域内公共资源交易平台互联共享,建立统一信息发布和披露制度,逐步完善统一交易规则和操作流程,建立安全风险防控机制,推动建设长三角产权交易共同市场。培育完善各类产权交易平台,探索水权、排污权、知识产权等初始分配和跨省交易制度,逐步拓展权属交易领域与区域范围。

3. 加快建设信用长三角。聚焦生态环保、全域旅游、食品药品安全、产品质量、交通运输、安全生产、养老服务等重点领域,深化推进跨区域信用联合奖惩机制。建设完善信用长三角平台,加大对行业协会商会、信用服务机构、金融机构、大数据企业的市场信用信息采集力度,推动信用信息按需共享、深度加工、动态更新和广泛应用,与全国信用信息共享平台实现信息交换共享。鼓励信用行业服务创新,共同打造一批信用服务产业集聚区,培育一批具有国际影响力的信用服务企业,加快研究设立市场化个人征信机构。

4. 加强市场准入标准统一和市场监管执法协同联动。推动实行统一的市场准入制度,优化办理流程,简化登记材料。建立长三角标准化联合组织,制定区域协同标准编号规则,在农产品冷链物流、

基本公共服务、环境联防联治等领域开展统一标准试点。建设区域检验检测认证信息服务平台，推进信息共享、结果互认。推动实施统一的境内自然人与境外投资者合资、合作设立企业登记办法。以垄断、不正当竞争、价格违法、广告违法、假冒伪劣、侵犯知识产权等行为以及食品质量、食品药品安全等领域为重点，加强监管协同，强化执法联动。协同开展"满意消费长三角"行动，建设安全满意消费环境。制定食品安全信息追溯统一技术标准，建设统一的食品安全追溯体系。

5. 推动政务服务"一网通办"。统一规范区域政务服务标准，推进高频事项接入长三角"一网通办"平台，实现线上"一地认证，全网通办"、线下"收受分离、异地可办"。创新政务服务移动端"无感漫游"应用，实现跨区域异地服务自动切换。建设长三角数据中心和政务数据交换共享平台，推进电子证照共享互认，促进区域数据资源互通共享、统筹调动和创新应用，实现区域数据广泛共享和应用。

三、聚焦重点区域率先突破

聚焦示范区等重点区域，探索一体化制度创新，全面深化改革系统集成，协同推进对外开放，实现共享共赢，为长三角一体化发展探索路径、提供示范。

（一）高水平建设示范区，引领长三角一体化发展

1. 打造生态友好型一体化发展样板。探索生态友好型高质量发展模式，与江苏省、浙江省共同制定实施示范区饮用水水源保护法规，加强对淀山湖、太浦河等区域的保护。建立严格的生态保护红线管控制度，对生态保护红线以外区域制定严格的产业准入标准，从源头上管控污染源。提升淀山湖、元荡、汾湖沿线生态品质，共建以水为脉、林田共生、城绿相依的自然生态格局。切实加强跨区域河湖水源地保护，打好生态品牌，实现高质量发展。

2. 创新重点领域一体化发展制度。统一编制示范区总体方案，按照程序报批实施。共同编制示范区国土空间规划和控制性详细规划。统筹土地管理，探索建立跨区域统筹用地指标、盘活空间资源的土地管理机制。建立统一的建设用地指标管理机制，开展基本农田规划调整试点。建立要素自由流动制度，统一企业登记标准，实行企业登记无差别办理，实行专业技术任职资格、继续教育证书、外国人工作证等互认互准制度，制定统一的成果转移转化支持政策。创新财税分享机制，理顺利益分配关系，探索建立跨区域投入共担、利益共享的财税分享管理制度。加强公共服务政策协同，实行不受行政区划和户籍身份限制的公共服务政策。

3. 加强改革举措集成创新。系统集成、集中落实党的十八大以来党中央明确的全面深化改革举措。率先推动实施高质量发展的指标体系、政策体系、标准体系、统计体系、绩效评价及政绩考核体系。成立高层级决策协调机制、高效率的开发建设管理机构、市场化运作的开发建设平台公司，负责示范区改革创新和开放建设的统筹协调。争取国家加大对地方政府债券发行的支持力度，争取中央分配新增地方债券额度向示范区倾斜。开展土地综合整治，完善空间布局。

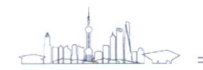

（二）高标准建设上海自贸试验区新片区，带动长三角新一轮改革开放

1. 着力发展总部经济。建设亚太供应链管理中心，完善新型国际贸易与国际市场投融资服务的系统性制度支撑体系，吸引全球或区域资金管理中心等总部型机构集聚。

2. 积极发展前沿产业。聚焦集成电路、人工智能、生物医药、航空航天、维修和绿色再制造等前沿领域，制定新片区创新型产业发展规划，推动国际开放型合作平台建设，建立以关键核心技术为突破口的前沿产业集群。

3. 大力发展新型国际贸易。支持发展数字贸易，推动建立跨境电商海外仓。推进大宗商品交易服务平台建设，不断提升以人民币计价的大宗商品交易规模。扩大服务贸易规模，重点发展文化服务、技术产品、信息通讯、医疗健康等资本技术密集型服务贸易。

4. 扩大投资自由。推动在电信、保险、证券、科研和技术服务、教育、卫生等重点领域，放宽注册资本、投资方式、经营范围等限制，促进各类市场主体公平竞争。制订商事登记改革创新方案，加快推出新片区涉企政务服务方案。

5. 深化贸易自由。研究出台上海自贸试验区新片区海关特殊监管区域管理办法。支持浦东国际机场探索航空中转集拼业务。创新跨境电商服务模式，鼓励跨境电商企业在区内建立国际配送平台。

6. 推动资金自由。研究出台金融支持上海自贸试验区新片区的相关措施。推动开展自由贸易账户本外币一体化功能试点，支持新片区内企业和金融机构参照国际通行规则依法合规开展跨境金融活动。

7. 实施国际运输自由。研究制定上海自贸试验区新片区开展沿海捎带、国际船舶登记、第五航权等业务的管理办法和实施细则，提高对国际航线、货物资源的集聚和配置能力。

8. 实行人员从业自由。推动建立外国人在区内工作许可制度和人才签证制度。制定完善海外人才引进政策和管理办法。研究制定境外专业人才执业备案管理办法。

9. 提升网络信息服务能力。研究制定上海自贸试验区新片区跨境数据安全评估标准。加快推进国际通信设施建设，着力布局5G、云计算、物联网等新一代信息基础设施，不断提升区内宽带接入能力、网络服务质量和应用水平。

10. 创新税制安排。研究出台上海自贸试验区新片区税收政策实施细则（含产业目录），重点在贸易、产业、人才等方面创新税制安排，加快推动开放型经济功能集聚。

11. 建立健全风险安全监管体系。建立涵盖上海自贸试验区新片区管理机构、行业主管部门、区内企业和相关运营主体的一体化信息管理服务平台。建设智能化监管基础设施，实现相关监管信息联网共享，提高监管严密性、有效性和时效性。制定信用评价基本规则和标准，建立守信激励、失信惩戒的信用管理机制，实施失信名单披露、市场禁入和退出制度。建立主动披露制度。聚焦金融、知识产权、生产安全、人员进出、反恐怖、反洗钱等重点领域，制订新片区风险防控总体方案，实施严格监

管、精准监管、有效监管。

12. 高标准规划建设上海自贸试验区新片区。结合上海"十四五"规划编制工作,重点聚焦空间及土地利用、产业体系、交通运输、社会服务等领域,加快推进上海自贸试验区新片区中长期专项规划编制。出台上海自贸试验区新片区管理暂行办法。根据上海自贸试验区新片区发展的目标定位,加大特殊政策支持力度。建立上海自贸试验区新片区重大项目资源储备和实施机制,布局符合上海自贸试验区新片区产业导向、具有标志意义的重大项目。

13. 加强与长三角其他地区的协同发展。开展定期评估,制定推广清单,按照程序报批后有序推广实施。加强上海自贸试验区新片区与海关特殊监管区域、经济技术开发区联动,放大上海自贸试验区辐射带动效应。

(三)高品质建设上海虹桥商务区,全力打造国际开放枢纽

1. 高水平协同办好中国国际进口博览会。建立跨区域协同服务保障机制,强化安保、口岸通关、大气、环保、水域、航空、知识产权保护等重点领域协作,联合做好外事接待、住宿、旅游、招商引资等工作,提供一流服务保障。完善会展配套相关重大基础设施建设,持续加强国家会展中心(上海)周边综合保障,形成常态长效机制。持续放大中国国际进口博览会溢出带动效应,加快建设虹桥进口商品展示交易中心,推进常态化交易服务平台建设,助力上海成为联动长三角、服务全国、辐射亚太的进口商品集散地。开展虹桥国际经济论坛永久会址和高端国际会议中心规划研究,协力把虹桥国际经济论坛打造成为比肩达沃斯的国际一流高层次经济论坛,发出更多"中国声音"。依托长三角城市会展联盟,梳理目标展会和重点项目清单,推动长三角国际会展制造和装备产业园项目建设。

2. 加快建设国际化的中央商务区。对标国际最高水平,制定"虹桥标准",健全统一规划建设机制。聚焦发展总部经济、创新经济、会展经济,推动功能融合、产业联动的国际企业总部园区建设。大力发展高端会展业和配套专业服务业,培育具有世界影响力的品牌展会活动,加强会商旅文体联动发展,推动长三角各类品牌展会和贸易投资活动联动,打造长三角高端商务活动集聚区。提升上海虹桥商务区对示范区的服务功能。

3. 推进建设开放共享的国际贸易中心新平台。加快建设虹桥海外贸易中心,集聚国际化区域性贸易组织和投资促进机构,建立服务"一带一路"建设与中国国际进口博览会的长效互动机制。建设上海数字贸易国际枢纽港,探索促进区域产业数据汇集、互联、共享和应用,建立数字贸易城市联盟。深化与长三角城市间的战略合作与发展联动,建成长三角城市特色展示平台和知名品牌展销平台。加快建设长三角电子商务中心,吸引知名电商及供应链企业集聚,形成技术新颖、特色鲜明的电子商务集聚区。继续推进长三角医学联盟、智慧能源与智慧办公示范平台等平台建设,推动建设商事法律、贸易仲裁、海外投资等专业服务平台。

4. 营造具有国际竞争力的商务生态环境。全面提升虹桥综合交通枢纽功能,完善上海虹桥商务

区联通内外的综合交通体系,拓展国际航运、客运中转功能,探索空陆、公铁联运,推动安检一体化,加快长三角城际快线规划建设,成为长三角联通国际的枢纽节点。加快5G网络技术、城域物联专用网平台融合应用升级落地,建设虹桥综合指挥"智慧"平台。引进长江商学院、新虹桥国际医学中心等一批国际知名教育培训和高端医疗服务平台,推动教育、医疗和文化等市级公共服务项目优先落地。创新国内外高端人才服务机制,集聚便利化出入境相关机构和服务窗口,完善长三角企业海外人才互通机制,建成虹桥国际人才港。对标国际水准,全面提升商务区绿色建设和生态运行标准。

四、做好实施保障

坚持和加强党的全面领导,提高政治站位、强化协同配合,全方位推进、项目化重点突破,形成上下联动、多方参与、共同推进的一体化工作格局和体制机制保障,确保国家规划纲要明确的各项任务措施落地落实。

(一)加强组织领导

成立上海市推动长三角一体化发展领导小组(以下简称领导小组),加强指导、统筹、协调,研究重大规划、重大政策、重点项目和年度工作安排,督促检查有关工作落实情况。领导小组办公室设在市发展改革委,承担领导小组日常工作并加强与各部门、相关区和有关单位沟通对接,做好日常统筹协调工作。发挥好长三角区域合作办公室对接中央推动长三角一体化发展领导小组办公室的服务平台功能和协调三省一市抓落实的枢纽作用,做好统筹协调和综合服务工作。

(二)动员各方参与

市相关部门和单位要担负起主体责任,按照本实施方案健全机制、细化措施、明确分工,切实抓好各项工作任务的落实。充分激发市场主体和社会组织的积极性、主动性、创造性,引导各方参与推进长三角一体化发展各项工作。充分发挥人大立法保障、专项执法检查督促落实作用,充分发挥政协专题协商、民主监督作用,形成全社会共同支持参与长三角一体化国家战略实施的良好氛围。

(三)强化政策支撑

全力配合国家制定实施专项规划和配套政策,健全区域政策协同机制,加强区域政策制定、执行和评估的衔接。继续深入推进实施长三角一体化发展三年行动计划和年度工作计划,确保各项任务顺利完成。集思广益,组织推动开展事关长三角一体化发展的重大前瞻性议题、课题研究工作,为国家有关部门和三省一市党委、政府做好决策储备。积极推动设立长三角一体化发展投资专项资金及各类基金,探索跨区域一体化发展的成本共担、利益共享机制。牵头创新统计体系,加强一体化发展水平监测分析评价等工作。

(四)加强督查考核

加强跟踪分析,动态掌握年度计划和重点任务落实情况。加强督促检查,将年度重点工作和重大合作事项纳入市委、市政府重点工作督查范围。建立评估制度,适时组织第三方评估机构对本实施方案落实进展进行评估。建立通报制度,定期将年度工作落实情况和第三方评估结果向领导小组报告,并在一定范围内通报。加强考核管理,研究将相关工作成效和第三方评估结果纳入部门和单位绩效考核的内容。

上海市人民政府、江苏省人民政府、浙江省人民政府印发《关于支持长三角生态绿色一体化发展示范区高质量发展的若干政策措施》的通知

沪府规〔2020〕12号

上海市、江苏省、浙江省人民政府各委、办、厅(局),青浦区人民政府、苏州市人民政府、嘉兴市人民政府,各有关单位:

现将《关于支持长三角生态绿色一体化发展示范区高质量发展的若干政策措施》印发给你们,请认真按照执行。

上海市人民政府
江苏省人民政府
浙江省人民政府
2020年6月10日

关于支持长三角生态绿色一体化发展示范区高质量发展的若干政策措施

长三角生态绿色一体化发展示范区是实施长三角一体化发展战略的先手棋和突破口。为深入贯彻《长江三角洲区域一体化发展规划纲要》和《长三角生态绿色一体化发展示范区总体方案》,支持长三角生态绿色一体化发展示范区(以下简称"示范区")大胆试、大胆闯、自主改,在改革集成、资金投入、项目安排、资源配置等方面加快形成政策合力,率先将生态优势转化为经济社会发展优势,率先探索从区域项目协同走向区域一体化制度创新,现就支持示范区高质量发展制订若干政策措施如下:

1. 推进重大改革系统集成和改革试点经验共享共用。党的十八大以来党中央明确的全面深化改革举措,可在地方试点的,支持示范区集中落实、率先突破、系统集成。两省一市实施的改革创新试点示范成果,均可在示范区推广分享。(责任单位:两省一市各相关部门、单位)

2. 赋予示范区执委会相关管理权限。赋予示范区执委会省级项目管理权限,统一管理跨区域项目,负责先行启动区内除国家另有规定以外的跨区域投资项目的审批、核准和备案管理。赋予示范区执委会联合两区一县政府行使先行启动区控详规划的审批权。(责任单位:两省一市发展改革、规划资源部门)

3. 加大财政支持力度。两省一市按比例共同出资设立示范区先行启动区财政专项资金(3年累计不少于100亿元),用于示范区先行启动区的建设发展以及相关运行保障。在此基础上,两省一市

加大对示范区财政支持力度(具体办法由两省一市自行制定),积极争取中央专项转移支付和地方政府债券等方面的财政支持,积极争取中央财政和两省一市财政共同出资设立示范区投资基金。(责任单位:两省一市财政部门,示范区执委会)

4. 加大金融创新力度。支持符合条件的各类资本在示范区依法设立银行、保险、证券、基金以及金融租赁公司、财务公司、汽车金融公司、消费金融公司等金融机构。支持符合条件的金融机构跨区域在示范区设立分支机构,提升示范区分支机构层级,深化业务创新,服务示范区发展。(责任单位:两省一市人民银行、银保监、证监、地方金融监管部门)

5. 大力发展绿色金融。支持在示范区发展绿色信贷,发行绿色债券和绿色资产支持证券,推行绿色保险,开展水权、排污权、用能权、碳排放权、节能环保质押融资等创新业务。有效对接国家绿色发展基金,充分发挥国家级政府投资基金和项目的示范引领作用,鼓励社会资本设立各类绿色发展产业基金。(责任单位:两省一市人民银行、银保监、证监、财政、地方金融监管、发展改革部门)

6. 建立建设用地指标统筹管理机制。示范区建设项目用地指标由两省一市优先保障。涉及区域规划的轨道、高速公路、国道、航道、通用机场等重大基础设施项目用地指标,由省(市)以上统筹安排。按照土地节约集约利用原则,由两省一市建立建设用地指标周转机制,周转期最长不超过5年,保障示范区重大项目实施。(责任单位:两省一市规划资源部门)

7. 落实最严格耕地保护制度。推进全要素生态绿色全域土地综合整治,在耕地总量平衡、质量提升、结构优化的前提下完善各类空间布局,优先将示范区全域整治项目申报列入国家试点。开展永久基本农田规划调整试点,对示范区国土空间规划中确定的城镇开发边界、生态保护红线内的零星永久基本农田实行布局调整。符合条件的重大建设项目因选址确实无法避让永久基本农田的,可根据项目用地规模,制定占用补划方案并在永久基本农田储备区(库)内实施补划。对于省际断头路等重大、急需的基础设施、生态治理项目建设占用耕地、林地的,由两省一市在完善占补平衡管理的基础上,探索建立承诺补充机制。(责任单位:两省一市规划资源部门)

8. 提高土地资源配置效能。鼓励工业、仓储、研发、办公、商业等功能用途互利的用地混合布置、空间设施共享,强化公共服务设施和市政基础设施的功能混合。优化调整村庄用地布局,通过村内平移、跨村归并、城镇安置等方式,推进农民集中居住。鼓励农业生产和村庄建设等用地复合利用,促进农业与旅游、文化、教育、康养等产业的深度融合。(责任单位:两省一市规划资源部门)

9. 加快新一代信息基础设施建设。推动电信、广电运营商加快实施5G、千兆光纤等新一代信息基础设施跨区域共建共享,探索跨域电信业务模式创新。深入推进IPv6规模部署,统筹规划示范区互联网数据中心及边缘数据中心布局,加强对云计算、物联网、区块链等新一代信息技术的基础支撑和服务能力。支持引导示范区重点行业和重要企业建设工业互联网标识解析二级节点和标识解析企业节点。推进数字制造、量子通讯、智慧交通、未来社区等应用,加快"城市大脑"建设。(责任单位:两

省一市工业经济信息化、通信管理、大数据管理部门）

10. 打造教育协同发展试验区。争取高水平大学在示范区设立分校区、联合大学和研究机构，并开设优势学科、专业。支持优质教育集团在示范区办学或者合作办学，对落户在示范区的高校、中小学校在开办条件和运行保障上给予支持。支持打造职业教育高地，结合示范区产业特点建设高水平职业院校，建设产教融合示范区。探索跨省职业教育"中高贯通""中本贯通"人才培养模式改革试点。支持依托现有资源，建立长三角一体化师资培训中心。（责任单位：两省一市教育部门）

11. 推动继续教育资源共享。在示范区内实行继续教育学时（分）互认、证书互认。对省级专业技术人才知识更新培训项目，可突破参训对象地域限制。聚焦示范区内重点产业，共建专业技术人员继续教育基地和高技能人才培养基地，并积极申报国家级基地。（责任单位：两省一市教育、人力资源社会保障部门）

12. 优化医疗资源配置。整合区域内医疗卫生资源，实施公共应急和传染病联防联控，有效处置突发公共卫生事件。鼓励省（市）级三甲医院在示范区建立分院或者特色专科，与示范区内医院建立结对支持机制，打造长三角医疗培训一体化平台。支持示范区内符合标准的医院创建三甲。支持境外医疗机构、境外医师在示范区办医、行医。推广影像资料、检验报告互认。（责任单位：两省一市卫生健康部门）

13. 探索推进医保目录、医保服务一体化。在示范区内注重打破区域限制，重点推进医疗资源互补、医保信息互通、医保标准互认、业务经办互认、监管检查联合。完善医保异地结算机制，在示范区内全面实现异地就医门诊、住院医疗费用直接结算。（责任单位：两省一市医疗保障部门）

14. 推动文化旅游体育合作发展。联合打造示范区全域旅游智慧平台，共建江南水乡古镇生态文化旅游圈，创建国家全域旅游示范区。提升现有体育赛事知名度，吸引更多更高级别体育赛事落户示范区，推动国家运动休闲特色小镇建设。联合开展考古研究和文化遗产保护，积极推进江南水乡古镇联合申遗。实现示范区城市阅读、文化联展、文化培训、体育休闲、旅游一卡通、一网通、一站通、一体化。（责任单位：两省一市文化旅游、体育部门）

15. 优化公共资源配置。在示范区推进公共资源交易平台信息共享、资源整合，促进排污权、用水权、碳排放权、用能权等环境权益交易场所的互联互通。（责任单位：两省一市发展改革部门）

16. 探索科技创新一体化发展和激励机制。推动示范区内科技创新券通用通兑，鼓励相关地区建立科技创新券财政资金跨区域结算机制。针对目标清晰的示范区内企业共性技术需求，探索"揭榜制"科研项目立项和组织机制，支持示范区内企业申报三省一市科技攻关项目，推动项目驱动一体化发展。示范区内自然科学和工程技术领域的科技类社会组织可以直接向民政部门申请登记。（责任单位：两省一市科技、民政部门）

17. 统一相关职业资格考试合格标准和职称评审标准。对二级建造师、二级注册计量师、二级造

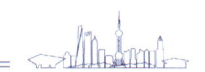

价工程师、初级注册安全工程师等职业资格考试项目,实行统一合格标准、统一证书式样。对考试合格人员,允许跨区域注册执业。进一步打破户籍、地域、身份、档案、人事关系等制约,在部分专业技术领域探索实行统一的评价标准和方式,推进临床住院医师规范化培训资质互认。示范区内工作经历视作医生、教师等专业技术人员职称评审的基层工作经历。(责任单位:两省一市人力资源社会保障部门)

18. 推进专业技术任职资格和职业技能等级互认。在两省一市已经按照国家规定评聘专业技术职务的人员,在示范区内跨域从事与原专技职务相同或相近工作的,无须复核或者换发职称证书。对已经按照国家规定取得职业资格证书或职业技能等级证书的人员在示范区内就业的,不再要求对技能水平进行重新评价。(责任单位:两省一市人力资源社会保障部门)

19. 完善吸引海外人才制度。支持在示范区设立"外国人工作、居留单一窗口",为外国人提供出入境和停居留便利。对拟长期在示范区工作的高科技领域外籍人才、外国技能型人才和符合示范区产业发展方向的单位聘雇的外籍人才,可以适当放宽年龄、学历和工作经历的限制,符合条件的,一次性给予2年以上的工作许可。(责任单位:两省一市科技、人力资源社会保障部门)

20. 优化企业自由迁移服务机制。长三角区域纳税信用级别为A级、B级的企业,因住所、经营地点在示范内跨省(市)迁移涉及变更主管税务机关的,由迁出地税务机关为符合条件的企业办理迁移手续,并将企业相关信息即时推送至迁入地税务机关,由迁入地税务机关自动办理接入手续,企业原有纳税信用级别等资质信息、增值税期末留抵税额等权益信息可予承继。(责任单位:两省一市税务部门)

21. 创新医药产业监管服务模式。优化生物医药全球协同研究用对照药品的进口流程,探索引入市场化保险机制,提高医药产业等领域的监管效能。允许示范区内医疗器械注册申请人委托长三角医疗器械生产企业生产产品。(责任单位:两省一市药品监管部门)

22. 加强组织保障。两省一市各有关单位要进一步提高政治站位,加强组织协调,根据本政策措施制定工作方案,确保各项措施落实到位、取得实效。两区一县要承担主体责任,主动作为,研究建立产业合理布局、有序招商和错位发展等工作机制。示范区执委会要切实承担起统筹协调、资源配置和一体化制度创新及推进实施的职责,做好政策研究、情况交流、检查评估和信息报送等工作,掌握各项政策实施情况,重大情况及时向两省一市报告。两省一市对两区一县实施有别于其他市县的体现新发展理念的绩效评价和政绩考核办法。(责任单位:两省一市各相关部门)

本政策措施自2020年7月1日起施行。

上海市市场监管局等关于印发《长三角质量提升示范试点建设工作方案》的通知

各市、县(区)市场监督管理局：

为进一步推进长三角区域一体化高质量发展,根据《中共中央国务院关于开展质量提升行动的指导意见》和《长江三角洲区域一体化发展规划纲要》,江苏、浙江、安徽、江西、上海等省市市场监管局共同研究制定了《长三角质量提升示范试点建设工作方案》,现印发给你们,请结合本地区实际认真贯彻执行。

上海市市场监督管理局
江苏省市场监督管理局
浙江省市场监督管理局
安徽省市场监督管理局
江西省市场监督管理局
2020 年 8 月 18 日

长三角质量提升示范试点建设工作方案

开展长三角质量提升示范试点建设是落实《中共中央国务院关于开展质量提升行动的指导意见》和《长江三角洲区域一体化发展规划纲要》的具体行动,是打造长江经济带增长极、推动长三角一体化高质量发展的重要举措。为进一步加强长三角质量提升常态化合作、促进长三角地区产业提质升级、推动长三角区域经济高质量发展,现就开展长三角质量提升示范试点建设制定工作方案如下：

一、指导思想

以习近平新时代中国特色社会主义思想为指导,认真贯彻落实党中央国务院有关开展质量提升行动和推动经济高质量发展的决策部署,坚持新发展理念,以高质量为建设标准,以质量提升为建设主线,以一体化为建设目标,通过政府推动、企业主体、行业参与、专业支撑,建设一批特色鲜明的长三角质量提升示范试点,开创"优势互补、资源共享、区域协作、联动发展、合作共赢、质量共治"的长三角质量提升合作新模式,促进长三角区域经济高质量发展。

二、基本原则

一是合作共建。聚焦长三角区域特色产业、特色产品等,对标国际最高标准和最好水平,相关地级市(区)市场监管局建立合作机制,明确牵头单位,共同推动相关区域产业、产品质量水平提升。

二是问题导向。聚焦制约长三角区域特色产业和产品质量提升的关键因素,强化企业质量主体地位,精准有效施策,解决一批突出共性质量问题,补齐一批质量短板,推动长三角区域相关产业和产品质量提升。

三是力求实效。聚焦长三角区域特色产业和产品质量提升,相关地级市(区)市场监管局围绕示范试点建设,细化建设方案及内容,量化建设目标和任务,力求在2—3年内取得阶段性成效,到"十四五"期末取得明显成效。

三、工作目标

一是建立长三角质量提升合作机制。通过长三角质量提升示范试点建设,加强长三角地区省级、地级市(区)市场监管局沟通交流,研制长三角质量提升示范试点建设指南,组织开展长三角区域质量竞争力评价、质量发展指数测算、重点产品质量攻关、质量提升模式提炼等,推动长三角质量提升一体化发展。

二是建立长三角质量技术交流机制。通过长三角质量提升示范试点建设,深化长三角质量技术交流,组织开展长三角区域质量专家学术成果交流、质量奖获奖企业卓越质量实践分享、质量技术基础协同服务应用交流等,为长三角质量提升提供有力技术支撑。

三是建立长三角质量人才培育共享机制。通过长三角质量提升示范试点建设,建立完善长三角质量专家库,举办长三角首席质量官培训,开展长三角在线质量教育等,推动质量教育进党校、进高等院校、进职业院校,探索建立质量专业技术人才评价制度等,实现长三角质量人才共享。

四是建设一批长三角高质量发展样板。通过长三角质量提升示范试点建设,推动长三角绿色农业、有机农业、特色农产品质量提升;有色金属、稀土、现代家具等传统优势产业质量提升;新能源汽车、人工智能、通信、生物医药等战略性新兴产业转型升级;以及长三角医疗养老、电子商务、物流、旅游等服务产业质量提升,着力打造全国质量发展新高地。

五是推出一批长三角质量提升标杆企业。通过长三角质量提升示范试点建设,总结提炼一批具有典型示范意义的长三角质量提升模式,推出一批质量优、品牌强、创新佳、效益好的质量标杆企业,带动供应链、产业链中小企业质量提升。创新质量治理模式,推动政府、企业、行业、技术机构、质量专业组织等实行质量共治,推动区域高质量发展。

四、试点建设条件

1. 质量安全平稳。试点区域、企业近三年未发生过区域性、系统性、行业性重大质量安全事件,未发生社会影响恶劣的相关重大违法违规事件。

2. 质量政策支持。试点区域、行业、企业所在地政府重视质量工作,出台质量提升政策,建立质量提升工作机制,对试点建设有专门规划安排、目标要求及扶持措施。区域内相关行业(产业)部门、龙头企业普遍重视并积极参与试点建设。

3. 产业特色鲜明。试点区域行业特色鲜明、产业集聚优势明显、产品特色突出,具有一定规模和技术水平及较强核心竞争力,在当地及长三角产业发展格局中占有重要地位。

4. 质量基础扎实。试点区域围绕经济社会发展和质量提升需要,具有较强的标准、计量、认证认可和检验检测等质量基础设施公共服务平台及协同服务能力,可为区域产业、产品质量提升提供有效技术支撑。

五、工作安排

1. 备案。长三角相关地级市(区)市场监管局结合区域产业实际,确定开展质量提升示范试点建设的范围、目标等,编制试点建设工作方案,分别向所在省级市场监管局备案。

2. 遴选。长三角各省级市场监管局共同对备案的示范试点项目组织评审,遴选确定一批具有先进性、典型性、示范性的长三角质量提升示范试点项目。

3. 发布。长三角各省级市场监管局联合发布长三角质量提升示范试点项目清单,启动示范试点建设工作。

4. 建设。长三角相关地级市(区)市场监管局开展示范试点建设,狠抓落实,每半年向相应省级市场监管局提交示范试点建设情况报告,确保示范试点建设取得实效。

5. 评估。长三角各省级市场监管局定期或不定期组织专家对示范试点建设情况开展评估指导,推动示范试点建设。

6. 激励。长三角各省级市场监管局对质量提升措施有力、成效突出、经验典型的示范试点项目进行通报表扬,组织宣传推广,在政府质量工作考核中予以适当加分,作为推荐真抓实干成效明显地方的重要参考。

六、工作保障

1. 加强组织领导。长三角各省级市场监管局共同建立健全推动长三角质量提升示范试点的组织体系和工作机制,研究制定试点建设指南、试点评价细则、试点评估方案等相关制度文件,对示范试点建设加强指导。

2. 发挥质量标杆示范引领。长三角相关地级市(区)市场监管局充分发挥试点区域内质量标杆企业引领作用,带动区域中小企业、供应链企业积极开展质量提升活动,提高总体质量水平。同等条件下,对示范试点建设中发挥重要作用的企业优先推荐申报政府质量奖。

3. 加大对中小企业的帮扶力度。长三角相关地级市(区)市场监管局加强对示范试点项目中小企业质量管理帮扶,组织开展先进质量管理理念和方法推广,引导企业建立健全质量管理体系,提高人员质量素质及质量水平。

4. 推动质量基础设施协同服务应用。长三角相关地级市(区)市场监管局要会同相关行业组织、技术机构创新质量基础设施服务内容及方式,加强计量、标准、认证认可、检验检测等质量基础设施资源整合聚集和开放共享,探索实施质量基础设施跨区域服务,为质量提升提供有力支撑。

长三角各相关地级市(区)市场监管局在示范试点建设过程中要采取多种形式,及时宣传报道建设工作动态、进展和成效,及时总结上报具有可复制、可推广的经验做法,形成推动高质量发展的示范效应。

联系人:

上海市市场监管局,尹象文,021－64220000 转 2337 分机

江苏省市场监管局,张　健,025－85012090

浙江省市场监管局,朱春燕,0571－89761430

安徽省市场监管局,龚治国,0551－63356103

江西省市场监管局,赵　佳,0791－86355610

附件:

1. 长三角质量提升示范试点项目建设备案表
2. 长三角质量提升示范试点建设评估指南(试行)

附件1

长三角质量提升示范试点项目建设备案表

备案市场监管局(盖章):

建设主体	
建设主要内容(包括主要建设目标、建设工作方案等,可另附页)	
建设主要特色	
其他需要说明的事项	

联系人:　　　联系电话:

附件 2

长三角质量提升示范试点建设评估指南(试行)

一级指标	二级指标	建设内容	评估情况
质量治理能力不断完善	1. 制定示范试点工作方案	结合实际情况制定了示范试点工作方案及其具体工作措施。	
	2. 为示范试点提供组织保障	建立示范试点联席会议制度或类似工作机制,定期召开工作会议。	
	3. 出台示范试点扶持政策	出台扶持示范试点行业质量提升的政策举措。	
产品质量显著提升	4. 产品质量水平不断提升	示范试点行业产品质量全面达到国家强制性标准要求。	
	5. 农产品、食品等重点产品质量安全得到有效保障	地产农产品、重点食品质量全面达到国家强制性标准要求。	
	6. 质量创新能力和自主品牌市场竞争力明显提高	企业主体作用得到有效落实,形成一批拥有国际知名品牌和核心竞争力的优势企业。培育出一批质量水平高、品牌影响力大的产品。	
服务质量满意度不断提高	7. 骨干企业和重点行业的服务质量达到国际先进水平	开展相关的国家级服务业标准化试点建设。	
	8. 定期开展服务业顾客满意度测评	定期开展服务业顾客满意度测评,并形成报告。及时向城市政府报告,定期向社会发布测评结果。	
	9. 服务质量不断改进,顾客满意度不断提高	消费者对城市服务业满意度连续 3 年不断提高,或消费者投诉率连续 3 年不断递减。	
质量发展成果全民共享	10. 形成健全的质量投诉渠道,群众质量投诉能够及时解决	建立了完善的质量投诉信息平台,"12315"等质量投诉热线畅通有效,公众对质量投诉信息平台认知度高。	
	11. 建立社会质量监督员制度,有效调节和处理质量纠纷	建立完善的社会质量监督员制度和消费维权渠道,质量监督员职责明确,对质量纠纷问题处理及时有效	
	12. 城市市民质量满意度居全国前列	城市定期开展市民质量满意度调查测评。市民对本市产品、工程、服务、环境以及公共管理质量水平满意,城市市民质量满意度调查测评结果居全国同级城市前列。	

上海市生态环境局等关于印发《长三角生态绿色一体化发展示范区生态环境管理"三统一"制度建设行动方案》的函

苏州市人民政府、嘉兴市人民政府、青浦区人民政府：

根据《长江三角洲区域一体化发展规划纲要》（中发〔2019〕21号）和《长三角生态绿色一体化发展示范区总体方案》（发改地区〔2019〕1686号）的要求，上海市、江苏省、浙江省两省一市生态环境局（厅）会同示范区执委会及相关部门制定了《长三角生态绿色一体化发展示范区生态环境管理"三统一"制度建设行动方案》。现印发给你们，请按职责分工，认真组织落实。

上海市生态环境局
江苏省生态环境厅
浙江省生态环境厅
长三角生态绿色一体化发展示范区执行委员会
2020年10月19日

长三角生态绿色一体化发展示范区生态环境管理"三统一"制度建设行动方案

为贯彻落实《长江三角洲区域一体化发展规划纲要》（中发〔2019〕21号）和《长三角生态绿色一体化发展示范区总体方案》（发改地区〔2019〕1686号）的有关要求以及两省一市政府和长三角生态绿色一体化发展示范区（以下简称"一体化示范区"）理事会有关部署，加快建立一体化示范区生态环境标准统一、监测统一、执法统一的"三统一"制度，制定本方案。

一、总体要求

（一）指导思想

以习近平新时代中国特色社会主义思想为指导，坚持落实创新、协调、绿色、开放、共享的新发展理念和长三角一体化发展国家战略，坚持一体化发展导向，着力制度创新和协同合作，建设一体化示范区生态环境"三统一"体系。形成统一的生态环境管理架构，推动区域生态环境持续改善，促进一体化示范区经济社会生态绿色高质量发展。为长三角一体化战略的顺利实施提供有效的制度示范和创新引领。

（二）基本原则

坚持系统谋划、分步突破。围绕打造生态优势转化新标杆、绿色创新新高地、一体化制度创新试验田、人与自然和谐宜居新典范，从整体和全局高度谋划推进一体化示范区生态环境标准统一、监测统一和执法统一，结合一体化示范区战略安排和规划导向，突出重点，有力协调、分步推进。

坚持高标准、严要求。按照一体化示范区生态优先、绿色发展的要求，全面对标国内国际先进水平，优化生态环境统一监管制度，落实高标准保护、高水平治理，夯实生态基底，加快环境改善，积极推动生态优势转化为经济社会发展优势，积极推动生态友好型发展。

坚持创新先行、集成示范。按照"一盘棋"思想，以共商共建共管共享共赢为原则，在跨省级行政区、不破行政隶属关系、涉及多级多个行政主体的框架下，积极探索推进生态环境监管一体化。充分发挥相关方面的创新优势和成功经验，在一体化示范区集成落地、先行先试。

（三）工作目标

坚持生态绿色一体化发展的战略导向，统筹推进一体化示范区生态环境管理工作，分阶段落实"三统一"制度建设，为保障生态环境持续稳定改善、筑牢一体化示范区发展的生态基底提供制度保障和管理支撑。

二、加强协作沟通，共同推进标准统一

按照一体化示范区绿色高质量发展要求，构建污染物排放标准与技术规范联动融合的标准体系，体现标准科学性、引领性、技术经济可行性和区域适用性，以"一套标准"规范一体化示范区生态环境保护工作。到2022年，一体化示范区标准统一工作机制基本完善，出台一批统一的标准规范，推动一体化示范区重点行业排放标准统一。

（一）建立多方协同工作机制

1. 建立联席会议和联络员制度

建立由两省一市生态环境部门牵头，示范区执委会、三级八方生态环境和市场监管部门相关领导参加的联席会议制度，每年召开一次联席会议，商讨生态环境标准制定计划等工作。联席会议成员单位各确定一名联络员，负责联络沟通、协调服务等工作。建立联络员工作例会制度，每半年开展一次工作例会，围绕标准统一工作进展、技术和机制等方面存在的问题和标准修订进展进行讨论。建立信息调度通报和会商机制，互通有关生态环境标准制修订进展情况。

2. 提升联合研究技术支撑力量

依托长三角区域生态环境联合研究中心，集合两省一市环科院、监测中心与高等学院、重点实验室等生态环境标准研究团队力量，形成技术团队，适时沟通生态环境标准制修订研究进展。邀请生态环境标准领域的专家组成专家库，加强对区域标准统一的指导。每年开展一至两次生态环境标准研

讨会,邀请主管部门和生态环境标准领域专家围绕标准制修订研究进行交流。

3. 加强公众对环境标准参与力度。

提升公众对生态环境标准研究和制修订工作的参与度。在标准制修订过程的立项、征求意见、发布及宣贯环节积极推进公众参与,使一体化示范区内统一标准更具可操作性。鼓励企业、行业协会、公益组织等社会各界组织开展团体标准的制修订研究与发布。

(二)协调各地环境标准工作流程

1. 探索一体化示范区发布模式

结合一体化示范区自身特点,市场监督部门、生态环境部门和示范区执委会加强合作,探索一体化示范区内生态环境标准统一发布创新模式。参考生态环境部制定流域标准的思路,探索地方标准与国家标准相配合相协调的方式。

2. 研究协调同步的工作流程

全面梳理和比对一体化示范区所在江浙沪两省一市生态环境标准制修订流程,根据国家生态环境标准制修订的技术要求,统一、完善一体化示范区现有生态环境标准制修订和发布工作流程。

(三)分步加快推动标准规范统一

1. 共同编制出台标准统一规划

结合国家、江浙沪两省一市"十四五"生态环境保护规划和长三角生态环境共同保护规划内容,针对大气、水、土壤、固废、噪声等主要领域及监测、监管等板块,重点围绕污染物排放标准和技术规范等生态环境标准,研究编制长三角生态环境标准一体化建设规划。结合一体化示范区生态绿色高质量发展和生态环境管理的需求,提出示范区中长期环境标准建设相关要求。

2. 联合出台一批生态环境标准规范

按照共识度高、可操作性强、先易后难的原则,立项一批、研究一批、发布一批生态环境标准规范。先期以大气污染防治为重点,完成制药、大气超级站质控质保、LDAR等重点行业和大气监管领域的排放标准与技术规范的立项工作,推进标准技术研究和编制并尽快发布实施。同步围绕建筑施工、汽修、固定式内燃机等重点行业和污染源开展污染物排放标准研究,抓紧开展环境空气质量预报、固定源现场监测、挥发性有机物走航监测等服务监测和执法统一的相关领域技术规范研究,加快推进项目立项和发布实施。中长期围绕农业生产、水生态评估、河湖健康评估等一体化示范区具有特点的重点生态环境领域,积极开展分阶段标准统一的储备研究,适时推进相关项目的立项与发布。鼓励研究制定发布实施国家尚未出台或急需使用的技术规范,并待成熟后上升为国家标准。

3. 全面推进更严标准落实

积极推进落实沪苏浙三地执行国家行业标准中大气特别排放限值的有关规定,在一体化示范区重点行业全面实施大气特别排放限值。协同落实《长三角生态绿色一体化发展示范区先行启动区产业项目准入标准》。在先行启动区内新进产业项目污染物排放执行已发布的国家、沪苏浙行业及特定区域最严格的排放标准。相关要求适时扩大到一体化示范区全域。

三、关注协同需求，系统推进监测统一

加快建立一体化示范区生态环境监测统一工作机制，协同构建环境质量和主要污染源的监测监控和评估预警体系，进一步提升生态环境监测能力和综合保障能力，实现区域生态环境状况的"一张网"监测和科学评估。到2022年，形成示范区生态环境监测统一工作机制，基本建成符合一体化示范区发展定位及管理需求的高水平生态环境监测评估预警体系。

（一）完善生态环境质量监测评估体系

1. 建立协同的环境空气质量监测体系

构建"一核两轴"大气监测网络。优化网络布点，构建一体化环境空气监测网络。建设先行启动区（一核）的环境空气监测评估体系，逐步推进沿沪渝高速和通苏嘉高速的两条创新功能轴（两轴）区域综合立体交通环境监测网络。

建立大气科学观测网。统筹淀山湖大气超级站、嘉善大气超级站及吴江区汾湖大气监测站的数据应用，打造长三角区域大气复合污染物化特征多维立体观测平台。试点开展负氧离子监测工作。针对区域性共性环境问题，开展长期定点科学观测。

开展环境空气质量协同评价。根据《环境空气质量监测点位布设技术规范（试行）》点位布设原则和要求，近期基于现有国控、省控点位，开展一体化示范区环境空气质量评价，后续可根据网络布点优化情况进一步完善评价体系。按照《环境空气质量评价技术规范（试行）》相关要求，开展环境空气质量现状评价及变化趋势评价。

2. 建设完整的水环境质量监测监控体系

优化地表水手工监测网络。统筹优化一体化示范区地表水手工监测网络，覆盖"一河三湖"干流及重要支流、饮用水源地、重要水功能区等。科学优化各级断面监测频次和指标，加强太浦河、淀山湖等重点跨界水体监测。

完善一体化示范区水质自动监测网络体系。建设全面覆盖国考断面的水质自动监测体系，推进省考断面水质自动监测体系建设，逐步研究完善包含市、县跨界断面的自动监测体系。逐步提升常规因子和特征因子自动监测能力，进一步完善省市边界交接河流的小型简易式实时监测设备系统。逐步统一自动监测指标、采配水系统和样品处理系统技术要求。

加强饮用水安全保障监测体系。开展太浦河沿线饮用水水源预警监测体系建设试点，探索实现一体化示范区内太浦河及其主要支流重金属锑等特征污染物在线预警监测布点建设及数据共享。探索开展太浦河干流上下游抗生素联合试点监测。加强规模化畜禽养殖地下水抗生素监测。

建立统一的地表水环境质量评价体系。近期基于两区一县现有国考、省考断面以及地市级、区县级断面进行优化调整和适当补充,共同开展一体化示范区地表水环境质量评价,并逐步进行优化完善。监测项目原则上以《地表水环境质量标准》表1中24项指标为主。评价方法采用单因子评价法,按照《地表水环境质量评价办法(试行)》进行评价。并在此基础上研究区域地表水环境质量评价体系。

3. 健全系统的生态质量监测评估体系

构建区域生态监测网络。优化整合现有生态监测网络,在部分位于重要生态节点的监测站点增加生态监测功能。有条件区域采用更新改造、共建共享或新建相结合的方式,选取典型生态系统建设生态监测野外监(观)测站,实施野外定点监(观)测,协同提升地面观测、遥感验证及生物多样性监测能力,构建天空地一体化生态环境遥感立体监测体系。

拓展重要河湖水生态监测。围绕淀山湖、元荡、汾湖和太浦河等主要河湖,依据《河流水生态环境质量监测与评价指南》和《湖库水生态环境质量监测与评价指南》相关技术要求,开展生物多样性、生物体质量及生境调查等监测和评估,研究建立符合流域特征的水生态监测方法、指标体系、评价办法,形成科学、成熟的水生态监测评价体系并业务化运行。

加强生态遥感监测能力。紧扣一体化示范区生态环境管理需求,加强对重要自然保护地、生态保护红线等区域高分辨率的生态遥感监测及评估。利用遥感及无人机等对一体化示范区内生态保护红线区、自然保护地等重要区域开展人类活动遥感动态监测。试点河湖水质、植被的遥感反演。依据《生态环境状况评价技术规范》要求,开展生态遥感监测及生态状况评价,逐步开展城市生态环境质量评价工作。

(二)建立主要污染源监测监控体系

1. 完善固定污染源监测管理体系

完善以许可证为核心的固定污染源监测体系,加强排污单位自行监测与排污许可制度的衔接,推进测管协同。构建涵盖排放标准中所有污染因子的污染源执法监测体系。开展重点区域、重点企业排放清单和污染溯源研究工作,强化固定污染源信息管理。

2. 构建重点污染源在线监测体系

根据国家及省市相关文件,统一一体化示范区重点污染源常规污染物及挥发性有机物(VOCs)在线监测体系,逐步统一数据标记和审核等技术要求。开展重点污染源全过程在线监控系统以及用能监控与污染排放监测联动研究,探索将重点污染源的工艺过程、污染物控制设施状态、在线监测设施状态等纳入监控范畴,实现重点污染源的全证据链管理及闭环管理,全面掌握污染物治理设施运行状况及污染物排放情况。

3. 建立移动源监测评估体系

建立以固定式遥测为主,移动式遥测、路检路查和入户抽查为辅的机动车智慧监测评估体系,两区一县分别设置至少1个机动车固定式遥感监测点。建立重型柴油车排放远程在线监测体系,实现运行工况信息和污染物排放情况的实时监测与常态化跟踪。

4. 完善加油站及储油库油气监测评估体系

实现加油站及储油库油气在线监测的全覆盖,推动油气常规监测和在线监测的有效互补。建立健全成品油行业油气回收智能监测,拓展特征污染因子检测传感器的安装与应用。在生态环境敏感区域周边的加油站及储油库安装环境空气 VOCs、NOx 检测传感器和地下水 VOCs、石油类检测传感器。

(三) 推进监测质量管理体系统一

1. 完善监测工作全过程的质量管理体系

按照国家现行监测标准和技术规范,形成覆盖监测各环节全过程的质量管理体系,确保环境监测数据的可比性和评价结果的一致性,提升智能化质控能力和监控水平。

2. 强化质量管理监督检查机制

组建一体化示范区内数据质量评估和质量监督检查专家库,加强多方合作与信息互通。建立两区一县环境监测质控异地互查机制,持续提高环境监测技术水平,确保监测数据的有效性。

(四) 建设一体化示范区预警应急监测体系

1. 建立环境质量预测预报预警体系

建立空气质量预测预报体系。依托长三角区域空气质量预报业务平台,搭建一体化示范区预测预报技术平台,上海、苏州、嘉兴三市建立联合预报会商工作机制与技术团队,开展一体化示范区空气质量预报业务工作,推出一体化示范区环境空气质量专项预报产品。持续优化技术平台,实现大气污染排放清单共享,有效提升预报准确率。

构建水环境质量预警体系。基于水质在线分析和大数据等技术,整合水文、水质自动和手工监测、水污染源数据,基于"云计算""大数据""人工智能"等新一代信息技术,构建一体化示范区水环境质量预警体系。

2. 构建突发环境事件应急监测体系

完善应急监测预案。统一三地生态环境应急监测预案的总体要求,做到应急监测响应步调一致,方法可比。开展风险源清单调查研究,摸清风险底数,坚守环境安全底线。

提升应急监测能力。持续加强硬件及软件投入,针对区域风险特征配备有针对性的应急监测设备,在两区一县具备同时应对两起区县级响应突发环境事件应急监测能力的基础上,执委会加强一体化示范区内应急监测资源的统筹调度。

强化应急监测综合保障及决策机制。健全环境突发事件应急监测及设备维护程序规范等技术体系和质量体系,定期开展区域应急监测培训和综合演练,整合资源,提升协同作战能力。建立应急监测数据库,完善环境风险源数据库、标准化应急监测作业流程和应急监测专家数据库,提升应急监测信息综合研判和处置的技术决策支撑作用。

(五)推进生态环境监测数据共享共用

1. 构建生态环境数据资源目录体系

推进一体化示范区生态环境监测数据整合共享,以生态环境监测数据为核心,按照职能、业务、环境要素等维度编制生态环境监测数据资源目录,实现多维度的生态环境监测信息资源的发现、获取和分发。

2. 推进数据统一、共享和融合

加强数据治理,保障数据质量,实现一体化示范区生态环境监测数据的统一汇集和管理。以满足环境监测业务发展、环境管理和社会公众的需求为目的,建立长效的数据共建共享运行机制,保障各项数据的实时联通和同步更新,促进数据的共享和融合。

四、加强联合建设,合力推动执法统一

坚持一体化示范区一体化战略导向,加强执法制度、监管体系、队伍建设、纠错容错机制、立功受奖等领域一体化探索,统筹推进一体化示范区生态环境执法统一,打造现代化环境执法体系,力争区域内环境守法秩序全国最优,重大环境污染问题和生态破坏事件"零发生"。到2022年,一体化示范区生态环境执法统一性、权威性和有效性不断增强,基本建成职责明确、边界清晰、行为规范、运转高效的现代化生态环境执法体系,成为展示长三角生态环境执法一体化发展的重要窗口。

(一)率先实现跨界生态环境执法协作互认

1. 实行区域联合执法协作

组建联合执法队伍。不破行政隶属,打破行政边界,选拔优秀执法人员,组建一体化示范区生态环境联合执法队,制定区域内联合执法工作计划,编制工作规程,建立示范区生态环境执法人员异地执法工作机制,统一开展跨界执法。建立两区一县生态环境部门相关负责人轮流兼任联合执法队负责人,并实行年度轮换的工作制度。

完善综合执法模式。根据一体化示范区联合执法年度工作计划,以异地执法人员担任组长、属地配合的形式开展跨界现场联合检查。聚焦重点流域、重点行业联动检查、重大活动环境保障及跨界信访举报和跨界环境污染,探索制定出台综合执法队与属地执法队伍协调联动机制,明确职责边界、执法流程和证据线索移送工作规程。

2. 建立健全执法互认机制

建立案件证据互认机制。两区一县生态环境执法人员按照"定位签到、亮证告知、信息核实、现场检查、笔录制作、打印签名、电子归档、任务完成"八步法,依职权调查收集的各类证据材料,符合法律、法规、规章关于证据规定的,原则上两区一县生态环境部门互相认可,可互相援用。建立综合执法队向属地生态环境部门的证据移送机制,明确移送主体、办理流程、查处结果公开程序。

建立处罚结果互认机制。两区一县生态环境部门基于移送证据清单并进一步调查核实,或经过自身充分调查取证,按照执法办案程序,依法做出的行政处罚决定,在未发生行政复议被撤销或行政诉讼败诉等情况下,各生态环境部门互相认可。

3. 建立统一环境执法规程

统一执法事项。两区一县在《生态环境保护综合行政执法事项指导目录(2020年版)》基础上,统一对目录进行补充、细化和完善,明确生态环境执法事项清单,建立动态调整和长效管理机制。探索委托乡镇(街道)综合执法队伍实施部分行政执法权,促进执法重心下移。

统一执法程序。编制统一的生态环境执法工作规程和操作手册,进一步细化明确生态环境执法事项的工作程序、适用文书、履职要求、办理时限、行为规范、证据收集等内容。建立一体化示范区统一行政执法公示制度、执法全过程记录制度和重大执法决定法制审核制度。

统一裁量标准。制定基于长三角区域生态环境行政处罚裁量基准的规范专用裁量表和通用裁量表,统一细化、量化裁量幅度。探索电子化裁量系统的开发运用,以系统裁量代替人工裁量。制定统一的生态环境大案要案认定标准,跨区域大案要案由联合执法队直接查处。

4. 推动执法信息互通共享

建立联席会商机制。建立由两区一县生态环境部门相关领导参加的联席会议制度,每半年召开一次联席会议,研究联合执法工作计划,相互通报执法情况、交流经验,分析执法工作面临的新形势新任务新要求。实行联络员定期沟通机制,两区一县生态环境部门确定一名执法联络员,相互通报日常执法监管、污染治理、信访处理等情况。

推进执法信息共享。通过数据调处和归集,形成数字化企业档案,实现两区一县共享环评审批、排污许可、环境质量监测、污染源监测、执法检查、违法处罚、信访举报处理等数据资料。

实现生态环境信用互通。深入推进《长三角地区环境保护领域实施信用联合奖惩合作备忘录》,率先形成一体化示范区环保领域企业严重失信行为认定标准,实现失信行为标准区域互认。将两区一县的生态环境严重失信名单、企业环境行为信息评价结果共享至信用长三角平台,在行政审批、金融服务、市场合作等方面对失信主体实施联合奖惩。

(二)积极探索跨界生态环境问题联防联控

1. 推进重点流域执法协同

推进太浦河水质联保。强化太浦河水环境协同保护,两区一县生态环境部门及综合执法队按照年度工作计划和实际工作需要,协同开展集中式饮用水水源地环保执法专项行动。

开展流域联合巡查会商。联合执法队对"一河三湖"等重点跨界水体每年至少组织一次联合执法巡查。在"一河三湖"发生蓝藻水华、水质恶化及突发环境污染事件情况下,适时启动专项联合执法巡查,并开展应急联动和协同污染治理等会商。

2. 统一实施重点行业监管

强化重点行业监管。两区一县生态环境部门及联合执法队按照年度工作计划和实际工作需要,协同开展重点行业和危险废物的专项执法行动,强化日常监管,采取暗查、抽查等方式,严惩环境违法犯罪行为,严格追究监管责任,并建立环境风险隐患排查治理台账,按时销号。

开展重点行业守法培训。联合成立一体化示范区企业环保培训学校,采用"云网校+云培训"等方式,定期对重点行业企业进行专题培训。对企业生态环境管理人员和操作人员进行上岗培训教育。联合编制重点行业守法指南,免费向企业发放。建立健全企业环境管理人员奖惩制度,根据年度考评结果进行奖励。

(三)推进环境监管制度改革先行先试

1. 共同加强执法能力建设

有效充实基层力量。结合实际需求,科学确定执法人员编制数量,统一执法制式服装、标志标识、执勤车辆(船艇)配备及喷涂制式,统一配备新能源执法车辆,统一使用执法记录仪及移动执法终端。推动生态环境监管力量向基层延伸,对破获环境大案要案的执法人员及时进行奖励;深化网格化监管,形成"纵向到底、横向到边、部门联治"的生态环境网格监管新机制。

探索干部交流机制。研究建立两省一市和嘉兴、苏州向一体化示范区两区一县常态化下派干部的制度,生态环境部执法局组织华东督察局、太湖流域管理局根据需要向一体化示范区派员现场指导工作。同时,两区一县选派优秀干部到上级部门挂职锻炼。统一推进"全员、全年、全过程"执法大练兵,坚持日常执法与专业培训相结合。强化两区一县学习交流,探索干部交流和执法人员互派机制。

开展执法联合评议。由两区一县执法业务骨干组成评议团,统一案件评查标准,每年度对一体化示范区执法情况开展联合评查和评议。评议团成员通过调阅案卷、对照执法效果、询问办案人员等方式对执法办案质量进行评价和量化打分,通报评查总体情况,交流和研讨案件办理经验和疑难法律问题。

提高行刑衔接水平。实现两区一县环保与公检法联络机构全覆盖,建立健全一体化示范区生态环境部门、公安机关、检察机关及审判机关间信息共享、案情通报、案件移送等制度,联合制定线索通报、提前介入、涉案物品保管和委托鉴定程序等细则,深入开展重大案件联合执法、联合挂牌督办、联合现场督导。

探索第三方辅助检查机制。借鉴上海市产业园区第三方环保服务规范的经验做法,研究制定一体化示范区第三方环保服务规范,逐步规范区域内工业集聚区和重点行业的第三方购买服务,委托开展污染源排查、污染防治设施运行监督、整改措施跟踪等现场检查辅助工作。

2. 推进差异化执法监管

建立正面清单制度和企业免检制度。联合编制一体化示范区监督执法正面清单,将污染排放量小、环境风险低、环境信用评价高或获得有效绿色认证、近三年没有环境违法记录的企业列入正面清单。探索建立企业免检制度,除群众信访投诉、环境风险隐患排查等特殊情形外,在减少对正常生产经营活动干预的前提下,对部分正面清单企业免予现场检查。

推行包容审慎监管。加强企业自我监督激励,统一制定出台生态环境轻微环境违法行为不予行政处罚目录,对非主观故意因素导致、情节轻微、及时纠正,且主动消除、减轻或未造成危害后果的违法行为的,通过法制审核、集体讨论、领导审批等流程予以免罚,审慎采取查封、扣押和限制生产、停产整治措施。

3. 健全政企互动机制

实行企业守法信息云通报。探索建立企业云端通报机制,提示企业落实排污许可、危废管理、环境风险、自行监测等各项环境管理要求,在出现违法违规苗头的第一时间,对企业开展预警通报,提醒企业及时采取措施防范违法风险。

开展"送法入企"活动。落实"谁执法、谁普法"普法责任制,推行专家会诊式执法,把普法融入案件受理、调查取证、案件审理、告知听证、处罚决定和处罚执行全过程。充分利用新媒体等手段,对企业开展以案说法,进行环保法律法规、守法方式方法的宣讲。

完善企业咨询服务机制。成立"企业服务联合专班",设立"企业环境咨询日",聚焦突出问题、重点区域、重点流域、重点企业,定期开展守法帮扶。坚持问题导向、效果导向,将企业碰到的难点问题及时进行研究和反馈,帮助企业解决环境问题。

4. 深化社会多元治理

推进信息公开。及时公开执法信息,通过多种渠道公布环境违法单位。推进企业环境信息公开,督促排污单位通过企业网站等途径如实公开主要污染物名称、排放方式、执行标准以及污染防治设施建设和运行情况。加强宣传引导,通过联合召开新闻发布会、开展宣传报道、制作宣传产品等活动,向公众宣传一体化示范区建设进展。

强化社会监督。依托各级主流媒体平台推进媒体监督,积极化解环境舆情矛盾,加强违法典型案例的曝光。拓宽参与范围,实施有奖举报制度,进一步在巡查、报告、调查等事前事中鼓励各方参与,充分发挥志愿服务组织和志愿者的力量,汇聚形成全社会共同参与和大力支持一体化示范区执法合力。

五、保障机制

坚持党的领导,加强示范区跨界联合党建、交叉党建工作,认真贯彻落实党建工作主体责任,组织开展党员干部系列学习交流活动,加强一体化示范区各级生态环境部门思想政治建设。

充分发挥长三角生态绿色一体化发展示范区执委会协调平台作用,加强三级八方相关部门的协调沟通,由属地生态环境部门承担"三统一"工作的具体建设任务。建立以一体化示范区为主体、多方共同参与的生态文明建设与绿色发展协调机制,保障行动方案有序实施。

建立一体化示范区生态环境"三统一"联席会议制度,根据需要组织成立专项工作小组,定期召开专题会议,调度相关工作进展。实施部门要主动与协调部门沟通,积极主动开展工作,并及时向协调部门报送工作进展情况。强化行政主管部门与技术团队间的沟通联系,共同推进机制研究、督促检查、调度评估等工作,并及时全面反馈各方意见和建议。

加大对一体化示范区生态环境执法及相关保护工作的资金支持,由省级、地市级、区县级生态环境部门会同财政部门加强协调推进和资金支撑,保障行动方案任务落实。

积极挖掘长三角科技力量和科研平台潜力,整合研究机构、高校和大型企业的研发优势,依托长江流域生态环境监督管理局生态环境监测与科学研究中心、太湖流域东海海域生态环境监督管理局生态环境监测与科学研究中心、长三角区域生态环境联合研究中心、太湖流域水科学研究院等技术力量,搭建一体化示范区生态环境科研创新技术合作平台,组织开展相关重点问题联合攻关,加大对生态环境标准技术体系、监测监控技术和执法管理技术领域的研究和投入,加强监测新技术新方法研究,为一体化示范区"三统一"发展和生态环境保护提供科学支撑。